# HIPER
# CRESCIMENTO

**AARON ROSS e JASON LEMKIN**

# HIPER CRESCIMENTO
VENDA 10 VEZES MAIS COM O MODELO SALESFORCE

ALTA BOOKS
EDITORA
Rio de Janeiro, 2018

© 2018 Starlin Alta Editora e Consultoria Eireli
© 2016 by PebbleStorm, Inc. and SaaStr Inc. All rights reserved Published by John Wiley & Sons, Inc., Hoboken, New Jersey Published simultaneously in Canada
© 2016 Aaron Ross and Jason Lemkin

Produção: Casa Educação Soluções Educacionais Ltda.

Editoras: Adriana Salles Gomes e Lindsay Gois
Tradução: Cristina Yamagami
Preparação de texto: Alexandra Delphim
Revisão: Cristina Fernande  Lindsay Gois e Lizandra M. Almeida
Diagramação: Carlos Borges Jr.
Capa: Pedro Ursini e Hermes Ursini
Coordenação de produção: Cássia Bufolin
Produção Editorial - HSM Editora - CNPJ: 01.619.385/0001-32

Todos os direitos estão reservados e protegidos por Lei. Nenhuma parte deste livro, sem autorização prévia por escrito da editora, poderá ser reproduzida ou transmitida. A violação dos Direitos Autorais é crime estabelecido na Lei nº 9.610/98 e com punição de acordo com o artigo 184 do Código Penal.

**Erratas e arquivos de apoio:** No site da editora relatamos, com a devida correção, qualquer erro encontrado em nossos livros, bem como disponibilizamos arquivos de apoio se aplicáveis à obra em questão.

Acesse o site www.altabooks.com.br e procure pelo título do livro desejado para ter acesso às erratas, aos arquivos de apoio e/ou a outros conteúdos aplicáveis à obra.

**Suporte Técnico:** A obra é comercializada na forma em que está, sem direito a suporte técnico ou orientação pessoal/exclusiva ao leitor.

1ª edição

Dados Internacionais de Catalogação na Publicação (CIP)
Andreia de Almeida CRB-8/7889

---

Ross, Aaron
  Hipercrescimento: venda 10 vezes mais com o modelo Salesforce / Aaron Ross e Jason Lemkin ; tradução de Cristina Yamagami. — Rio de Janeiro : Alta Books, 2018.
  384 p.

  Bibliografia
  ISBN 978-85-508-0444-6
  Título original: From invisible to impossible

  1. Vendas - Administração 2. Planejamento estratégico 3. Vendas – Estudo de casos 4. Administradores de vendas I. Título II. Lemkin, Jason III. Yamagami, Cristina

16-1562                                    CDD 658.81

---

Índices para catálogo sistemático:

1. Administração de vendas

Rua Viúva Cláudio, 291 — Bairro Industrial do Jacaré
CEP: 20970-031 — Rio de Janeiro - RJ
Tels.: (21) 3278-8069 / 3278-8419
www.altabooks.com.br — altabooks@altabooks.com.br
www.facebook.com/altabooks

# O que os leitores estão dizendo sobre HIPERCRESCIMENTO

"Nos últimos oito anos, decidi me aperfeiçoar nas áreas de vendas e geração de leads. Li e estudei tudo que pude, praticando vários métodos de geração de tráfego e vendas. Quando li este livro, fiquei me sentindo um idiota. Uau, é incrível! Absolutamente brilhante. Aaron e Jason apresentam soluções fáceis, com metodologias específicas que dão a impressão de que é simplesmente impossível fracassar. Eles explicam por quê, como e o que pode dar errado. Os estudos de caso ilustram claramente os problemas de crescimento mais comuns e como lidar com eles. Este livro revolucionou todo o meu método de trabalho."
– **FRASER MORRISON, presidente-executivo da Schiffman Morrison Asia**

"Na nossa empresa multinegócios Agility Recovery, o 'Exercício das 10x' de Aaron e Jason nos ajudou a aumentar em 4,8 vezes o tamanho de nossas transações empresariais em menos de seis meses, melhorando nossas ofertas, alterando nossa abordagem de vendas e implementando a fixação de preços com base no valor."

"Depois de aplicarmos a matriz de nichos (parte 1) a nossos mercados verticais, foi incrível ver a equipe aprendendo como realmente vender valor – com o objetivo de resolver os maiores problemas dos clientes e aumentando consideravelmente o tamanho das transações no processo. A seção 'Reforce a *ownership* dos colaboradores' também foi muito importante para nossa empresa. Ao perguntar quem é o responsável pelos upgrades no cliente e como isso é feito, nosso líder de gestão de contas se responsabilizou pelo *upsell* de nossa base de clientes, comprometeu a equipe a dobrar os upgrades mensais (uma 'função de força') e trabalhou com a equipe para decidir as principais atividades que melhorariam os resultados. Em dois meses, eles dobraram nossa receita mensal gerada por upgrades."
– **LARRY COBLE, vice-presidente da LLR Partners**

"Fiquei impressionadíssimo com este livro. Aaron e Jason são referências incríveis para qualquer pessoa que trabalha com o modelo SaaS. Eles se baseiam não apenas em sua experiência prática mas também em muita ponderação e reflexão. O modelo de vendas deles revolucionou nosso negócio e nossas estratégias de fixação de preços. Por exemplo, olhando para trás agora pode até parecer óbvio, mas a seção 'Dobre o tamanho das suas transações' esclareceu tudo para nós: não estávamos conseguindo criar uma grande empresa fazendo pequenas transações. Este livro é leitura obrigatória para qualquer empresário que atue em B2B."
– **LEO FARIA, empreendedor brasileiro, fundador e hustler da Saasmetrics**

"Os livros de negócios, em sua maioria, tendem a ser áridos e chatos. A abordagem informal de Aaron e Jason representa uma mudança muito bem-vinda, além de ser muito melhor e mais interessante... Em outras palavras, é uma abordagem *útil*. Os estudos de caso apresentados (como o que compara campanhas de e-mail HTML com campanhas de e-mail pessoais de texto simples) facilitaram aplicar imediatamente as ideias. Qualquer pessoa que queira ter sucesso terá insights notáveis com este livro, como foi meu caso."
– **SABRINA BIANCHI, estrategista de marketing e mídias sociais**

"Comecei a ler este livro na esperança de descobrir como essas pessoas cresceram 10 vezes e, de fato, encontrei a resposta para essa pergunta. Mas o que mais me surpreendeu foi ver que muitas das ideias apresentadas podem ser aplicadas e adaptadas até pelas menores empresas, como a minha. O livro, longe de ser puramente teórico, é absolutamente direto, prático, mão na massa e, em consequência, extremamente empolgante."
– **LARRY HICOCK, presidente-executivo da Sparketers**

"As ideias apresentadas em *Hipercrescimento* elevaram minha carreira a novos e empolgantes patamares. O livro alimentou o monstro de meu anseio por boas táticas para aumentar a receita e aguçar a minha visão. E também me ajudou a ser um líder melhor em toda a minha vida, tanto profissional quanto pessoal. Ao aplicar os princípios em seu cotidiano, e não apenas no trabalho, você se verá mudando (para melhor) mais rápido do que jamais poderia imaginar. *Hipercrescimento* não deveria ser apenas um livro de negócios, mas uma leitura obrigatória para todos os jovens do ensino médio!"
– **RYAN DONOHUE, diretor da Agility Recovery**

"Sou um grande fã de Aaron e Jason desde que li *Predictable Revenue* e descobri o SaaStr, mas eles se superaram neste livro. A profundidade do conhecimento deles sobre os talentos e o ecossistema cultural do setor da tecnologia (especialmente as vendas) nos dias de hoje é simplesmente notável. Agora, parece que sei exatamente o que meu chefe e minha equipe executiva pensam sobre meu desempenho e sobre como posso avançar na carreira. Antes, eu só 'alugava' meu emprego, como Aaron e Jason descrevem a questão, mas agora sei que preciso tornar-me um 'dono' dele, se quiser avançar."

– **ERIC TAYLOR, setor de vendas da HackerRank**

"Já faz um tempo que acompanho o trabalho de Aaron e Jason. Por exemplo, quando *Predictable Revenue* foi lançado, eu simplesmente devorei o livro em um voo para Londres. Assim que desembarquei, mandei um e-mail à minha equipe sugerindo entrevistar Aaron para nosso blog. Aquela entrevista teve mais acessos, perdurabilidade e tempo permanecido na página do que qualquer outro conteúdo do site na época. E sou um leitor devoto do SaaStr. Este novo livro deles consegue ser ainda melhor. O estilo acessível, apresentando ações que toda empresa pode implementar, faz deste livro meu presente preferido para qualquer executivo. Passei vinte anos trabalhando em vendas e marketing e a minha frase favorita do livro é 'Se seu VP de vendas tem uma cota, por que não o de marketing?'"

– **ERIK W. CHARLES, expert em incentivo da ErikCharles.com**

"*Hipercrescimento* ajudou-me a saber exatamente como focar no que faço melhor. A seção sobre 'Especialização da área de vendas' me inspirou e mostrou como transformar meu sistema de vendas inteiro. É diferente de todas as outras metodologias de vendas que já vi. A maioria dos métodos se concentra em ajudar a melhorar as técnicas de vendas por telefone ou e-mail, mas isso tudo não passa de desperdício de tempo se seu sistema básico não for eficiente. Já estou recomendando este livro a todos os amigos que trabalham em vendas e marketing."

– **MIKE SMITH, diretor de parcerias da Touchpoints**

"Tive um negócio de assinaturas e aprendi a duras penas que, na nova economia, não dá para simplesmente vender para um cliente e dar-lhe as costas. Nunca vi um argumento melhor para investir no sucesso do cliente do que a explicação de Aaron e Jason na parte 2 deste livro, na qual é

demonstrado por que o sucesso do cliente se baseia no crescimento da receita, e não na satisfação dele. Os autores apresentam excelentes informações sobre como estruturar uma equipe, incluindo exemplos de níveis escalonados de atendimento. Comprei este livro para toda minha equipe e muitos exemplares a mais para dar aos clientes."
– **NICK MEHTA, presidente-executivo da Gainsight**

"Se você já teve a oportunidade de conversar com Aaron sobre a vida pessoal dele, sabe que é um homem simples, concentrado no que realmente importa. O mesmo se aplica ao que ele escreve sobre como ter sucesso no mundo dos negócios. 'Não deixe que sua visão grandiosa de futuro o impeça de dar os pequenos passos necessários para atrair clientes hoje.' Uma verdade simples, porém extremamente importante."
– **TRISH BERTUZZI, presidente-executivo do The Bridge Group e autor de** *The Sales Development Playbook*

"Aaron e Jason são especialistas raros, que combinam sua experiência do mundo real (e não um conhecimento meramente teórico) como palestrantes com a capacidade de ensinar as complexidades associadas à conquista de 'grandes metas de receita' em um mundo que não tem tempo para nada."
– **BARRETT CORDERO, presidente da BigSpeak Inc.**

"Achei que o livro repetiria as mesmas velhas ideias (investir nas pessoas, receber o fracasso de braços abertos etc.) que ouvi repetidas vezes, mas continuei lendo e descobri muitas novas ideias, bem como antigas ideias revitalizadas e combinadas com detalhes interessantes para demonstrar como elas podem ser efetivamente implementadas."
– **KYLE ROMANIUK, partner do The CHR Group**

# PREFÁCIO À EDIÇÃO BRASILEIRA
## A MÁQUINA DE HIPERCRESCIMENTO NO NOSSO MERCADO

Conseguir fazer um negócio crescer, especialmente em momentos não favoráveis, já é algo bastante difícil. Fazer com que esse crescimento seja previsível e escalável é uma missão quase impossível para a maioria das empresas – mesmo para as startups, que muitas vezes aparentam viver em um mundo à parte das regras normais.

Como empreendedor da área de tecnologia há quase 15 anos, vivi e acompanhei de perto, por diversas vezes, a situação de empresas terem um produto ou serviço atrativo nas mãos, mas apresentarem muita dificuldade para levá-los ao mercado de forma consistente. Logo entendi: tecnologia raramente é a causa da morte de negócios inovadores; mercado (ou a falta dele), sim.

Em 2011, quando fundei a Resultados Digitais (RD), atingir um padrão de crescimento acelerado e sustentável era o que eu buscava não só para nosso negócio mas também para o de nossos clientes. Coincidentemente, foi nesse mesmo ano que um livro, publicado e lançado de forma bastante despretensiosa, rapidamente se espalhou entre os empreendedores de tecnologia nos EUA e começou a ser tratado como "a bíblia" das áreas de vendas. Esse livro era o *Predictable Revenue*, do Aaron Ross, que relatou em detalhes seus aprendizados para criar e escalar toda uma área de novos negócios da Salesforce, empresa ícone da nossa era.

Apesar de oferecer diversas inovações técnicas em processos de vendas outbound, o grande mérito do Aaron foi apresentar no *Predictable Revenue* uma forma de sistematizar a "máquina de vendas e crescimento" por completo, com funções especializadas e fortemente apoiadas por métricas em todo o processo. As vendas e, em consequência, o crescimento começavam a se tornar muito mais ciência do que arte.

Conheci Aaron em 2013 em uma conferência de tecnologia nos EUA. Nós nos aproximamos e começamos a compartilhar ideias sobre marketing e vendas. Ao longo dos meses seguintes fui recebendo as primeiras versões de rascunho do material que mais a frente se tornaria parte deste novo livro, *Hipercrescimento: venda 10 vezes mais com o modelo Salesforce* (no original: *From Impossible to Inevitable*). Nessas versões já era possível ver como práticas mais modernas do tipo "inbound marketing" e "customer success" estavam sendo incorporadas ao seu modelo de máquina de vendas. Chegamos a publicar gratuitamente alguns desses materiais prévios em parceria de comarketing, e tivemos a felicidade de ter o Aaron palestrando no RD Summit em 2014, trazendo em primeira mão para os brasileiros boa parte desses conceitos.

O coautor no *Hipercrescimento*, Jason Lemkin, não é menos conhecido nem menos relevante. Empreendedor com ciclo bem-sucedido em duas empresas de tecnologia, Jason começou a escrever sobre suas experiências em software – particularmente em software como serviço (SaaS) – em um blog intitulado SaaStr. Como o próprio Jason admite, não havia nenhum objetivo maior em mente: ele apenas queria "colocar para fora" vários dos aprendizados ganhos de forma dura na sua jornada, mas sobre os quais pouca gente estava disposta a falar ou compartilhar. Em pouco tempo, seu blog viralizou e se tornou uma das principais referências para empreendedores de SaaS, eu incluído. Além de toda a expertise específica desse tipo de negócio, me identifiquei muito com alguns conteúdos que falavam de aspectos da jornada empreendedora em si, servindo até de apoio psicológico para momentos bem desafiadores na construção da RD.

Por meio de um amigo comum, também tive a oportunidade de conhecer pessoalmente o Jason em 2014, e desde então continuo fã de seu trabalho e de suas iniciativas, como por exemplo a conferência SaaStr, da qual participo religiosamente desde a primeira edição. Assim como o Aaron, Jason tem a grande virtude de falar de forma simples e objetiva sobre questões bastante relevantes e comuns aos empreendedores.

Quando Aaron e Jason decidiram juntar seus conhecimentos para escrever este livro, foi uma ótima surpresa saber para mim, o que tornou a oportunidade de escrever este prefácio um grande prazer e uma honra.

Diferente do que vemos na maioria dos livros de negócios, *Hipercrescimento* é recheado de conceitos e dicas práticas que partem sempre da perspectiva da experiência própria dos autores sobre o tema, seja à frente de seus negócios, seja em suas atuações como investidores, consultores ou mentores de atuação próxima em várias startups de destaque. Os inúmeros cases detalhados não deixam mentir: as lições aqui vêm das trincheiras, de empreendedor para empreendedor.

O livro é particularmente útil para empresas brasileiras, quando detalha como elas conseguem realmente encontrar um segmento (nicho) inicial, no qual possam adquirir e entregar sucesso para os clientes de forma confiável, e partir daí expandir e crescer o negócio em direção à ambição da visão dos fundadores.

O leitor brasileiro também aprenderá que as mais modernas máquinas de crescimento são compostas de diferentes estratégias de vendas e atendimento: um bom mix de aquisições por meio de uma estratégia de marketing digital (*nets*), prospecções direcionadas de vendas (*spears*) e indicações bem-trabalhadas de clientes bem-sucedidos (*seeds*), todos eles descritos de forma muito objetiva para o empreendedor estruturar cada parte dessa máquina.

Além disso, o livro nos brinda com diversas dicas práticas de como criar e escalar os times de vendas, desde a contratação dos primeiros vendedores, passando pela difícil e decisiva contratação do vice-presidente de vendas, até ideias específicas de remuneração, comissionamento, treinamento e motivação da equipe.

Por fim, também há muito conteúdo sobre aspectos da jornada empreendedora, quase sempre difícil e muitas vezes solitária. Apesar de menos técnico nessas seções, o conteúdo aqui não deixa de ser prático e aplicável.

Jason e Aaron são os primeiros a reconhecer que não há atalhos ou regras absolutas, mas lendo o *Hipercrescimento* certamente podemos nos beneficiar de suas experiências para errar menos e criar máquinas de crescimento previsíveis e escaláveis para nossos negócios.

Mãos à obra!

**Eric Santos**
Fundador e CEO da Resultados Digitais

# CARTA AO LEITOR
## SISTEMATIZANDO O SUCESSO

Nunca foi tão fácil promover o crescimento de uma empresa. Ironicamente, contudo, é preciso perguntar: enquanto todo mundo parece estar atingindo as metas com os pés nas costas, será que você não se sente atolado em um lamaçal?

Se precisasse triplicar sua receita no próximo ano ou nos próximos três anos, você saberia exatamente como fazer?

Não é preciso ser mágico para conseguir isso. Não é necessário ter estudado em uma faculdade de primeira linha, ter muita sorte ou se empenhar mais. Existe um modelo que as empresas de rápido crescimento usam para atingir e sustentar o hipercrescimento.

Não importa se você quer aumentar sua receita em US$ 1 milhão ou US$ 100 milhões, os fundamentos são os mesmos. É possível fazer sua empresa crescer duas ou dez vezes – "10x", como dizemos – mais rapidamente de uma maneira que você, seus colaboradores e seus clientes poderão considerar respeitável e justa. (Aliás, a verdade é a melhor técnica de vendas e marketing.)

Este livro ensina como superar a estagnação do crescimento e escapar da montanha-russa da receita, apontando como é possível responder a perguntas como:

1. Por que você não está crescendo mais rápido?
2. O que é preciso fazer para atingir o hipercrescimento?
3. Como sustentar o hipercrescimento?

## LIÇÕES DAS EMPRESAS DE MAIS RÁPIDO CRESCIMENTO DO MUNDO

Não faltam conselhos na internet sobre como promover o crescimento de sua empresa. Alguns são excelentes, outros, prejudiciais. A maioria é obsoleta e muitos não passam de meramente interessantes. Como colocar ordem no caos e encontrar as poucas excelentes ideias que efetivamente melhorarão e sustentarão sua taxa de crescimento?

Não importa a área de atuação. Em vez de um aumento de 2% ou 20% em vendas, queremos que você encontre maneiras de atingir um incremento de 200% a 1.000% em crescimento, aprendendo com empresas como:

- **Zenefits**, que aumentou sua receita entre US$ 1 milhão e US$ 100 milhões em cerca de dois anos;
- **Salesforce.com**, a empresa de software multibilionária e de mais rápido crescimento;
- **EchoSign (hoje Adobe Document Services),** que cresceu de US$ 0 a US$ 144 milhões em sete anos;
- **HubSpot**, que viu sua receita crescer acima de US$ 100 milhões e foi avaliada em mais de US$ 1 bilhão;
- **Acquia**, que foi eleita a empresa de software de capital fechado de mais rápido crescimento em 2013, e transformou o desafio de bater a marca dos US$ 100 milhões de receita total em uma questão de "quando" e não de "se";
- **Avanoo**, que cresceu de US$ 1,3 mil a US$ 5 milhões em cerca de um ano, no mais do que saturado mercado de treinamento corporativo.

Agora, se você for como nós, quer saber *como essas empresas conseguiram realizar essa façanha.*

Não foi postando um vídeo que se tornou viral ou qualquer outra coisa que levaria você a dizer "Ah, mas eles tiveram muita sorte". De fato, identificamos lições reproduzíveis que qualquer empresa pode aprender.

O sucesso pode ser sistematizado e não precisa ser um evento meramente aleatório. A receita e o crescimento podem ser (em grande parte) previsíveis. E precisam ser, para que transformem *metas impossíveis em sucesso inevitável* para sua empresa e sua equipe. E estamos falando de resultados muito melhores do que os que você consegue imaginar hoje.

**Os sete ingredientes do hipercrescimento**

1. *Você não está pronto para crescer...* enquanto não **garantir um nicho**.
2. *O sucesso instantâneo é coisa de conto de fadas.* As pessoas não vão descobrir sua empresa em um passe de mágica, de modo que você vai precisar de sistemas sustentáveis para **criar um pipeline previsível**.
3. *Acelerar o crescimento cria mais problemas do que os resolve.* As coisas só vão piorar sem **vendas escaláveis**.
4. *É difícil criar uma grande empresa fazendo pequenas transações...* então descubra um jeito de **dobrar o tamanho das transações**.
5. *Se você tiver um prazo previsto em mente, saiba que vai demorar anos mais do que isso...* não desista cedo demais e não se deixe desanimar por um ano difícil. Esteja preparado para **cumprir sua pena**.
6. *Seus colaboradores estão apenas alugando o emprego, não estão comprando-o.* **Reforce a *ownership*, ou senso de propriedade, dos colaboradores** para desenvolver uma cultura na qual as pessoas tomem iniciativas que vão além da descrição de cargo.
7. *Se você é um colaborador: está se deixando impedir pelas frustrações, em vez de se motivar com elas.* Não fique de braços cruzados esperando alguém resolver a situação. **Use as frustrações para decidir seu futuro**.

Siga a receita e dê o pontapé inicial para
o maior crescimento da história de sua empresa.

# SUMÁRIO

**PARTE I: GARANTA SEU NICHO** — 7

**1.** "Nicho" não quer dizer pequeno — 9
Tem certeza de que você está pronto para crescer mais rápido? — 9
Como saber se você garantiu seu nicho — 11
Domine o mundo conquistando um nicho de cada vez — 14
O arco de atenção — 15

**2.** Sinais de que você está se arrastando na lama — 21
Você é só "algo bom de ter"? — 21
As grandes empresas também sofrem — 25
Estudo de caso: onde Aaron errou — 25
Seu ponto forte de hoje pode ser um ponto fraco amanhã — 31

**3.** Como garantir seu nicho — 35
Como você pode ser um peixe grande em um lago pequeno? — 35
Analise a matriz de nichos — 37
Estudo de caso: como a Avanoo garantiu seu nicho — 44
A regra das 20 entrevistas – de Jason — 49

**4.** O argumento de vendas — 51
Se você fosse uma estação de rádio, alguém o ouviria? — 51
Os argumentos-minuto são sempre frustrantes — 53
Eles não estão nem aí com "você": três perguntas simples — 56

**PARTE II: CRIE UM PIPELINE PREVISÍVEL** — 59
*Introdução: a geração de leads absolve muitos pecados*
— 62

**5.** Sementes: o sucesso do cliente — 65
Como desenvolver sementes de maneira previsível — 66

Estudo de caso: como a Gild reduziu o *churn* de clientes de 4%
para 1% ao mês 72
Estudo de caso: a excelência do suporte técnico na Topcon 75

**6.** Redes: inbound marketing 79
Seu líder de marketing precisa desta função de força:
a "cota de leads" 81
Marketing corporativo *versus* geração de demanda 82
Estudo de caso: conduzindo a Zenefits de US$ 1 milhão para
US$ 100 milhões em dois anos 83
Inbound marketing: um manual em quatro lições 87
O marketing heroico: quando você não tem dinheiro
e tem pouco tempo 94

**7.** Lanças: prospecção outbound 99
Quando o outbound funciona melhor... E quando não dá certo 102
Lições aprendidas sobre a prospecção outbound desde a
publicação de *Predictable Revenue* 105
Estudo de caso: lições que a Zenefits aprendeu sobre a
prospecção outbound 107
Estudo de caso: o papel da prospecção outbound na trajetória
de US$ 100 milhões da Acquia 110
Estudo de caso: de zero a US$ 10 milhões com a prospecção
outbound na GuidesPark 113
Estudo de caso: como a Tapstream começou do zero 115

**8.** O que os executivos deixam de ver 117
Taxa de criação de pipelines: sua métrica mais importante 117
A regra do 15/85: compradores pioneiros e convencionais 119
Por que você subestima o valor do tempo de vida do cliente 123

**PARTE III: FAÇA COM QUE SUAS VENDAS SEJAM ESCALÁVEIS** 127
**9.** Aprenda com nossos erros 129
O crescimento cria mais problemas do que resolve... mas os
problemas são o de menos 129
Os 12 maiores erros de Jason ao criar equipes de vendas 131
Conselhos do VP de vendas por trás do sucesso do LinkedIn e
da EchoSign 133

| | |
|---|---|
| **10. Especialização: o seu maior multiplicador de vendas** | 137 |
| Por que os vendedores não devem cuidar da prospecção | 137 |
| Estudo de caso: como a Clio reestruturou suas vendas em três meses | 141 |
| É possível ser pequeno ou grande demais para se especializar? | 143 |
| Especialização: duas objeções comuns | 145 |
| A especialização na Acquia em 2014 | 147 |
| **11. Líderes de vendas** | 149 |
| O maior erro de contratação envolve a escolha do vice-presidente/diretor de vendas | 149 |
| O VP de vendas certo para o seu estágio de desenvolvimento | 151 |
| As dez perguntas que Jason costuma fazer em entrevistas | 154 |
| **12. Melhores práticas de contratação para vendas** | 156 |
| Truques simples de contratação | 156 |
| Ao fazer algo novo, comece com dois, não com um | 158 |
| A máquina de vendas de US$ 100 milhões da HubSpot: fundamentos de recrutamento e coaching | 160 |
| Estudo de caso: como perder menos tempo com entrevistas | 162 |
| **13. Escalando a equipe de vendas** | 167 |
| Se você estiver perdendo mais de 10% dos seus vendedores, eles não são o problema | 167 |
| Estudo de caso: escalando as vendas de 2 a 350 representantes na Zenefits | 171 |
| O conselho de Jason para os presidentes-executivos: coloque os líderes de outras áreas que não sejam a de vendas em planos de remuneração variável | 175 |
| A verdade equivale a dinheiro | 179 |
| O transtorno do déficit de pipelines | 181 |
| Você está levando uma eternidade para fechar uma transação empresarial? | 184 |
| Cinco indicadores-chave de vendas (com uma surpresinha) | 187 |
| **14. Só para startups** | 191 |
| Toda empresa de tecnologia deveria prestar serviços | 191 |
| No que Jason costuma investir e o que você precisa fazer para levantar fundos a fim de ganhar escala? | 195 |

Como deve ser o efetivo de uma empresa de SaaS com cem colaboradores ... 199

## PARTE IV: DOBRE O TAMANHO DE SUAS TRANSAÇÕES ... 203

**15.** Cálculos para definir o tamanho de suas transações ... 205
O que Jason aprendeu: você precisa de 50 milhões de usuários para o freemium funcionar ... 205
Comece com pequenas transações e cresça com as grandes transações ... 207

**16.** Nem grande demais nem pequeno em excesso ... 213
Quando você não tem como transformar pequenas transações em grandes ... 214
Se você tiver clientes de todos os tamanhos ... 215

**17.** Vá atrás dos peixes grandes ... 221
Se você não quiser vendedores... ... 221
Acrescente mais uma camada no topo da estrutura de preços ... 225
É sempre muito chato fazer a precificação ... 229
Voltando-se às empresas da *Fortune 1000* (por Mark Cranney) ... 231

## PARTE V: CUMPRA SUA PENA ... 237

**18.** A frustração é inevitável ... 239
Tem certeza de que está pronto para isso? ... 239
Todo mundo tem um ano do inferno ... 247
O conforto é o inimigo do crescimento ... 248
Motivação: como Aaron atingiu a velocidade de escape ... 250

**19.** O caminho para o sucesso não é uma linha reta ... 253
A economia da ansiedade e a depressão do empreendedor ... 253
A pergunta de Mark Suster: "O que é melhor: aprender ou ganhar dinheiro?" ... 257
Quando a linha reta não é o caminho mais curto para o sucesso ... 263
Mude o *seu* mundo, não *o* mundo ... 264

## PARTE VI: REFORCE O SENSO DE PROPRIEDADE DOS COLABORADORES ... 269

**20.** Um teste de realidade ... 271
Caros executivos (Carta de um colaborador) ... 271

Caro colaborador (Carta dos executivos) 272
"P.S.: Caros executivos seniores, não fiquem para trás" (Carta
   do presidente-executivo e conselho de administração) 274
Seu pessoal aluga o emprego ou é dono dele? 276

**21. Para o executivo: crie o senso de propriedade funcional** 281
Um levantamento simples 281
"Nada de surpresas" 283
Senso de propriedade funcional 287
Estudo de caso: como uma equipe em maus lençóis se
   transformou em um sucesso autogerenciado 295
Como promover a transformação 296

**22. Levando o senso de propriedade ao próximo nível** 301
Senso de propriedade financeira 301
Distribua as pessoas pela empresa 302
Os quatro tipos de colaborador 304

### PARTE VII: DECIDA SEU DESTINO 311

**23. Você está abrindo mão de sua oportunidade?** 313
Sua oportunidade é maior do que você imagina 313
Como expandir suas oportunidades no trabalho 316
Você precisa de algumas paixões triviais 318
A empresa não é a mamãe nem o papai 322
Retomando as funções de força: como se motivar a fazer as
   coisas que você não tem vontade de fazer 323
É importante saber vender também na vida pessoal 329
O processo de vendas envolve várias etapas (por Steli Efti) 332

**24. Combinando dinheiro com senso de propósito** 337
Quando o senso de propósito é levado longe demais 337
Qual é seu talento especial? 340
Não adianta tentar ignorar a vida real 343
Aaron, como é que você consegue criar 12 filhos e ainda ter
   tempo para trabalhar? 346

Índice remissivo 355

# PARTE I

# GARANTA SEU NICHO

**A dura verdade:** Você ainda não está pronto para crescer.

# CAPÍTULO 1

# "NICHO" NÃO QUER DIZER PEQUENO

Como saber se você está ou não pronto para crescer? Não seja vago ou confuso em função de uma visão grandiosa demais ou do desejo de se voltar a muitos tipos diferentes de clientes.

## TEM CERTEZA DE QUE VOCÊ ESTÁ PRONTO PARA CRESCER MAIS RÁPIDO?

Você está empolgado com sua empresa, suas ideias, seus produtos e serviços... e está pronto para crescer mais rápido. Você pode ter uma startup, ser um consultor ou trabalhar em uma empresa da *Fortune 100*.

Sabe, contudo, que precisa gerar leads, ou seja, fazer com que as pessoas que têm interesse em seu produto ou serviço sejam atraídas por sua empresa a ponto de entrar em contato com ela. E sabe principalmente que a geração de leads é a principal alavanca para impulsionar o crescimento da receita de vendas e criar hipercrescimento. Você está tentando aumentar o número de leads e, em consequência, as vendas, mas está sendo mais difícil do que você esperava... talvez muito mais difícil.

Tem certeza de que você está pronto para crescer mais rápido?

Quando parece que você está nadando contra a corrente dia após dia só para gerar leads ou para fechar novas vendas com os leads que finalmente conseguiu gerar, percebe que as coisas não são tão simples assim. Durante esse tempo todo, energia e dinheiro investidos em gerar novos leads e fechar vendas podem estar sendo despejados em um buraco negro, se você ainda não tiver garantido seu nicho.

Talvez você trabalhe em uma empresa da *Fortune 100*, seja o maior especialista em estrutura organizacional, tenha um app de SaaS (software como serviço) para um modelo de assinatura, espetacular para ajudar os clientes a gerenciar colaboradores... Mas, se você não tiver como sair por aí e gerar leads e oportunidades de modo previsível naquilo em que você é necessário, conquistar esses leads e essas oportunidades e fazer isso de modo lucrativo, pode ter certeza de que não vai ser nada fácil.

É bem frustrante. Mas não dá para pegar nenhum atalho, seja você empresa, seja pessoa física. As dificuldades, não raro, são sinais de um problema de nicho, seja na empresa, seja departamento de marketing ou no nível do vendedor individual.

**Sinais de que você não está pronto para crescer (não importa o que o presidente-executivo ou o conselho de administração esperem)**

- Você cresceu principalmente por meio de indicações, boca a boca *upsell* (aumentando a conta dos clientes) ou *cross-sell* (vendas cruzadas).
- A geração de leads inbound ou outbound tem sido decepcionante... ou simplesmente terrível.*
- Olhando para trás, você percebe que vem dependendo de relações preexistentes ou de uma marca reconhecida para chamar a atenção dos leads, mesmo que seu produto ou serviço sejam incríveis.
- Você faz muitas coisas bem e tem dificuldade de focar a melhor oportunidade de vender e entregar resultados.
- Mesmo quando consegue leads de qualidade, você fecha muito poucas vendas.

> Se você não tiver como sair por aí e gerar leads e oportunidades de modo previsível, naquilo em que você é necessário, e se não souber conquistar esses leads e essas oportunidades e fazer isso de modo lucrativo, pode ter certeza de que não vai ser nada fácil.

---

* Há geração inbound de leads quando as pessoas são atraídas para a empresa por ações baseadas em conteúdo, como vídeos, newsletters e blogs. A geração outbound, por sua vez, faz as empresas chegarem por meio de ações diretas, como telemarketing ou e-mail marketing (N. E.).

**Essa situação é vista com mais frequência quando...**

- Você atinge um patamar de estagnação com receita situada entre US$ 1 milhão e US$ 10 milhões e começa a experimentar novos tipos de programas geração de leads.
- Você lança um novo produto ou serviço ou entra em novo mercado.
- Você conquista seus primeiros 10 a 50 clientes, atinge boa adequação entre produto e mercado ou tem um produto minimamente vendável.
- Você atua em consultoria ou serviços profissionais.
- Sua empresa oferece uma gama ampla demais de produtos e serviços (transtorno de déficit de atenção no portfólio).

**Ninguém gosta de admitir que não está pronto para crescer**

É dureza admitir que "ainda não estamos prontos para crescer", especialmente quando você tem um conselho de administração ou um presidente-executivo controlando de perto tudo que você faz, funcionários para pagar no fim do mês ou grandes contas para pagar em casa.

Ninguém gosta de admitir que é meramente "bom de se ter" e não "indispensável", ou que o argumento de vendas de um minuto (o famoso *elevator pitch*) que o presidente-executivo bolou é totalmente infundado e ainda por cima confunde os clientes potenciais, ou, ainda, que não se tem como mensurar ou registrar os resultados dos clientes.

As empresas que trabalham com um grande portfólio de produtos enfrentam o mesmo problema. Seus vendedores ou clientes ficam confusos com todas as opções de produtos? Eles não sabem o que comprar ou vender primeiro e fazem o que podem tentando comprar ou vender um pouco de tudo. A confusão prejudica o crescimento. Você acaba sendo distraído pela falta de foco e não consegue ser "insanamente grandioso" em apenas uma coisa.

## COMO SABER SE VOCÊ GARANTIU SEU NICHO

Se você trabalha em uma startup que está chegando ao primeiro milhão ou lançando um novo produto, um novo programa de geração de leads ou entrando em um novo mercado, um dos sinais de que você garantiu seu nicho é sua capacidade de encontrar clientes que não tenham ligação com você ou sua equipe, ou seja, não associados, e conquistar a adesão deles. Leia-se: clientes pagantes não associados.

> Um dos sinais de que você garantiu seu nicho é sua capacidade de encontrar clientes não associados e conquistar a adesão deles.

Não estamos falando dos amigos de seus investidores, de antigos colegas de trabalho nem daquele seu chefe em uma outra empresa 10 anos atrás. Estamos falando de pessoas que nunca foram seus clientes, nunca foram seus parceiros, nem fazem parte da sua rede do LinkedIn. Ninguém recomendou você a eles e eles nunca ouviram falar de você em algum grupo. Começaram com sua empresa do zero, sem a vantagem de relacionamentos prévios.

Não interessa se eles o encontraram chegando do nada ou se você saiu por aí (no mundo físico ou virtual) para encontrá-los e fechar com eles.

Agora eles lhe pagam... e você está lucrando.

Porque a verdade é a seguinte: ter dez clientes pode não parecer grande coisa. Costumávamos chamar esses sujeitos de "dinheirinho da cerveja" no início da EchoSign. Dez clientes rendiam US$ 200 por mês, o que ficava muito longe de pagar as contas de quatro engenheiros e três outros profissionais... Na verdade, mal dava para pagar a cerveja. Mas ter dez clientes, no fundo, é incrível. É fato que você ainda pode se dar mal com problemas de fluxo de caixa, mas conquistar dez clientes é um primeiro sinal de "pré-sucesso"... apesar de ser grande a probabilidade de mais de um deles se revelar um mau cliente enquanto você ainda está aprendendo quais clientes poderão levá-lo ao sucesso. Ter dez clientes quer dizer três coisas:

1. Como você já tem dez, sem dúvida pode conseguir vinte... e depois cem. Se conseguir convencer dez clientes não associados a lhe pagar (o que não é pouca coisa), eu garanto que você consegue convencer vinte. E, se continuar assim, vai conseguir pelo menos cem. E depois duzentos... pelo menos. No mínimo, você vai conseguir continuar dobrando o número de clientes. Não estou dizendo que seja fácil, mas é possível.
2. Ainda mais importante: pense que é incrível ter conseguido conquistar esses dez clientes. Dez não é pouco! Pense assim: por que diabos eles deveriam confiar em você e pagar por seu produto? Você conseguiu convencê-los disso sem depender de um relacionamento prévio. É um enorme voto de confiança. Você pode ter sido mencionado no TechCrunch, no Reddit, no jornalzinho do bairro

ou em algum blog... Se foi o caso, excelente, mas, no mundo real, nenhum comprador convencional (o *mainstream buyer*, em inglês) sequer ouviu falar de você. Você tem aquilo que todos os amigos dele estão comprando e ele acha que está ficando para trás se não comprar também.

3. Significa que você criou algo real e concreto. Algo valorizado. E, mais do que isso, algo que você pode desenvolver. Esses dez clientes o ajudarão a criar um roteiro, darão feedback e mostrarão o caminho das pedras para conquistar mais mil clientes, se você prestar atenção. Você não vai acatar todos os conselhos deles, é claro, mas o retorno desses dez primeiros não será de pessoas de fora. Você, então, sairá transformado dessa experiência. Eu garanto. Isso porque seu milésimo cliente muito provavelmente será exatamente como o seu décimo, em conceito e em essência, em termos de categoria em que se encaixa e do maior problema que precisa resolver.

O primeiro cliente não associado da EchoSign foi uma gerente de uma equipe de televendas. O setor em que ela atuava era incomum (consolidação de dívida), mas, quando nos aprofundamos na análise, percebemos que o caso era exatamente o mesmo, em essência e até em termos de fluxo de trabalho, que os casos de 80% ou mais dos clientes que chegaram depois. O mesmo de Facebook, Twitter, Groupon, Google, Verizon, BT, Oracle... o mesmo caso em todos eles.

Todos são atraídos pela "benevolência" essencial que você criou. É claro que você vai precisar criar um número muito maior de recursos, amadurecer muito seu produto e assim por diante, mas a essência será a mesma benevolência que os dez primeiros clientes vivenciaram.

Pode confiar em nós. Dez clientes podem não pagar as contas. Porém, se você os conquistou do zero, terá o início de um fluxo orgânico de leads ou um processo de geração de leads que poderá replicar. Isso é algo realmente especial e algo que você pode usar como base para se desenvolver.

Então, esta é a primeira vez que você precisa dobrar o número de clientes: depois de conquistar o décimo, mesmo que pareça muito, muito menos do que suas metas ou sua visão. Esqueça os mil clientes: dobre os dez para conquistar vinte, depois quarenta, e assim por diante. Ao duplicar esses dez clientes mês após mês, ano após ano, você poderá manter seu desenvolvimento, e sua visão grandiosa será inevitável.

## DOMINE O MUNDO CONQUISTANDO UM NICHO DE CADA VEZ

É melhor já começar esclarecendo um erro de percepção sobre a palavra "nicho". Quando conquista um nicho, você deixa de "pensar pequeno". Você não deixa que nada restrinja seus sonhos. Conquistar um nicho não quer dizer reduzir para sempre seu mercado potencial.

Nicho, nesse contexto, significa *foco*. É a concentração em um cliente-alvo específico que possui um problema específico. Não importa quantos tipos de clientes você poderia ajudar ou quantos problemas dos clientes você poderia resolver.

Não deixe que sua visão grandiosa de futuro o impeça de dar os pequenos passos necessários para atrair clientes hoje.

O hipercrescimento não resulta de vender muitas coisas a muitos mercados, atirando para todos os lados (ou, em outras palavras, diluindo sua energia). O hipercrescimento resulta de focar onde se têm as melhores possibilidades de conquistar clientes, ajudá-los a ter sucesso, criar uma reputação de atingir resultados tangíveis e crescer a partir daí. Por exemplo:

- a Salesforce começou com a automação da força de vendas;
- a Zenefits começou com empresas de tecnologia da Califórnia que tinham de cem a trezentos funcionários;
- o Facebook começou com faculdades de prestígio dos Estados Unidos;
- o PayPal decolou com usuários do eBay;
- a Amazon começou com livros;
- a Zappos focou os calçados.

Qual é o lugar mais fácil para criar um ímpeto *agora*? No seu caso, qual é o caminho que apresenta a menor resistência para que você chegue ao dinheiro?

Concentrar-se em setores ou tipos de clientes específicos – como bancos, empresas de software ou grandes empresas – faz parte, mas não é tudo. Você também vai precisar direcionar seus pontos fortes *especiais* (e não todos os seus pontos fortes) para onde eles podem criar o maior valor (e não qualquer valor) e:

- resolver um problema específico para
- um cliente-alvo ideal,
- de maneira verossímil e que possa ser repetida,

- aplicando métodos previsíveis para (a) encontrar e (b) interessar os clientes.

Qualquer tipo de especialização que o ajude a se destacar na multidão, ser o melhor, vencer ou ser especial tem um enorme valor.

Por exemplo: se sua empresa se voltar à criação de soluções personalizadas para cada cliente e a cada vez precisar reinventar a roda, terá o dobro de dificuldades. Para começar, será mais difícil promover-se, porque, pense bem: qual problema sua empresa de fato resolve? Em segundo lugar, a menos que se tenha algum tipo de solução, estrutura ou sistema que possam ser repetidos, o crescimento será difícil. Você terá de ser um sujeito muito cabeça-dura para desenvolver uma empresa como essa, ou precisará ter muita sorte, mas sorte não gera sucesso sustentado.

Se você se concentrar em resolver muito bem um único problema e conseguir se adaptar à evolução de mercado, o céu será seu limite.

> Se você se concentrar em resolver muito bem um único problema e conseguir se adaptar à evolução do mercado, o céu será seu limite.

## O ARCO DE ATENÇÃO

Mas por que o nicho pode ser um problema? A resposta tem a ver com o funcionamento do cérebro e com o limiar de atenção das pessoas. Os conceitos de arco de atenção e de lacuna de confiança são fundamentais para entender as razões que levam ao problema e saber o que fazer a respeito.

Quando abre uma empresa, a maioria das pessoas começa com os early adopters... e é isso mesmo. Esse grupo inclui redes de relacionamentos, amigos, amigos de amigos e pessoas que instintivamente captam a ideia. Depois que os negócios atingem de US$ 1 milhão a US$ 10 milhões de receita, normalmente se dá com a cara na parede, porque o boca a boca e as indicações atingem o ponto de estagnação. Ou, se você for uma grande empresa, pode atingir um ponto de estagnação quando seu novo programa de geração de leads, produto ou mercado começa a ter dificuldades. Em algum momento, você ficará sem early adopters e precisará descobrir como atingir os compradores convencionais, que ainda não o conhecem e não captam intuitivamente a ideia, como os primeiros.

É muito difícil evoluir de vender aos early adopters, que confiam em você, a vender aos compradores convencionais, que ainda não desenvolveram essa confiança. Geoff Moore chamou esse processo de "cruzar o abismo". Nós chamamos de fazer a ponte sobre a lacuna de confiança. Não importa o termo que use. Quando você entender as razões para a existência dessa lacuna, será mais fácil saber como cruzá-la.

> É muito difícil evoluir de vender aos early adopters, que confiam em você, a vender aos compradores convencionais, que ainda não desenvolveram essa confiança.

### O lado direito: muita confiança

No lado direito do espectro estão "sua mãe, seu pai e seus melhores amigos" ou, em outras palavras, as pessoas que conhecem e confiam em você (ou em sua empresa ou marca) e que se dispõem a lhe dar muita atenção, só porque você está pedindo. Se você ligar para seu melhor amigo e marcar um encontro de duas horas para mostrar um demo, um produto, um post, ou apresentação, a pessoa acabará se dispondo a isso... mesmo que não faça sentido algum para ela.

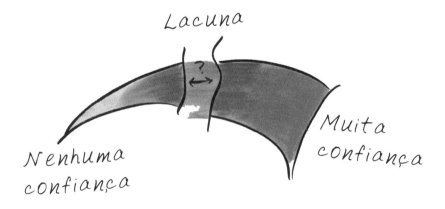

Figura 1.1: O arco de atenção

Esse lado do arco de atenção também inclui as poucas pessoas que, de um jeito ou de outro, deparam com seu produto, por mais tosco ou rústico que possa ser o seu site... e simplesmente captam a ideia. Você não precisa explicar nada, porque eles intuitivamente sabem o que você pode fazer, entendem a importância do que tem a oferecer e sabem como usar seu serviço ou produto. Todos esses early adopters se dispõem a investir muito mais energia mental para entender o que você faz e descobrir como podem se beneficiar. Eles oferecerão muita margem de manobra, o que tem um enorme valor para ajudar uma nova empresa, produto ou programa de geração de leads a deslanchar.

Mas pode haver um problema – e não raro um belo tapa na cara – quando você começa a esperar que todo mundo lhe dê essa mesma margem de manobra.

### O lado esquerdo: nenhuma confiança

No extremo oposto estão as pessoas que nunca ouviram falar de você ou de sua empresa. Quando as pessoas não sabem quem você é, elas só se dispõem a dar-lhe o mínimo de atenção para descobrir. Se não se identificarem com você nessa janela de oportunidade, elas simplesmente seguirão em frente.

Quanto mais você for capaz de se conectar imediatamente com elas, mais margem de manobra elas darão. Quanto menor for sua conexão, mais rápido elas seguirão em frente para passar para a próxima. Veja alguns exemplos (não científicos) de janelas de oportunidade:

- um e-mail não solicitado ou anúncio na internet: uma janela de oportunidade de 0,3 a 3 segundos antes de a pessoa se engajar ou seguir em frente;
- um telefonema de venda não solicitado: uma janela de oportunidade de 3 a 30 segundos;
- um vendedor porta a porta: uma janela de oportunidade de 3 a 60 segundos.

Compare com:

- uma indicação: entre 15 minutos e 1 hora;
- um melhor amigo ou pai/mãe: tempo ilimitado (na verdade, você é que pode querer limitar o tempo!).

Essa é a lacuna de confiança: a diferença entre tentar se promover para pessoas que já o conhecem, ou à sua marca, e para pessoas que não o conhecem ou à sua marca, e que não estão dispostas a descobrir quem você é. E também a diferença entre ser capaz de se promover para os early adopters (15% do mercado) e para os compradores convencionais (85% do mercado). Isso muda tudo no que se refere ao modo como se promove e vende o produto ou serviço.

Essa diferença entre os early adopters e os compradores convencionais pode ser enorme e facilmente subestimada. Você pode achar que consegue saltar a lacuna de confiança, como quando cruza um riacho de um lado ao outro. Mas é mais provável que você depare com o Grand Canyon. Ou, se você depender apenas dos relacionamentos, essa lacuna se parecerá mais como a diferença entre a Terra e a Lua.

A ideia de garantir um nicho envolve ajudá-lo a cruzar a lacuna de confiança, passando da dependência dos compradores do lado direito (muita confiança) à capacidade de se promover e vender aos compradores no lado esquerdo (nenhuma confiança).

Você vai precisar (a) encontrar um jeito de encaixar sua mensagem nessa pequena janela de atenção ou (b) expandir o tempo de atenção que esses compradores se dispõem a lhe dar.

Todas as sugestões que colocamos neste livro sobre o nicho destinam-se a ajudá-lo a cruzar essa lacuna.

**Presuma que você está se promovendo para crianças de 10 anos de idade**

Essas pequenas fatias de atenção que as pessoas que não o conhecem se dispõem a lhe dar são semelhantes ao investimento mental de uma criança de 9 ou 10 anos. Assim, sua mensagem deve ser simples para facilitar tanto o entendimento quanto a ação. De outro modo, elas seguirão em frente antes de lhe dar uma oportunidade.

> A sua mensagem deve ser simples para facilitar tanto o entendimento quanto a ação. De outro modo, as pessoas seguirão em frente antes de lhe dar uma oportunidade.

É por isso que e-mails e vídeos rápidos e rasteiros tendem a ser mais eficazes do que e-mails e vídeos longos e arrastados como primeiros pontos de contato com pessoas que ainda não conhecem você ou à sua marca. As pessoas simplesmente não se dispõem a investir o tempo necessário para ver do que se trata aquele vídeo longo enviado por alguém que elas não conhecem.

Se você for um gênio e souber elaborar uma mensagem brilhante, pode até convencer as pessoas a ler seu e-mail ou assistir a seu vídeo até o fim, mas, para nós, meros mortais, quanto mais curto melhor... pelo menos no primeiro contato. Quanto mais suas mensagens forem de entendimento simples e de fácil ação, de maneira a se encaixar na janela de atenção dos clientes potenciais, mais elas serão eficazes.

Você pode observar esse fato em sua própria vida: o que passa pela sua cabeça quando você recebe uma mensagem longa de alguém, mesmo se vier de alguém que você conhece? E se a mensagem for curta? Você consegue notar que o empenho que você se dispõe a dedicar a essas mensagens muda da água para o vinho dependendo de quem é o remetente, da simplicidade da mensagem e do que estão pedindo a você?

Isso também explica por que é interessante apelar ao cérebro de dinossauro das pessoas – em vez de se voltar apenas ao cérebro puramente lógico.

### Volte-se ao cérebro de dinossauro

Os répteis pensam com os olhos, não com o cérebro... e nós também! O cérebro de dinossauro (é como o do réptil, mas é mais legal ser um dinossauro do que um réptil) não pensa conscientemente ou toma decisões lógicas; ele *reage*.

Algo nos interessa no nível do cérebro de dinossauro antes de a nossa mente consciente ter tempo de processar a mensagem, por várias razões diferentes, como:

- novidade;
- contraste ("Um balde de canetas azuis com uma caneta laranja no meio");
- movimento ou velocidade;
- surpresas;
- detalhes;
- elementos visuais.

É por isso que é comum ver anúncios em banners com uma cor diferente do fundo da página e com imagens em movimento, para combinar os elementos visuais, de contraste e de movimento que chamam nossa atenção. E é por isso que sites de compartilhamento de vídeos têm tantos títulos como "Ele passou dois anos odiando o chefe até que tal coisa aconteceu", acompanhados de uma imagem, combinando elementos visuais com os detalhes e a promessa de uma surpresa. E funciona, pelo menos até você ver vários vídeos, aprender que eles raramente são tão interessantes quanto os títulos levam a crer e começar a ignorá-los.

Então, seja intrigante e atraente, mas sem prometer mundos e fundos... pelo menos não sempre.

Faz sentido aprender a reformular suas ideias para chamar a atenção do cérebro de dinossauro das pessoas, quando se leva em consideração a pequena janela de atenção que as pessoas se dispõem a dar, mesmo se for muito difícil fazer isso no começo ou se você achar que está empurrando seu produto ou serviço goela abaixo das pessoas. Você não pode resistir ao arco de atenção, ainda que pense "O que eu tenho a oferecer é tão incrível e necessário, que nem precisaria ser vendido. Além disso, estamos doando dinheiro para salvar árvores. Então, não tem por que alguém não querer comprar!".

# CAPÍTULO 2

# SINAIS DE QUE VOCÊ ESTÁ SE ARRASTANDO NA LAMA

Se crescer for mais difícil do que se arrastar na lama, provavelmente isso está acontecendo devido a uma das razões a seguir.

## VOCÊ É SÓ "ALGO BOM DE TER"?

Você acredita que seu público-alvo *precise* do que você está oferecendo? Ou você não passa de "algo bom de ter"? Um sinal claro de que você é apenas isso se obtém quando você mostra seu produto, todo mundo diz "Legal!", mas ninguém o compra.

Os consumidores não compram o que precisam, mas o que querem. Quanto dinheiro os consumidores gastam em Porsches e sorvetes em comparação com brócolis e psicoterapia?

Mas as empresas não compram "algo bom de ter". Por exemplo:

- as empresas *querem* um site bonito, mas *precisam* de um site capaz de converter visitantes em leads ou compras;
- os presidentes-executivos *querem* "funcionários satisfeitos", mas *precisam* de pessoas capazes de dar conta do recado para que os produtos sejam lançados no prazo ou para melhorar o fluxo de caixa;
- um VP (vice-presidente) de vendas *quer* "maior produtividade de vendas", mas *precisa* de algo que contribua para atingir essa meta, como leads, ferramentas para elaborar relatórios precisos e programas de treinamento, e é isso que ele *compra*;
- os investidores de risco *querem* investir em fundadores de negócios respeitáveis, mas *precisam* gerar retornos acima da média, que podem ou não resultar de empresas com fundadores respeitáveis.

Requer muita energia comprar e usar algo novo, de modo que não basta ser meramente "algo bom de ter". Se você não passar disso, cairá para o fim da lista de prioridades das pessoas.

Se o comprador não precisar de sua solução, ele não terá motivação suficiente para encarar todo o trabalho de convencer seu pessoal, justificar a compra, implementar a solução e ensinar as pessoas a usá-la.

- O problema é grave a ponto de levar toda uma equipe a gastar dinheiro e tempo para resolvê-lo?
- Se você se propõe a sanar uma necessidade, como pode descrever o que oferece para que os clientes potenciais vejam que você tem uma oferta especial?
- O que diferencia os clientes que precisam de você dos que não precisam?
- Onde você pode gerar o maior valor financeiro?
- Onde você pode obter permissão para criar estudos de caso ou conquistar indicações? (Em alguns mercados ou com certos clientes esse tipo de permissão é quase impossível de conseguir.)
- Como você pode "vender dinheiro"?
- Como você pode "vender coisas"?

"Vender dinheiro" significa provar aos clientes que seu produto os ajudará a ganhar mais dinheiro, gastar menos dinheiro, reduzir o risco de perder dinheiro ou cumprir as leis (evitando multas e risco de processos judiciais). Mostre que gastar dinheiro com você os ajudará a ganhar mais dinheiro.

> Ganhe dinheiro provando aos clientes que seu produto os ajudará a ganhar mais dinheiro, gastar menos dinheiro, reduzir o risco de perder dinheiro ou cumprir as leis (evitando multas e risco de processos judiciais).

Se você disser que poderá "aumentar receita" ou "reduzir custos", não estará apresentando diferencial algum em relação à concorrência. O que equivale a dinheiro na cabeça deles? Leads? Taxa de fechamento de vendas? Atividade social? Cobranças?

Engajamento ou satisfação dos funcionários? Todo mundo sabe que é vital ter funcionários engajados e satisfeitos, mas como provar aos clientes que você pode ajudá-los a ganhar dinheiro melhorando as relações deles com os funcionários ou oferecendo recursos e ferramentas melhores para os funcionários? Como você pode argumentar que seu produto é *necessário*?

**Exemplo: o que a ACME aprendeu fracassando na geração outbound de leads**

Uma empresa de SaaS de US$ 15 milhões, a qual chamaremos de ACME Corp., procurou-nos e disse: "Precisamos crescer, precisamos de mais leads!". A ACME tinha crescido muito com uma parceria com a Salesforce e por meio de indicações dela. A empresa fechava vendas rapidamente para um grande número dessas indicações. Era claro que isso acontecia porque a ACME estava sendo indicada. A empresa vinha crescendo, mas queria mais rapidez nisso, para dobrar sua taxa de fechamento com a geração de leads paga. As indicações e o crescimento orgânico já não bastavam. E a ACME presumiu que, se conseguisse dobrar o número de leads, a empresa poderia crescer duas vezes mais rápido.

- Sinal de problema nº 1: a empresa vinha testando diferentes campanhas de marketing on-line e off-line nos últimos três anos, com resultados variando de péssimos a fracos.
- Sinal de problema nº 2: a ACME lançou um programa de prospecção outbound (com a ajuda de Aaron) e se deu mal. Resultado: zero. Levou quatro meses (bem, fora os três anos anteriores), mas a companhia aprendeu que não estava pronta para crescer mais rápido.

A empresa não tinha garantido um nicho. Os sinais já estavam lá antes, mas ela não queria admitir, até que tentou o outbound marketing e deu com os burros n'água. Qualquer tipo de geração de leads pago ou não orgânico (como o marketing ou a prospecção) pode ser uma função de força (*forcing function*), algo que o leve ao movimento, a confrontar a realidade de você já ter ou ainda não ter garantido um nicho. Se isso não funcionar, você precisa repensar seu público-alvo... e, possivelmente, sua solução.

A ACME atuava em um mercado ruidoso e comoditizado. Todos os seus clientes-alvo potenciais já tinham algo que "dava para o gasto". Os problemas dos clientes-alvo não eram os problemas que a ACME podia plausivelmente resolver. Para os clientes potenciais, qualquer coisa que a empresa oferecesse além do que eles já tinham não passava de "algo bom de ter" e não justificava o transtorno de mudar de sistema. Por mais empolgada que a equipe da ACME pudesse estar com seu produto, os clientes potenciais não compravam a ideia. Eles não precisavam da solução da ACME.

### Clientes-alvo, problema e solução

Garantir o nicho envolve muito mais do que escolher um público-alvo ou mercado vertical em um determinado setor, apesar da importância de ser seletivo sobre seus clientes-alvo. A definição do nicho também fica no cruzamento entre o *problema* dos clientes-alvo e a *solução* que você tem a oferecer (Figura 2.1).

Agora, se estiver nessa situação, você culpa os clientes potenciais por não sacar a ideia ou admite que precisa se empenhar mais?

## AS GRANDES EMPRESAS TAMBÉM SOFREM

Uma das cinco maiores empresas globais de software nos contratou para ajudar os vendedores de um setor a melhorar a prospecção. Esses vendedores estavam gastando tempo demais com pesquisas em vez de focarem as campanhas. Quando, finalmente, telefonavam ou mandavam e-mails para as pessoas, eles raramente obtinham respostas. Estavam tão frustrados quanto os executivos: "Queremos fazer a prospecção, mas só estamos perdendo tempo".

O ideal para eles seria criar uma equipe de vendas especializada com colaboradores juniores encarregados de fazer a maior parte da prospecção outbound, mas isso era inviável. A companhia precisava fazer alguma coisa imediatamente.

Figura 2.1: Onde fica o ponto ideal entre o público-alvo, o problema e a solução?

Essa equipe vendia para empresas bilionárias, como o Bank of America, que muitas vezes tinham várias divisões. A empresa tinha uma lista de produtos de pelo menos dez ou quinze respeitadas soluções tecnológicas que os vendedores podiam tentar vender a praticamente qualquer tipo de executivo: TI, vendas, marketing, finanças, RH... basicamente qualquer área.

O maior problema não eram as técnicas de e-mail, telefone e administração do tempo. A questão era que se estava tentando vender coisas demais a públicos-alvo demais e ia-se de um lado a outro em vez de se manter o foco.

Os vendedores se dirigiam ao presidente-executivo de um banco para oferecer ferramentas de marketing, depois passavam para o diretor de TI para vender bancos de dados; em seguida, saltavam para o RH para vender ferramentas de gestão de pessoas, e assim por diante. É o mesmo problema que já discutimos sobre garantir um nicho, só que em formato diferente.

O ponto é que garantir um nicho (Figura 2.2) não é um problema exclusivo de startups e microempresas. Também não é um problema que se resolve de uma vez. Ele se torna um problema recorrente à medida que você expande seus programas de geração de leads, seu alcance geográfico, suas equipes e seu portfólio de produtos. Seu diretor de marketing, seu setor ou os vendedores individuais podem precisar definir repetidamente o público-alvo, determinando quem precisa mais de sua solução (e não quem mais quer a sua solução); por que deveriam comprar de você e quanto deveriam pagar. E devem se concentrar em ajudar os clientes e não meramente em fechar outra transação.

Figura 2.2: Garantir um nicho é o primeiro passo para transformar as dificuldades em sucesso

Sinais de que você está se arrastando na lama ↑ 25

> Como tirar o foco de você e focar os clientes?

É difícil resistir a falar sem parar para os clientes sobre todas as soluções maravilhosas que você tem para ajudá-los. Mas se você continuar fazendo isso em vez de se especializar, terá mais probabilidade de confundir os compradores do que de empolgá-los.

## ESTUDO DE CASO: ONDE AARON ERROU

Minha renda anual aumentou dez vezes em quatro anos, de US$ 67 mil a US$ 720 mil, enquanto eu (geralmente) trabalhava entre 20 e 30 horas por semana. E, ao mesmo tempo, minha família cresceu de 0 para 12 filhos. Eu não poderia ter feito nada disso sem definir e garantir meu nicho, especializando-me 100% em uma oportunidade na qual eu teria mais facilidade de ganhar dinheiro – em outras palavras, uma oportunidade na qual eu teria mais facilidade de criar resultados tangíveis para os outros – e eliminando todas as minhas "coisas boas de se ter".

Depois de quatro anos na Salesforce, sendo que a maior parte desse tempo eu tinha passado criando e desenvolvendo a equipe de vendas interna encarregada da prospecção outbound, saí da empresa no fim de 2006. Eu dizia a mim mesmo que não queria trabalhar com consultoria de vendas, mas alguns amigos me procuraram pedindo projetos que me interessaram e eu bem que estava precisando da renda. Entrei na Salesforce no começo da empresa, quando ela só tinha cerca de 150 colaboradores, mas não tão cedo que me impedisse de ganhar muito dinheiro lá, fora um bom bônus que acabou bancando meu divórcio.

Aqueles amigos, meus primeiros clientes, foram meus early adopters. Eles me contrataram porque me conheciam, não porque eu tinha um programa e uma proposição de valor superclaros na época... até porque eu não tinha mesmo.

Então passei um tempo na Alloy Ventures, uma empresa de capital de risco, pesquisando ideias de geração de leads business-to-business. Isso acabou gerando um monte de ideias e possibilidades. O resultado foi a paralisia da escolha. Eu tinha um monte de ideias interessantes e não queria escolher "só uma". Achava que podia fazer qualquer coisa, mas o que eu queria realmente fazer? Não fazia ideia.

Decidi passar umas duas semanas na China para visitar um amigo, dar uma espairecida e refletir. Na viagem, ainda não fazia ideia do que queria fazer da vida, mas percebi que:

- eu não queria abrir outra empresa de software;
- eu não queria levantar fundos para abrir uma empresa;
- eu queria poder trabalhar no que quisesse, quando quisesse e com quem eu quisesse;
- eu queria ganhar o dinheiro que quisesse fazendo o que adorava fazer. Eu não sabia o que adorava fazer nem como fazer, mas eu descobriria pelo caminho;
- o que eu mais gostava de fazer era trabalhar em parceria com pessoas em quem confiasse. Em outras palavras, o que eu faria me parecia menos importante do que com quem eu faria.

> **O que eu faria me parecia menos importante do que com quem eu faria.**

Assim, passei os três anos seguintes, de 2007 a 2010, tentando nichos diferentes, saltando de um lado a outro, como muitas empresas que vi – tanto de software quanto de serviços –, experimentando diferentes combinações de clientes potenciais e ofertas. Parecia que nada se transformaria no sucesso estrondoso que eu esperava e queria. Eu queria que as pessoas se empolgassem com o que eu tinha a oferecer, fizessem fila para comprar e simplesmente se encantassem com minha solução. Tentei vários produtos.

- Vender "dinheiro": abri a BlackBox Revenues em parceria com Erythean Martin para prestar consultoria a empresas que estavam criando e desenvolvendo equipes de prospecção outbound. A Responsys (vendida à Oracle em 2014) foi nosso primeiro cliente e o sistema os ajudou a crescer 10x em cinco anos, de US$ 20 milhões para US$ 200 milhões.

  Mas eu achava que o trabalho de consultoria de vendas era só um emprego para pagar as contas enquanto eu desenvolvia duas ideias que me empolgavam mais – depois percebi que estava errado em

pensar assim. Por isso não me concentrei em definir meu modelo. Pelo contrário, dediquei mais atenção a...
- Vender "realização pessoal": com a UniqueGenius.com, tentei entrar em coaching pessoal para ajudar as pessoas a encontrar sentido na vida e ganhar dinheiro com isso.
- Vender "liberdade": com meu primeiro livro, *CEOFlow: Turn Your Employees into Mini-CEOs* (editora Pebblestorm), tentei entrar em design organizacional e coaching de presidentes-executivos e equipes.

**Necessário *versus* bom de ter**

Apesar de na época eu ser muito mais apaixonado pelas ideias por trás do Unique Genius e do CEOFlow, era muito mais difícil promover esses dois negócios do que minha consultoria de vendas. Nos dois casos, passei alguns anos trabalhando meio período nessas ideias, transformando-as, bem aos poucos, de blogs em eventos, e depois em uma série de vídeos do Unique Genius e no livro *CEOFlow*.

Lembro-me de que, ao longo do caminho, conversei com pessoas que claramente precisavam das ideias e do coaching que eu oferecia, que se beneficiariam deles, mas não compravam meu produto. Eu só me frustrava passando por tudo aquilo toda vez, repetindo novos programas, mensagens e propostas, pulando de cá para lá para ganhar só uns US$ 5 mil ou US$ 7 mil por mês. Não, não era nada mal, mas estava bem longe do que eu acreditava ser possível ou do que eu via outras pessoas faturarem na internet. Eu vivia me comparando a elas e me desesperando.

Tinha caído no conto de fadas do "se você criar, eles virão". Tinha expectativas equivocadas sobre o que precisaria fazer para criar um negócio baseado na experiência. Subestimei por completo o foco, a energia e o tempo que levaria para fazer as marcas deslancharem.

Nenhum dos dois empreendimentos atingiu o sucesso que eu esperava ou queria, apesar de acreditar que eram marcas e ideias vencedoras. Em um universo paralelo, se tivesse escolhido um projeto para apostar todas as minhas fichas e mergulhar de cabeça, esse projeto teria decolado mais rápido. Mas, mesmo assim, teria dado mais trabalho do que eu imaginava.

Olhando para trás agora, vejo que meu maior erro foi não ter garantido um nicho. Eu não estava pronto para crescer.

A lição que aprendi com essa experiência é que, apesar de as pessoas terem *interesse* em encontrar um sentido da vida e conquistar sua liberdade, o que elas queriam *comprar* (pelo menos de mim) era *dinheiro*, que na época eu vendia com minha consultoria de vendas outbound. A consultoria era uma *necessidade*, enquanto as outras ofertas não passavam de *"algo bom de ter"*.

Quando as pessoas achavam que não tinham dinheiro (receita) suficiente, elas não tinham como se concentrar em qualquer outra coisa. Era o dinheiro em primeiro, em segundo e em terceiro lugar... e só depois vinha a liberdade ou o sentido da vida. É difícil pensar em qualquer outra coisa quando você não está conseguindo pagar as contas.

> É difícil pensar em qualquer outra coisa que não seja dinheiro quando você não está conseguindo pagar as contas.

### E foi aí que entrou uma função de força

Quando me casei de novo em 2011, tudo mudou. Passei de homem solteiro com poucas despesas a pai de família com esposa e dois filhos. Em poucas semanas, também passamos a ter um novo bebê a caminho. Precisávamos de um apartamento maior.

Uma ideia seria mudarmos de Santa Monica, um bairro relativamente caro de Los Angeles, para um bairro mais barato. Ou eu poderia desenvolver meu negócio para ganhar mais dinheiro. Escolhi o crescimento. E continuei escolhendo-o à medida que o número de filhos foi crescendo, ano após ano, e tivemos de mudar para casas cada vez maiores.

Porém, para crescer, tive de escolher o nicho em que teria mais facilidade de ganhar dinheiro. Eu não tinha como me dar ao luxo de tapar o sol com a peneira e deixar de ver a triste realidade de que as minhas paixões ainda eram, infelizmente, um mero "algo bom de ter" para as pessoas. Se tivesse mais tempo, eu poderia descobrir quem, como e onde eu poderia transformar minhas paixões em "algo necessário"... mas eu não tinha esse tempo.

Era mais fácil, para mim, ganhar dinheiro ajudando empresas a aumentar vendas com a prospecção outbound, por meio de meu site PredictableRevenue.com. Acabei publicando o livro *Predictable Revenue* (editora Lightning Source) e decidi mergulhar de cabeça para me especializar em ajudar as empresas a desenvolver programas de prospecção outbound. Até então, eu estava me segurando para dar o mergulho... não tanto em termos de tempo, mas de comprometimento e foco. Coloquei *todos* os outros negócios ou ideias interessantes, todas as minhas "coisas boas de se ter", em banho-maria por tempo indeterminado.

> Quando as pessoas me perguntam quanto trabalho tive para escrever e publicar o livro *Predictable Revenue*, não tenho uma resposta simples para dar. Eu levei:
> - seis anos escrevendo blogs, avançando bem aos poucos;
> - dois dias para montar o manuscrito;
> - três meses para editar, formatar e fazer a publicação independente.

Eu estava negando ou ignorando as habilidades que ajudavam a me promover, que me conferiam expertise sem igual para gerar resultados para os clientes, só porque eu queria fazer algo novo e mais empolgante do que o trabalho com "vendas" ou "prospecção", que eu já tinha passado anos fazendo. O fato de passar a ter uma família me obrigou a mudar minha atitude de "as vendas são uma chatice" para "os resultados são empolgantes".

> Eu estava negando ou ignorando as habilidades que ajudavam a me promover.

Quando me especializei em atender empresas do setor business-to-business que tinham pelo menos US$ 1 milhão em receitas e precisavam crescer, que queriam gerar leads de maneira previsível, mas ainda não estavam fazendo a prospecção outbound (está vendo como é? Seja específico!), o negócio decolou. Minhas taxas de fechamento também aumentaram dez vezes quando me especializei. Em outras palavras, quem você acha que ganha mais: um clínico geral ou um neurocirurgião?

Ironicamente, além de eu mesmo ter passado por isso, foi conversando ou trabalhando com tantas empresas de produtos e serviços que *achavam* que estavam prontas para crescer, mas na verdade não estavam, que aprendi essa lição. Vi como esse problema é comum e entendi por quê; sem primeiro aprender essa lição, gastar dinheiro com geração de leads e vendas é nadar contra a corrente.

P.S.: Se você for um pai ou mãe fazendo malabarismos com a vida profissional e pessoal, apresento detalhes sobre minha vida de pai-empreendedor na última seção deste livro, "Aaron, como é que você consegue criar 12 filhos e ainda ter tempo para trabalhar?". Fique ligado.

## SEU PONTO FORTE DE HOJE PODE SER UM PONTO FRACO AMANHÃ

As empresas de serviço (especialmente empresas de desenvolvimento customizado, consultores, agências de design ou qualquer empresa que faz muitos trabalhos sob encomenda) e colaboradores generalistas que são bons em tudo têm uma dificuldade especial de aprender essa lição. Fazer bem muitas coisas pode ter sido um ponto forte até agora, porque você foi capaz de enfrentar qualquer desafio e entregar resultados.

Mas sua força pode acabar se transformando em sua fraqueza, porque o *medo de deixar passar alguma oportunidade* o impede de escolher *uma única coisa* para se especializar e ser o melhor nisso. "O que eu devo escolher? Eu posso ser o melhor em x, y, z..." (E essa "uma única coisa" precisa ser específica, e não algo como "somos os melhores do mundo no desenvolvimento de software customizado". Isso é vago demais.)

"Mas, se eu for o melhor do mundo em programas de treinamento para falar em público, perderei a oportunidade de ser o melhor artista do mundo. Ou perderemos a oportunidade de nos especializar no mercado de serviços financeiros. Ou de fazer aquele app que estávamos pensando em fazer, ou..."

É por isso que escolher uma única coisa é melhor do que tentar escolher a melhor coisa: *não dá para prever* onde estará sua grande oportunidade ou quem desejará comprar sua empresa por US$ 100 milhões. Então, escolha uma única coisa e descubra como vencer com isso.

Em que você pode ser um peixe grande em um lago pequeno? Ganhe ímpeto vencendo nesse pequeno lago e depois se expanda para o próximo lago maior e assim por diante. Se você aprender como vencer em sua única coisa, saberá como vencer em sua *próxima* coisa.

Se tiver dificuldade com sua única coisa, o lance é aprender e mexer-se até descobrir como e onde vencer. Desista de tentar saber antes do tempo qual será a resposta... concentre-se em chegar à próxima etapa. Quando chegar lá, faça uma reavaliação. E repita. Mas é garantido que, se você insistir em saltar de uma coisa para outra, acabará diluindo seus recursos.

É... é fácil falar. O difícil é fazer. É por isso que você precisa ser capaz de ignorar quaisquer expectativas de sucesso rápido. É melhor avançar aos poucos, devagar e sempre.

O problema é especialmente difícil se você atua no setor de serviços, porque isso requer mudar totalmente seu jeito de pensar. Para crescer, você precisará revolucionar toda sua atitude de vendas:

De: *"Qual é o seu problema? Nós podemos resolver o seu problema. Não importa quais sejam seus problemas, temos muitas competências. Podemos ajudar de algum jeito, se procurarmos direito".* Com essa atitude, você acaba resolvendo problemas diferentes de maneiras diferentes, o que faz com que seja praticamente impossível escalar.

Para: *"Somos os melhores em resolver esse problema específico com nossa solução que já implementamos 100 vezes. Você tem esse problema? Não, você não tem esse problema? Você conhece alguém que poderia se interessar?"*

Não estamos dizendo que você não deva procurar conhecer a situação específica e os problemas de um cliente, mas tem uma diferença entre (a) saber exatamente como sua solução pode ajudá-los e (b) criar do zero uma solução para ajudá-los. É a diferença entre configuração e personalização.

**Seja específico**

Quanto mais você se direcionar a um público-alvo específico, mais fácil será para as pessoas se identificarem com o que você faz e saberem imediatamente (a) se você é relevante ou (b) se elas conhecem alguém que seja relevante.

"Oi, meu nome é Aaron. Trabalho no setor de serviços financeiros."

"Oi, meu nome é Aaron. Sou um contador especializado em empresas de mídia de Los Angeles com pelo menos US$ 10 milhões de receita."

**Canetas cor de laranja especiais para desenhar unicórnios**

Falemos de canetas. Canetas cor de laranja. Imagine que você fabrica canetas de todas as cores, personalizadas, para satisfazer os desejos dos clientes. E decide especializar-se em uma oportunidade de crescimento.

"Precisamos parar de vender canetas de todas as cores, incluindo 'crie sua própria cor', porque o mercado já está cheio de fabricantes de canetas. Escolheremos uma única coisa que fazemos melhor para desenvolver nossa reputação em torno disso. Só venderemos canetas cor de laranja, canetas especiais para desenhar unicórnios. E só venderemos a empresas que precisarem de unicórnios laranja desenhados em suas propostas de vendas para fechar grandes negócios, porque vimos que é aí que poderemos crescer e ser os melhores em extrair benefícios dessa oportunidade."

Não será fácil engolir a perda de todos os clientes para os quais você não poderá mais vender. Será difícil, até ver que a coisa funciona, até sentir na pele o sucesso que tem como foco único a venda de canetas cor de laranja para desenhar unicórnios.

Esteja disposto a perder as pessoas que querem canetas de todas as cores, porque, no fim, acabará vendendo mais canetas, a preços mais elevados, para as pessoas certas, aquelas que dão valor às suas canetas cor de laranja especiais para desenhar unicórnios.

## CAPÍTULO 3
# COMO GARANTIR SEU NICHO

Você já pode saber qual é seu melhor público-alvo, ou sua cabeça ainda pode estar repleta de opções. Reduziremos as opções com uma abordagem passo a passo para priorizar sua(s) melhor(es) aposta(s) e tirar o maior proveito delas.

### COMO VOCÊ PODE SER UM PEIXE GRANDE EM UM LAGO PEQUENO?

É melhor escolher um mercado focado que seja "pequeno demais", mas no qual se possa encontrar e fechar transações, do que definir um mercado-alvo tão amplo que você acabe se perdendo nele. Isso acontece porque:

- é mais fácil reduzir o tamanho do lago do que aumentar o tamanho dos peixes. É mais fácil redirecionar, reorientar o foco e se reestruturar do que mudar produtos e ofertas;
- para crescer além do marketing boca a boca, você precisa se destacar. É mais fácil se destacar e fechar transações em um lago menor;
- quando você fala em coisas demais que faz bem (lagos demais), os clientes potenciais podem sair mais confusos do que impressionados;

**Cinco aspectos de seu melhor nicho**

Vamos ver os fatores que o ajudarão a decidir se um nicho está maduro para você.

1. *Um problema comum:* e daí que você trabalha com o desenvolvimento personalizado de aplicativos, analytics, apps de celular ou

treinamento de vendas? Isso tudo não são problemas, mas soluções. Qual *dificuldade* principal você resolve? Prazos estourados de lançamento de produtos, projeções imprecisas, perda de clientes, dificuldades na geração de leads, baixas taxas de conversão do demo à proposta? Esses são problemas.

*E o problema precisa ser comum:* especialize-se em solucionar um problema específico, mas não se especialize tanto, a ponto de não conseguir encontrar ninguém que tenha esse problema. No nicho ao qual você pretende se direcionar, qual problema você pode resolver que é comum o suficiente para lhe dar uma boa possibilidade de encontrar clientes? Você sabe que é comum quando vê que as pessoas se dispõem a pagar para resolver esse problema repetidamente.

> **Especialize-se em solucionar um problema específico, mas não se especialize tanto, a ponto de não encontrar ninguém que tenha esse problema.**

2. *Resultados tangíveis:* em que você pode mostrar resultados concretos ou detalhados? Como você pode responder à pergunta "O que eu ganho com isso?" Por exemplo, se a resposta for "Paz de espírito ou uma noite de sono melhor", como fazer com que esse resultado seja tangível? "Aumentar em 217% o número de leads" ou "reduzir o fechamento de fim de mês para 12 horas" são ofertas muito mais concretas. Se tiver dificuldade com números concretos, pode usar exemplos visuais ou depoimentos e histórias detalhadas de clientes.
3. *Solução verossímil:* é fácil fazer promessas de "mais receita, custos mais baixos, blá, blá, blá...". Os clientes ouvem esse tipo de alegação todos os dias. Por que eles deveriam *acreditar* em você e em suas promessas? Essa história tem dois lados: (a) eles precisam acreditar que você é capaz de cumprir suas promessas e (b) precisam acreditar que sua solução funcionará para eles e na própria capacidade de implementá-la. Estudos de caso detalhados de empresas similares são bastante convincentes e ajudam clientes potenciais a acreditar em sua solução. Honestidade, experiência, confiança, simplicidade, autenticidade, tanto da pessoa como da empresa na qual ela trabalha... Tudo isso ajuda.

4. *Público-alvo identificável:* se você não conseguir elaborar uma lista de clientes potenciais, parceiros de canal ou opções de marketing para poder acessá-los, não terá como ir atrás deles! Como você elaboraria uma lista de "presidentes-executivos do setor da tecnologia sofrendo de grave crise de depressão pelo menos uma vez por trimestre" ou "empresas que precisam mudar o software do site"?
5. *Talento especial:* para encontrar ou ser encontrado, fechar transações e evitar a comoditização, por exemplo, você precisa ser *diferente* ou especial. Toda empresa (e pessoa) tem pontos fortes, pontos fracos e superpoderes especiais, independentemente de elas se darem ou não conta disso. Um talento especial para ganhar dinheiro, foco, escrita criativa, arte, atendimento, engenharia, relacionamentos, inovação, uma comunidade empolgante, colaboradores célebres, um histórico ou uma história pessoal interessante...

Às vezes esse talento é claro, como no caso do atendimento ao cliente na cultura da Zappos. Às vezes é mais difícil saber exatamente qual é o talento ou talvez ele ainda precise ser desenvolvido. Mas estará sempre lá. O que faz com que você se destaque? Quais são suas vantagens especiais? Se você não conseguir pensar em um talento específico, pode usar as histórias pessoais dos fundadores e dos colaboradores da empresa. As histórias pessoais – como "Eu tive esse problema, queria ajudar os outros a evitarem a mesma dificuldade e fiz X, Y, Z" – podem, por si só, ser bastante convincentes.

> Para encontrar ou ser encontrado, fechar transações, evitar a comoditização... você deve ser *diferente* ou especial.

## ANALISE A MATRIZ DE NICHOS

Os próximos passos contribuem para listar, priorizar, examinar, selecionar e atuar em um nicho primário e secundário. Faça isso com sua equipe e reserve uma manhã ou tarde para se debater com essas perguntas. Não se preocupe: debater-se faz parte do processo. Você também pode fazer o download de um livro de atividades em <fromimpossible.com/niche>.

**Passo 1: faça uma lista**

Relacione seus cinco a dez principais clientes e/ou tipos ou categorias de projetos, ordenados por tamanho de transação ou magnitude de resultados. O fator que melhor pode predizer seu sucesso futuro, ou pelo menos servir como melhor ponto de partida, é a história de seu maior sucesso.

1. Qual era o problema que se queria resolver?
2. Por que se decidiu resolver esse problema ou, em outras palavras, o que levou o cliente a decidir comprar?
3. Quais foram os resultados específicos que se queria atingir?
4. Qual solução se buscava?
5. Qual foi o tamanho da transação ou quais foram os resultados financeiros (quanto dinheiro você ganhou ou deixou de ganhar)?
6. Em uma escala de 1 a 10, quanto você quer mais projetos como esses?

Continue listando outras oportunidades de mercado para identificar (a) de onde vêm as vendas mais fáceis ou a maior demanda; (b) de onde vem a maior parte da receita e (c) onde está a maior paixão ou empolgação.

- Clientes atípicos interessantes/estranhos/fascinantes/empolgantes cujo número você gostaria de aumentar.
- Outras novas oportunidades empolgantes.
- Mercado ou tipo de projeto em que tem tido mais sucesso.
- O que você faz de melhor.
- A maneira mais fácil de ganhar dinheiro até agora.
- O motivo pelo qual as pessoas o contratam, se elas o fazem por uma única razão.
- Comente outros padrões de clientes:
  - O que você *deveria* ter conquistado, mas não conquistou porque não investiu nisso?
  - Classifique seus maiores projetos, tipos de projeto, problemas resolvidos, benefícios/resultados.
  - Qual é seu melhor caso comprobatório até agora?
  - Quais projetos geraram os maiores benefícios financeiros para os clientes?
  - Onde encontrar provas detalhadas que você terá permissão de divulgar?

- Qual a melhor posição competitiva e onde estão suas melhores probabilidades de vencer?
- Onde está sua melhor oportunidade para o futuro? O que está em demanda? Você consegue identificar uma maré alta?
- Onde ou com que tipo de projeto pode-se obter resultados mensuráveis?
- Qual sua maior paixão? O que realmente mobiliza você? Será o *sucesso*?

**Faça uma lista de "coisas para parar de fazer"**

- Que projetos não vingaram e por quê.
- Mercados, clientes ou projetos dos quais é preciso desistir.
- Tipos de clientes que são impossíveis ou aos quais não vale a pena ajudar.

**Passo 2: a matriz**

Uma vez que tenha sido elaborada uma ampla lista, classifique os itens em cinco fatores: problema comum, resultados tangíveis, solução verossímil, públicos-alvos identificáveis e talento especial. Não analise demais as coisas (ainda). A ideia é reduzir a lista para algumas melhores opções (entre duas e cinco), a serem exploradas em mais detalhes depois. Às vezes é fácil. Às vezes é muito frustrante, e você acaba girando em círculos. A lista não precisa ser perfeita agora. Não é um casamento.

Em seguida, dividiremos a lista em uma matriz mais detalhada. Com isso, você poderá identificar pontos cegos, especialmente com a segmentação "problema-solução-resultado", que faremos mais adiante.

Cada um deve adaptar essa abordagem à situação específica, mas basicamente o modelo é o seguinte:

*Nicho*: estamos falando de qual oportunidade ou "caso de uso"? "Gestão de fluxo de caixa", "RH de serviços financeiros", "General Electric" ou "publicidade em dispositivos móveis"?

*Problema comum*: um nome genérico para o problema que os clientes precisam resolver. "Relatórios de marketing de conteúdo", "perda de colaboradores/custos da equipe de vendas", "relatórios executivos imprecisos", "altos custos com funcionários", e por aí vai. O detalhamento será feito duas etapas adiante.

*Pessoa com poder*: quem são as pessoas que você pretende ajudar e quem tem mais poder para comprar sua oferta? Quais cargos o tomador de decisão e os influenciadores costumam ocupar? Para simplificar, comece com apenas um ou dois cargos.

| Nicho/"caso de uso" | Problema comum | Pessoa com poder | Problema específico |
|---|---|---|---|
| Redes de varejo | Lento crescimento anual de vendas em lojas | Executivo de operações de varejo | Relatórios de vendas confusos, com dados insuficientes |

| Solução | Resultados | Provas | Validação |
|---|---|---|---|
| Relatórios em dispositivos móveis em tempo real para compradores e equipes de vendas | Melhorar a relação US$/m², acelerar o giro e reduzir as perdas | Nenhuma ainda | Entrevistar dois ou mais compradores do setor |

Faça o download do livro de atividades *Nail a Niche* (Garanta o seu nicho) em: <fromimpossible.com/niche>.

> Quem são as pessoas que você pretende ajudar e quem tem mais poder para comprar sua oferta?

*Problemas empresariais ou pessoais*: especificamente, qual é o problema que essa pessoa enfrenta no dia a dia? Não a empresa como um todo, mas essa pessoa específica. É nesse ponto que o problema é detalhado. "Passou vergonha diante do conselho de administração porque a projeção estava errada", "Está sobrecarregado com entrevistas porque não existe nenhuma maneira de pré-selecionar os candidatos", "As metas não param de subir, mas o número de leads não aumenta". Comece com um a três problemas específicos do principal tomador de decisão e repita o processo para um influenciador da equipe dele.

*Solução*: de que precisam e o que querem para resolver o problema? Os clientes buscam comprar soluções e não produtos ou serviços. Como você pode posicionar sua solução para eles? Pode ser que o que eles queiram comprar seja diferente ou "mais do que" sua oferta atual. Normalmente, essa será a parte mais fácil para você, já que conhece tão bem sua solução.

*Resultados*: quais são os resultados obtidos pelos clientes que se pode identificar? O que você pode mensurar, monitorar ou aferir? Precisa ser mais específico do que "Todo mundo fica feliz". "A satisfação dos funcionários aumentou de X para Y" seria melhor. Como você pode demonstrar os benefícios financeiros? (Ganhar dinheiro, poupar dinheiro, reduzir o risco de perder dinheiro.)

*Provas*: para cobrar com base no valor ou para se promover e vender para os compradores convencionais, as equipes de geração de leads e vendas precisam de provas. Você pode vender mesmo sem elas, mas precisará investir mais no relacionamento com clientes ou se limitar aos early adopters. Exemplos de provas:

- amostras grátis;
- estudos de caso detalhados;
- depoimentos, especialmente em vídeo;
- listas de logotipos ou nomes de marca;
- histórias;
- demos.

> É sempre melhor "mostrar" em vez de "contar". Pare de falar e prove o que é capaz de fazer.

As pessoas precisam de prática para diferenciar problemas, soluções e resultados. Preencher as três colunas a seguir pode ser um exercício bastante instrutivo, porque não raro se confunde problema com solução. "Eles não têm uma folha de pagamento automatizada" ou "A folha de pagamento é manual" não são problemas. A folha de pagamento automatizada é uma solução. A folha de pagamento manual não passa de uma descrição da situação atual.

Destrinche a situação: por que isso importa? E daí? "A folha de pagamento manual gera erros todos os meses e os funcionários ficam frustrados, reduzindo o tempo de venda (problema #1), e as equipes de finanças passam dez horas todo mês corrigindo erros bestas (problema #2)."

Costuma ser fácil preencher o campo das "soluções". Essa é a parte fácil.

- Seu pessoal fica querendo preencher o campo "problemas específicos" com soluções?
- O campo de "resultados" acaba ficando vazio?

Reserve um tempo para definir esses fatores – problemas, soluções e resultados – mesmo se levar dez vezes mais tempo do que você acha que deveria. Isso poderá ajudar a abrir a cabeça de sua equipe. Eles, então, poderão perceber quando estiverem apressados para analisar os problemas dos clientes e vender soluções sem saber ao certo quais resultados podem prometer.

**Passo 3: escolha**

Agora escolha uma excelente oportunidade para perseguir. Se tiver mais de uma opção, pode escolher uma secundária para testar e comparar com a primeira.

Se tiver mais de duas oportunidades empolgantes, lembre que, ao se aprofundar na análise de uma primeira oportunidade de nicho, você aprenderá muito. E sempre poderá voltar para avaliar e testar outras ideias. Você não perde nada se deixar as outras oportunidades de lado por enquanto.

**Passo 4: valide**

- *Se você estiver pronto para ir atrás da oportunidade*: a essa altura, você pode estar pronto para mergulhar na tarefa de ir atrás de sua primeira escolha, como uma campanha de geração de leads. Mesmo assim, comece encontrando um ou dois clientes potenciais desse(s) nicho(s) para entrevistar, com o objetivo de detalhar e atualizar esse nicho – especialmente os campos "problemas" e "resultados". Encontre pessoas que não o conhecem bem ou um cliente que não tenha medo de dar respostas sinceras, mesmo se forem desagradáveis. Em seguida, avance para o Passo 5.
- *Se você não estiver pronto para ir atrás da oportunidade*: pode acontecer de você perceber que, embora o seu principal nicho pareça uma excelente possibilidade, há algo de importante faltando. O nicho pode exigir um produto diferente, uma análise aprofundada dos regulamentos, licenciamento, pesquisa ou algum outro tipo de validação. Antes de continuar lendo, pule para a "A regra das 20 entrevistas de Jason", na página 49.

**Passo 5: faça uma campanha para aprender e crescer depois**

Se você acha que está pronto para começar a se direcionar a esse nicho, já deve ter informações suficientes para dar início a um programa de geração de leads em torno da oportunidade. Investir em uma campanha de geração de leads de algum tipo (qualquer tipo) o obriga a mergulhar de cabeça e começar a fazer iterações para definir seu público-alvo, por que ele deve ter interesse pelo que você tem a oferecer.

Não que os leads não sejam importantes aqui... ainda. O foco, nesse ponto, é no aprendizado. Quanto mais rápido você aprender como gerar leads, mais rápido estará pronto para crescer. Reserve 90 dias para aprender ou fazer os testes beta antes mesmo de pensar em crescer. Basicamente, você estará fazendo quatro coisas:

1. *Definindo uma lista de públicos-alvo,* normalmente incluindo clientes potenciais, parceiros ou pontos de comercialização.
2. *Decidindo como você deseja entrar em contato com esses públicos* – por e-mails não solicitados, telefonemas, indicações, redes de relacionamento social, correios, blogs e assim por diante – e o que você pretende dizer e pedir. Lembre-se de escrever do ponto de vista do leitor: o que eles têm a ganhar com isso?
3. *Estabelecendo qual a mínima preparação necessária* antes de poder começar sua campanha. Não passe tempo demais nesse estágio, planejando como criar um plano de outbound ou de marketing perfeito ou desenvolvendo uma montanha de conteúdo para, ao final, concluir que nada dá certo. Por exemplo, se você estiver fazendo a prospecção, o ideal é ter um estudo de caso ou um breve vídeo introdutório que possa ser usado. Mas, se não tiver, não deixe que isso o impeça de começar. É mais eficiente ir aprendendo e criando quaisquer outras ferramentas ou conteúdos ao longo do caminho.
4. *Finalmente: parando de procrastinar* e simplesmente enviando a primeira campanha. Mesmo se for só um telefonema, uma carta, um tuíte ou um e-mail. E envie mais. Mensure os resultados. Faça ajustes. Tente novamente. Aja, aprenda e ajuste. Atire, prepare-se, aponte. Quanto mais testes fizer, mais rápido aprenderá. A velocidade de aprendizado leva à velocidade de crescimento.

> **A velocidade de aprendizado leva à velocidade de crescimento.**

O aprendizado é mais importante do que os resultados nessa etapa. Se você fechar dez vendas imediatamente, mas não souber por que fez isso, não terá como repetir a façanha. Se fechar duas vendas, mas souber como replicá-las, estará com a faca e o queijo na mão e poderá acelerar o crescimento.

Quando alguma coisa der certo, você será capaz de se distanciar um pouco para ter uma ideia melhor de quando e com que velocidade poderá crescer em seguida, em qual nicho e com qual tipo de geração de leads. Ou perceberá que precisa rever sua matriz (e voltar ao Passo 3).

## ESTUDO DE CASO: COMO A AVANOO GARANTIU SEU NICHO

A Avanoo é uma empresa que não demorou a entrar no caminho do hipercrescimento, passando de alguns milhares de dólares em receita a US$ 5 milhões em pouco mais de um ano de vendas. A Avanoo oferece treinamentos em vídeo para melhorar o desempenho dos colaboradores. Treinamento corporativo: poucos mercados são mais agitados e ruidosos!

Daniel Jacobs e Prosper Nwankpa fundaram a Avanoo em setembro de 2013. Daniel se lembra nitidamente de Prosper dizendo logo no começo: "O segredo dessa primeira fase é nunca ter medo de pisar na bola. Se tivermos essa atitude, chegaremos mais rápido a nosso destino".

Nos primeiros sete a oito meses, eles desenvolveram quatro abordagens diferentes de produto, que logo foram descartadas. Em março de 2014, tinham um produto principal, que era um serviço de programas educacionais de 30 dias, com um vídeo de 3 minutos por dia.

Era uma excelente oferta, mas, mesmo assim, a empresa ainda teve de bater a cabeça com algumas tentativas e erros antes de definir e garantir seu nicho de vendas, e começar a ganhar dinheiro.

### Tentativa de nicho #1: consumidores

A Avanoo começou com quatro programas: Felicidade, Foco, Sentido da Vida e Perda de Peso, todos criados por Daniel. Fez uma campanha do tipo "você diz o preço" e, com alguns posts populares no Reddit, conseguiu vender 2 mil programas nos dois primeiros meses por US$ 10 mil (uma média de US$ 5 por curso).

### *O que eles aprenderam no lançamento*

- *O produto era eficaz.* As pessoas faziam os cursos, aplicavam o que aprendiam e relatavam melhorias. Excelente. Foi uma grande façanha. Mas...

- *Não bastava ter um excelente produto.* Apesar de as pessoas adorarem os cursos, elas não os compartilhavam. A Avanoo teria de encontrar outras maneiras de crescer, além de criar um excelente produto. E insistir em apostar no Reddit não daria certo, já que eles tinham, em grande medida, esgotado esse público. Como explica Daniel: "Você tem um limite de posts populares que consegue emplacar antes de o pessoal do Reddit começar a chiar".

> Você tem um limite de posts populares que consegue emplacar antes de o pessoal do Reddit começar a chiar.

- *Eles precisavam expandir seu conteúdo.* Daniel não era um especialista nessas áreas. Eles decidiram que precisavam de mais especialistas e maior variedade de temas para ir além dos quatro primeiros cursos.

### A busca pela geração sustentável de leads

Eles tentaram todos os tipos de programas de geração de leads para encontrar um que fosse capaz de sustentar o crescimento. "Em julho de 2014, além do Reddit, já tínhamos testado anúncios no Google/PPC, anúncios no Facebook, SEO, Twitter e Pinterest, mas nada disso estava gerando qualquer resultado para nós."

Eles também entraram em contato com vários especialistas em áreas nas quais tinham interesse pessoal, incluindo como desenvolver a liderança, sair da zona de conforto e ser mais feliz.

Em uma sessão, um especialista disse: "Isso aqui seria perfeito como programa complementar para minhas palestras em empresas". Foi um "momento eureca": será que não daria para usar essa ideia para se expor a novos clientes?

De julho a setembro de 2014, a Avanoo se empenhou para fazer isso acontecer, ajudando os palestrantes a criar cursos e observando se esses palestrantes conseguiriam vender os cursos a seus clientes.

Foi assim que fecharam a primeira venda, para a Kaiser Permanente, por US$ 1,3 mil.

Em seguida, nos quatro meses seguintes, Daniel trabalhou de forma incansável com os palestrantes para ajudá-los a vender seus programas. Infelizmente, percebeu que "eles até conseguiam vender, mas as vendas eram ocasionais e não se repetiam. Não dava para dependermos disso para crescer. Percebemos que precisávamos nos responsabilizar por esse processo e ainda nos promover e vender diretamente para as empresas. Se formos os donos, teremos condições de aumentar as vendas. Se eles forem os donos, nunca teremos como aumentá-las".

Em dezembro de 2014, dois anos e meio desde que Daniel teve a ideia e quase 18 meses desde que fundaram legalmente a empresa, eles tinham renda mensal de apenas US$ 2 mil.

Daniel disse que "não tinha ideia do que estava fazendo", mas se pôs a estudar temas como vendas diretas e a diferença entre um problema e uma solução e entre benefícios e problemas. Ele aprendeu a vender para empresas, especialmente quando a venda envolve várias pessoas e não um único comprador. Aprendeu como montar uma equipe de vendas especializada na prospecção outbound para gerar novos leads e como garantir o sucesso do cliente depois da venda inicial.

Eles começaram achando que seu nicho era vendas ao consumidor. Quando isso não vingou, passaram para o nicho seguinte.

## Tentativa de nicho #2: empresas em crescimento com 50 a 300 funcionários

"Quando a venda direta ao consumidor se revelou uma decepção, achamos que o segundo melhor público-alvo seriam empresas com cinquenta a trezentos funcionários e em rápido crescimento. Imaginamos que empresas desse porte ainda não tinham desenvolvido muitos programas de treinamento, mas, agora que estavam crescendo, pensamos que elas deviam ter os recursos e o desejo de fazer isso com facilidade."

Desse modo, eles recorreram a suas redes de relacionamentos e à prospecção outbound para tentar cavar reuniões com empresas desse perfil, mas...

"Descobrimos que estávamos redondamente enganados. Acontece que, se as empresas não tinham qualquer experiência com treinamento, ou qualquer referência de comparação, era incrivelmente difícil para elas decidir fazer alguma coisa. Elas ainda não sentiam que tinham um problema concreto a ser resolvido."

> Se as empresas não tinham qualquer experiência com treinamento, ou qualquer referência de comparação, era incrivelmente difícil para elas decidir fazer alguma coisa.

**Tentativa de nicho # 3:** *Fortune 2000*

Apenas alguns meses depois daquela primeira venda corporativa de US$ 1,3 mil, eles atingiram uma taxa de execução de US$ 1 milhão, em grande parte com transações de quatro e cinco dígitos. Planejaram continuar buscando um mercado cada vez mais abastado para poderem fechar transações de seis e sete dígitos. E aí, como você acha que chegaram lá?

Eles ajustaram o foco de sua prospecção outbound e dos contatos gerados por suas redes de relacionamentos na direção de empresas maiores. E conseguiram cavar reuniões. Descobriram que essas empresas valorizavam muito a capacidade de dar uma *garantia* de que os colaboradores de fato melhorariam seu desempenho e, com isso, os compradores poderiam começar a confiar neles.

"Foi uma surpresa", conta Daniel, "ver que os maiores interessados em nossas ofertas eram grandes empresas como NBC, KPMG e Cisco. Ninguém ficou mais surpreso do que nós ao descobrir que o primeiro nicho que dominamos era constituído de vendas para altos executivos de Recursos Humanos de empresas da *Fortune 2000*."

"Na verdade, eu jamais teria entendido o problema ao qual nos voltamos se não tivéssemos nos proposto a resolvê-lo: os vice-presidentes de RH dessas empresas gastavam milhões em treinamento, mas tinham ferramentas inadequadas de mensuração dos benefícios. Eles não iam muito além da frequência nos cursos, notas em exames de conclusão e avaliação dos funcionários. Quando os funcionários faziam nossos treinamentos, colhíamos dados aos quais os departamentos de RH não tinham acesso, dados que vão muito além de frequência e notas e que fazem uma mensuração quantificável do desempenho."

Veja um exemplo de uma conversa que precisariam ter para ir além de um mero interesse do cliente potencial e chegar à necessidade desse cliente:

| | |
|---|---|
| Cliente potencial: | "Queremos um treinamento de liderança." |
| Avanoo: | "Que bom! Por quê?" |
| Cliente potencial: | "Porque queremos líderes melhores." |
| Avanoo: | "Faz sentido. Por que vocês querem líderes melhores?" [Avance por uma sucessão de outros "por quês", até...] |
| Cliente potencial: | "Então, o negócio é o seguinte: acabamos de fazer uma fusão e as duas culturas são maravilhosas. Mas perdemos muitas pessoas com a fusão. |

Avanoo: E achamos que um treinamento de liderança poderia ajudar a estancar o sangramento."

"Certo, entendido. Podemos mensurar o consumo dos cursos pelos colaboradores em relação a alterações na retenção de colaboradores."

Vendido.

"Tentar criar uma maneira sustentável de encontrar novos clientes, passível de ser repetida, às vezes parecia o mesmo que mover uma montanha. É exaustivo. Mas eu simplesmente adoro fazer isso. Porque, quando a montanha é movida, podemos abrir uma estrada capaz de nos garantir tráfego para a vida inteira."

## A REGRA DAS 20 ENTREVISTAS – DE JASON

Sei que, em qualquer startup, nem tudo sai de acordo com o plano. Posso dizer que, sem dúvida, foi meu caso. Mas, se sua empresa só estiver começando, gostaria de fazer uma sugestão: se você estiver planejando vender para empreendimentos ou empresas de porte considerável, *não se esqueça da regra das 20 entrevistas*. A regra das 20 entrevistas é simples: antes de escrever uma linha de código sequer, finalizar o seu nicho ou dar qualquer outro tipo de salto, entreviste vinte clientes potenciais *reais*.

Não seus amigos. Não pessoas que conhecem você. Eles precisam ser compradores potenciais de verdade. Em outras palavras, se você quiser vender para gerentes de vendas, não pode entrevistar um representante de vendas. Você precisa entrevistar um vice-presidente ou diretor de vendas ou diretor de operações de vendas. E precisa conduzir as 20 entrevistas. Sei que é difícil chegar a 20, mas é o número certo.

- Você precisa das *cinco primeiras entrevistas* só para realmente conhecer o "espaço em branco" (as oportunidades que ainda não pôde aproveitar) e a oportunidade atual. Sim, você pode estar achando que já sabe disso. Mas você é o vendedor, não o comprador. Você precisa ver seu app potencial do ponto de vista do comprador, de verdade.
- Você precisa das *próximas cinco entrevistas* para confirmar seu reconhecimento de padrões. As cinco primeiras são para *aprender* e as cinco seguintes são para *confirmar*.

- Você precisa das *entrevistas de 11 a 20* para definir seu argumento de vendas e fazer ajustes finos em sua tese. Uma vez que você efetivamente conhecer o espaço em branco do ponto de vista de um comprador e entender as nuances e os desafios, é hora de definir seu argumento de vendas. E, ao fazer isso, você também aprimora sua tese e sua estratégia. Essa é a função das entrevistas de 11 a 20: remover todas as "coisas boas de se ter" e manter apenas as "coisas necessárias" em seu argumento de vendas. Procurar o que é realmente dez vezes melhor e não apenas duas ou cinco vezes melhor.

E posso dizer que, pelo menos em minha experiência, é melhor não esperar que todas as 20 entrevistas sejam positivas. Muitas de minhas 20 entrevistas, em minhas duas startups, foram extremamente críticas. Ou, pior, foram mornas. É pior quando a entrevista é morna, porque o entrevistador só diz "É meio que interessante, mas eu nunca compraria" e, nas entrelinhas, quer dizer "Sua ideia não passa de uma enorme perda de tempo". Eu prefiro receber um feedback negativo.

Até entendo a cabeça de Steve Jobs. Você só precisa criar a coisa. Você faz. Mas quando está resolvendo problemas de empresas, e não de consumidores, a pesquisa faz muita diferença. As empresas não sabem como resolver o problema e você precisa criar uma solução para elas. Mas elas *não* sabem como explicar o problema com precisão e ponderação. Desse modo, mesmo se o feedback específico sobre seu produto e ideia for irrelevante, as lições sobre o *verdadeiro* problema que você está se propondo a resolver serão absolutamente *relevantes*.

A título de exemplo, veja o caso de duas startups de SaaS aparentemente similares. As duas têm cerca de US$ 1 milhão em receitas. As duas têm clientes satisfeitos e entusiasmados. As duas têm produtos excelentes e estão crescendo organicamente.

As duas têm excelentes presidentes-executivos fundadores. No entanto, apesar de as duas hoje terem receitas de US$ 1 milhão, uma delas está em uma posição muito melhor de chegar rapidamente a taxas de execução anuais de US$ 5 milhões e US$ 10 milhões. E, pelo menos por enquanto, a diferença é clara: a startup de SaaS com US$ 1 milhão em receitas mais bem-posicionada *conhecia seus clientes desde o primeiro dia*. A outra startup, de US$ 1 milhão em receitas, foi conhecendo o cliente à medida que avançava e, na verdade, ainda estava conhecendo.

As duas chegaram ao mesmo ponto mais ou menos ao mesmo tempo, então qual é a diferença? A diferença está na arquitetura. Não só de software, mas da empresa como um todo. A startup que não sabia quem seria seu cliente essencial ficou para trás em muitos aspectos: em termos de pessoal, presença no mercado, promoção e venda a clientes essenciais e visibilidade no nível do cliente potencial. A startup que já sabia quem era seu cliente-alvo hoje tem uma equipe mais adequada às necessidades desses clientes e para acelerar a visibilidade no nível do cliente potencial/mercado.

Então, se você ainda não começou, por mais que possa ser divertido criar os modelos tridimensionais e trabalhar na codificação sem ter de falar com as pessoas, faça as 20 entrevistas. É sério. Não cometa o erro de pular essa etapa. E ouça. No mínimo, ajuste suas premissas e pressupostos com base no que aprendeu nas entrevistas. Garantimos que valerá muito a pena.

# CAPÍTULO 4
# O ARGUMENTO DE VENDAS

A essa altura, você já identificou seu melhor público-alvo e talvez um backup. E sabe quais são os problemas deles. Então, quando você encontra um cliente potencial em uma conferência ou manda um e-mail para ele, o que você diz ou escreve? Como ajustar sua mensagem e seu argumento de vendas de um minuto?

## SE VOCÊ FOSSE UMA ESTAÇÃO DE RÁDIO, ALGUÉM O OUVIRIA?

Imagine que você está sintonizando várias estações de rádio em sequência. Você passa por uma estação de jazz, outra de música clássica, outra de rock, uma quarta de música ambiente... até que chega a uma chamada TUDO: "A gente toca jazz, hip hop, rock, música clássica, grandes hits, dance, canções de Natal... O que você quiser... é só ligar e pedir!". Seria uma confusão!

Não faça uma confusão semelhante.

Foque. Concentre-se naquela única coisa que as pessoas querem de você, na qual você é o melhor. Livre-se do entulho para facilitar que os clientes certos vejam por que eles precisam de você. Sabemos que é mais fácil falar do que fazer. Se fosse fácil, todo mundo faria.

### Quando você reduz o foco, tudo fica mais simples

Você tem um número grande demais de boas oportunidades à frente, em sua estação de rádio? Você precisa reduzir o foco para as pessoas sintonizarem sua frequência com mais facilidade. Um foco reduzido simplifica enormemente muitos de seus desafios, como definir quem será seu cliente-alvo e o que você dirá para verificar se eles têm interesse.

À medida que a vida fica cada vez mais ocupada e a caixa de entrada mental das pessoas se torna mais lotada, o que você precisa fazer para se destacar da multidão e se conectar com seus clientes também muda.

O jeito mais simples de fazer isso é estreitar *o foco* ou, em outras palavras, se especializar e simplificar cada vez mais. Não se esqueça de que você pode fazer isso para sua empresa como um todo, para um produto, um projeto, uma campanha de marketing ou até para si mesmo, para avançar na carreira.

Digamos que você seja um diretor financeiro trabalhando em meio expediente. É mais fácil elaborar um argumento de vendas de um minuto para "um diretor financeiro de meio expediente" ou para "um diretor financeiro de meio expediente que mora em Los Angeles e trabalha com empresas de mídia com receitas de US$ 1 a US$ 10 milhões"?

Ou você pode trabalhar com pequenas e grandes empresas do setor de saúde, de serviços financeiros e da área de tecnologia. Onde você pode ganhar mais dinheiro? Escrever e-mails ou posts de blog direcionados a todos esses setores e empresas pode ser muito mais difícil do que focar apenas grandes empresas de serviços financeiros.

Você até pode redirecionar o foco de sua empresa inteira. Pode redirecionar o foco de estudos de caso, posts de blog, páginas da web ou campanhas de prospecção outbound. Mas não deixe de reduzir o foco. Como?

Pode ser por tipo de clientes-alvo ou pelo local em que você trabalha; o que você oferece; o problema que você se propõe a resolver; os resultados que pretende gerar, ou qualquer coisa que simplifique para um cliente potencial sintonizar sua estação e ver por que ele precisa de você. Alguns exemplos incluem:

- Em vez de "América do Norte", em quais estados ou áreas metropolitanas você é mais forte? "São Francisco", "Los Angeles", "Chicago" e "Nova York".
- Em vez de "gestão de pipeline", em qual função específica você se destaca? "Conversão de propostas", "domínio de demos", "avaliações de 15 minutos de pipelines executivos".
- Em vez de "coaching de autores", por que não dizer "coaching de autores de negócios" ou "coaching de marketing para autores de e-books".
- Em vez de "aprendizagem dos colaboradores", que tal dizer "integração (*onboarding*) de vendedores"?

- Em vez de *"crowdsourcing"*, por que não "tradução de solicitações de suporte técnico"?

Ei, grandes categorias também podem funcionar. Só estamos dizendo que, se não estiverem dando certo, é bom tentar pensar em um foco mais estreito e fazer testes para ver se os clientes se identificam com sua ideia, porque uma mensagem sofisticada, elaborada ou grandiosa com as quais as pessoas não se identificam não tem utilidade alguma.

> Uma mensagem sofisticada, elaborada ou grandiosa com as quais as pessoas não se identificam não tem utilidade alguma.

A especificidade – em termos de público-alvo, desejos ou mensagem – não restringe, mas facilita a captação da ideia por parte dos clientes.

### Empresas de serviços e celebridades têm dificuldades adicionais

A American Data Company foi uma iniciativa da Salesforce em conjunto com um parceiro de desenvolvimento que queria crescer. Mas, por serem uma empresa de serviços, cresceram fazendo qualquer coisa para qualquer um. No início da implementação do programa de prospecção outbound, nada do que a American Data Company fazia ajudava a encontrar empresas que precisassem de apoio para melhorar resultados de marketing, vendas ou serviços.

Acontece que ela tinha criado um app móvel para os representantes de atendimento de leasing da Westfield Shopping Centers. Quando passou a se concentrar na execução de campanhas de prospecção outbound exclusivamente para empresas de gestão de shopping centers, começou a receber indicações imediatamente.

Reduzir o foco ajudou-a a descobrir como facilitar a percepção da importância da oferta pelos clientes potenciais.

## OS ARGUMENTOS-MINUTO SÃO SEMPRE FRUSTRANTES

Com um argumento de vendas de um minuto (o famoso *"elevator pitch"*), a ideia não é tentar convencer as pessoas a comprar alguma coisa ou fazê-las se empolgar a ponto de sair por aí espalhando a novidade.

O objetivo é só dar uma rápida noção da coisa para que decidam se querem ou não saber mais a respeito.

A maioria das pessoas usa um argumento longo demais e que diz demais sobre elas: *"Somos uma plataforma de mídias sociais em rede importante, inovadora e escalável... blá, blá, blá..."*

Um bom argumento de vendas de um minuto diz rapidamente à pessoa se ela é ou não um cliente potencial. Você não deve tentar engajar todo mundo, só as pessoas para quem você é relevante. Veja algumas dicas.

- Evite jargões.
- Mantenha a simplicidade.
- É melhor ser simples do que preciso.
- Sempre será frustrante: você nunca estará 100% satisfeito; então, atenha-se ao "dá para o gasto".

É bem verdade que você pode encontrar um milhão de formatos e modelos de argumentos de vendas de um minuto na internet. Veja uma amostra de um formato que tem dado certo para nós. Comece dizendo: "Você sabia que algumas pessoas têm [problema]? Bom, oferecemos [a solução e/ou o benefício]. Por exemplo, [uma frase resumindo um estudo de caso]".

> *"Você sabia que algumas redes de varejo têm dificuldade de convencer usuários de dispositivos móveis a resgatar cupons? Temos como aumentar as taxas de resgate em 50%. Por exemplo, ajudamos a Bob's Tacos a dobrar sua taxa de resgate em 30 dias."*
> 
> *"Sabe que algumas redes de varejo não conseguem contratar novos funcionários para dar conta do alto giro? Nós sabemos quais são as cinco principais razões que levam à perda de pessoal e sabemos como resolver o problema. Por exemplo, a Walsmartz reduziu pela metade sua perda de pessoal de loja e agora está girando toda a equipe só a cada dois anos e não mais todos os anos."*

Note que você nem chega a mencionar as medidas que tomou para ajudar esses clientes e foca apenas os resultados que eles querem e desejam. Se os clientes potenciais tiverem interesse, naturalmente pedirão mais informações sobre como chegar lá.

## O formato de Moore

Geoffrey Moore (autor de *Crossing the Chasm*, editora HarperBusiness) propõe outro modelo que você também pode tentar:

Para [clientes-alvo],
que estão insatisfeitos com [as ofertas atuais encontradas no mercado],
minha ideia/meu produto é [uma nova ideia ou categoria de produto]
que oferece [principais características da solução do problema].
Ao contrário do [produto dos concorrentes],
minha ideia/meu produto é [descreva a(s) principal(is) característica(s)].

Será fácil encontrar mais (muuuuuito mais) formatos e modelos na internet, se quiser.

## Uma dica dos profissionais: inclua pausas ao falar

Sabe quando você está usando um app de GPS no smartphone e, às vezes, precisa tocar o botão recentralizar para o mapa voltar à sua posição e se preparar para dar as orientações? Acontece de você precisar repetir tudo que digitou antes.

A cabeça das pessoas funciona do mesmo jeito. Quando a maioria das pessoas se apresenta, elas despejam informações demais, rápido demais, nas orelhas do ouvinte. A cabeça do ouvinte precisa se orientar antes de você poder despejar mais "instruções".

Você pode fazer isso simplesmente incluindo uma pausa sempre que estiver falando pessoalmente, por telefone ou por vídeo. Faça uma pausa depois da primeira frase ou depois de umas dez palavras. Experimente fazer isso com alguns desconhecidos – não colegas de trabalho – para dominar o uso da pausa. Dê às pessoas um segundo para elas se orientarem mentalmente e continue falando.

Isso dá à mente das pessoas a possibilidade de se preparar para processar o que você dirá a seguir, como tocar no botão "recentralizar" do app de GPS de seu celular. Se você não fizer uma pausa, a mente das pessoas não estará pronta para receber mais informações e grande parte do argumento de vendas entrará por um ouvido e sairá pelo outro.

# ELES NÃO ESTÃO NEM AÍ COM "VOCÊ": TRÊS PERGUNTAS SIMPLES

Quando encontram você pela primeira vez, eles não se importam com o que você faz ou com o que vende, independentemente de você atuar em SaaS, serviços, em um site de leilão, apps de dispositivos móveis ou qualquer outra coisa. Só se importam com o que você pode fazer *por eles*.

Se você se pegar falando apenas em soluções e não em resultados, tente responder as três perguntas a seguir para se direcionar melhor ao que realmente importa para as pessoas. Você pode fazer essas perguntas para cada frase, slide ou ponto de argumentação. Elas ajudam a redirecionar automaticamente o pensamento em termos de resultados para os clientes:

- Como você ajuda os clientes?
- O que isso tem de tão interessante?
- E daí?

Por exemplo, sou contador em Los Angeles:

"Como você ajuda os clientes?"

"Ajudo as empresas a manter a conformidade com as leis."

"O que isso tem de tão interessante?" Ou "E daí?"

"Uma empresa que não está em conformidade com a lei X pode ter de pagar multas de até US$ 150 mil. Eu ajudo as empresas a se manterem em conformidade e reduzir a zero o risco de serem multadas."

Não importa se você já tem um argumento de vendas pronto ou não, da próxima vez que alguém, em um jantar, perguntar o que você faz, finja que, em vez disso, a pessoa perguntou: "Como você ajuda as pessoas?"

## As pessoas gostam de comprar "coisas": os detalhes fazem uma grande diferença

Você está tentando descobrir como descrever sua oferta de maneira a *instigar* rapidamente os clientes. Você se vê como um item essencial e necessário, mas as pessoas não. Nesse caso, você pode estar sendo vago demais.

Por exemplo, escolha a opção mais instigante:

- "Transporte" ou "um sedã BMW Série 3".
- "Consultoria de processo de vendas" ou "um processo de vendas de oito passos".

- "Liberdade" ou "equipes autogerenciáveis" ou "poder tirar duas semanas, desligar-se totalmente e curtir as férias".
- "Atendimento premium" ou "acesso 24 horas por dia e 7 dias por semana ao nosso centro de suporte técnico, por e-mail, telefone ou chat".

As pessoas gostam de comprar "coisas". A cabeça delas vive perguntando: "O que posso obter com esse investimento?".

Não importa se é uma compra de US$ 10 ou de US$ 10 mil. Elas querem saber exatamente o que ganharão com isso. Explicite o mais que puder a ideia em termos de "coisas", com detalhes concretos.

### O "tem de" mais atrapalha do que ajuda

Concentre-se nos clientes que têm um grande problema que você pode resolver e não nos clientes que acham que você é "legal" ou que *deveriam* ou *poderiam* precisar de você.

Pode ser mais fácil redirecionar seu nicho, em vez de reformular seu produto ou serviço. Em vez de pensar "o que podemos fazer para que nosso produto seja mais atraente?", tente pensar em termos de "que tipo de pessoa ou empresa mais precisa do que temos a oferecer?"

> Tente pensar em termos de "que tipo de pessoa ou empresa mais precisa do que temos a oferecer?"

Se você decidir mudar radicalmente seu direcionamento, o próximo passo não é criar um novo website e refazer todo seu material de marketing e vendas. O próximo passo é voltar à regra das 20 entrevistas. Converse com clientes potenciais de verdade (não amigos ou parceiros) para identificar premissas e pressupostos equivocados.

A maioria das pessoas tem medo de receber um feedback brutalmente sincero sobre sua oferta. Não se esconda do fato de que você pode não estar onde achou que estivesse e que pode precisar investir muito mais energia e tempo do que esperava ou queria para se preparar para o crescimento.

# PARTE II

# CRIE UM PIPELINE PREVISÍVEL

**A dura verdade:** O sucesso instantâneo é coisa de conto de fadas.

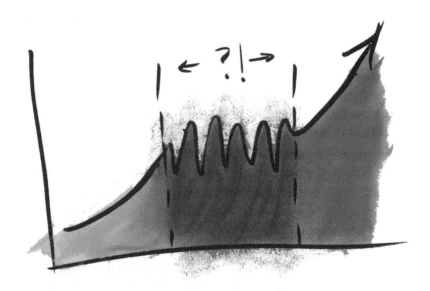

# INTRODUÇÃO: A GERAÇÃO DE LEADS ABSOLVE MUITOS PECADOS

Você pode ter o melhor produto, os melhores investidores ou o melhor processo de vendas, mas, sem maneiras previsíveis de preencher seu pipeline de receita ou de vendas, pode ter certeza de que sua vida não será fácil. Uma geração de leads previsível é "a" alavanca para criação de hipercrescimento. E implica muito mais do que lançar campanhas de marketing na internet ou no rádio, dar telefonemas não solicitados ou distribuir brindes.

Muitos fundadores de empresas iniciantes e aspirantes a empreendedores pensam "basta criar algo incrível [um app, um vídeo, um e-book, um blog...] que a coisa pegará fogo na internet e as pessoas farão fila para nos seguir ou comprar de nós". Isso raramente dá certo; só o suficiente para criar um conto de fadas. É como a loteria.

> Sem maneiras previsíveis de preencher o seu pipeline, pode ter certeza de que sua vida não será fácil.

Presumindo que você não seja um investidor de risco, quantas pessoas você conhece, na vida real, que tiveram verdadeiro sucesso viral ou da noite para o dia... e, ainda por cima, conseguiram sustentar esse sucesso? O campo de distorção da realidade no qual vivemos hoje em dia – bombardeados nas mídias sociais com histórias de resultados rápidos – faz com que o fenômeno pareça muito mais comum do que de fato é, porque é exatamente o tipo de história que as pessoas gostam de compartilhar. A história de sucesso normal, que envolve passar anos na labuta para desenvolver um público ou um negócio aos poucos, passo a passo, é muito mais sem graça. "Empolgante" sempre chama mais atenção do que "sustentável".

Desse modo, tente ser "descoberto", mas não aposte seu futuro ou o futuro da empresa em um conto de fadas, porque haverá 99% de probabilidade de as pessoas não ficarem sabendo de sua oferta ou nem ligarem para ela. E você terá de trabalhar feito um cavalo para atrair clientes e descobrir como ajudar um número considerável de pessoas certas a entrar no barco.

É verdade que você precisará de um excelente produto ou serviço e de alguns clientes satisfeitos, mas isso não basta. Você pode abastecer seu pipeline e seus leads de maneira previsível, seja com novos clientes potenciais ou com clientes ou usuários existentes?

> "Usamos essas técnicas para crescer mais de 500% em um ano, partindo de uma taxa de execução de US$ 360 mil para chegar a US$ 2 milhões."
> – Jeb Ory, presidente-executivo da Phone2Action

Você está passando por qualquer uma das situações a seguir?

- vendas e geração de leads imprevisíveis;
- vendedores reclamando da quantidade ou qualidade dos leads que recebem;
- uma montanha-russa de receitas, com crescimento instável de resultados, repleta de altos e baixos (no nível da empresa, da equipe ou individual);
- metas de volume de leads são atingidas, mas não se consegue alcançar as de receita;
- mais de 30% dos vendedores não conseguem atingir a meta;
- taxas de fechamento de vendas inesperadamente baixas;
- vendedores estão desmotivados.

Em vez buscar soluções fragmentadas – como tentar melhorar seu processo de demos, usar abordagem de contratação ou de configuração na Salesforce (embora todos esses fatores sejam importantes) – buscar uma geração de leads previsível e sustentável pode resolver muitos problemas de vendas.

Quando não se está conseguindo gerar número suficiente de leads decentes para os vendedores, todo o resto precisa ser perfeito:

- você precisa de um produto perfeito;
- você precisa de vendedores perfeitos;
- você precisa de um processo de vendas perfeito.

Isso porque *você não tem margem de manobra para errar em qualquer outra coisa*. Mas, quando você tem uma máquina de geração de leads previsível, pode errar em praticamente qualquer outro aspecto e ainda se dar bem.

A melhor maneira de triplicar novas vendas não é triplicar o número de vendedores (método tradicional usado por empresas orientadas pelas vendas), mas aumentar a quantidade de leads bons. Você pode ter uma Ferrari, mas não conseguirá sair do lugar se não tiver combustível. A geração de leads é a gasolina para levá-lo ao crescimento.

É fato que precisará de um excelente produto ou serviço, e de (alguns) clientes satisfeitos, mas isso não basta. Você não terá um crescimento sustentável se não conseguir agir de maneira proativa para obter novos leads que possam se transformar em clientes.

Mesmo que seu vídeo engraçado no YouTube ou seu app se tornem um fenômeno viral, como pretende manter isso depois da explosão inicial de sucesso? Se você não conseguir, não passará de uma estrela de um sucesso só.

### Importante: existem três tipos de leads

1. *As "sementes" (seeds) são leads do tipo "muitos para muitos", gerados a partir de boca a boca e redes de relacionamentos.* Normalmente, são desenvolvidos por clientes satisfeitos que o indicam a outros clientes e que permanecem fiéis durante anos. A Salesforce, o Google, o Facebook e o Slack são exemplos de empresas que provocaram o hipercrescimento inicial por meio de sementes.
2. *As "redes" (nets) são as campanhas de marketing do tipo "um para muitos",* incluindo as abordagens hoje populares de marketing de conteúdo e inbound marketing.
3. *As "lanças" (spears) são campanhas direcionadas de desenvolvimento dos negócios ou prospecção outbound.* Em geral há um ser humano envolvido, percorrendo uma lista direcionada, fazendo ligações, enviando e-mails ou utilizando qualquer outra técnica para entrar em contato com clientes potenciais e marcar reuniões.

### Pasta de amendoim e chocolate

Muitas empresas ficam obcecadas com uma única forma de geração de leads e ignoram as outras, diversas vezes devido a uma crença filosófica. Você verá esnobes do marketing dizendo: "Não queremos interromper os clientes potenciais, só queremos que eles nos encontrem" e "O inbound é bom e o outbound é ruim". E esnobes de produtos: "Se você precisar promover e vender seu produto, o produto precisa ser melhorado". E esnobes de vendas: "O marketing é um desperdício de dinheiro. Só as vendas diretas funcionam".

Você estará perdendo grandes oportunidades se pensar desse jeito, porque, por exemplo, do mesmo modo como a pasta de amendoim e o chocolate, o inbound marketing e a prospecção outbound são dois sabores excelentes que vão muito bem juntos, especialmente quando servidos com um produto fantástico.

> **Muitas empresas ficam obcecadas com uma única forma de geração de leads e ignoram as outras.**

Para construir uma casa, são necessárias várias ferramentas diferentes, como um martelo, uma serra e uma chave de fenda. Da mesma maneira, as sementes, as redes e as lanças são complementares. Saiba por quê, como e quando usar cada ferramenta. Cada uma tem diferentes funis, taxas de conversão, expectativas, ciclos de vendas, tamanho médio de transação, clientes-alvo ideais e métodos para melhorar tudo isso. O importante é saber qual(is) tipo(s) será(ão) mais eficazes para seu negócio, em qual combinação ou proporção, e quanto tempo, dinheiro ou recursos será preciso investir para promover o crescimento de cada ferramenta.

### E os parceiros?

Os parceiros não constituem um quarto tipo de lead. Eles são um tipo diferente de cliente.

Não importa se são parceiros de canal, revendedores, parceiros de marketing ou qualquer outra categoria: você os conquista e lhes dá assistência como se fossem clientes… Ou, pelo menos, deveria.

Os parceiros podem ser obtidos usando sementes (boca a boca/sucesso do parceiro), redes (marketing de massa para os parceiros) e lanças (prospecção em uma lista específica de parceiros ideais).

# CAPÍTULO 5

# SEMENTES: O SUCESSO DO CLIENTE

As sementes são campanhas do tipo *muitos para muitos*, baseadas no boca a boca e em relacionamentos. Algumas empresas, como Dropbox, Box e Slack, conseguiram decolar criando produtos que se espalham como fogo de palha por meio do boca a boca. No entanto, para a maioria das empresas, as sementes são ger*f*adas pela sistematização do modo como se garante que os clientes se mantenham satisfeitos e obtenham valor com seu serviço e, assim, gerem mais indicações e reduzam as taxas de perda de clientes.

Todo o trabalho voltado para ajudar as pessoas a atingir o sucesso, ao mesmo tempo em que você desenvolve relacionamentos e redes, é o de "plantar sementes", seja com colaboradores, seja com parceiros, investidores ou clientes.

Assim, você consegue o que quer ajudando-os a conseguir o que *eles* querem. E você pode ter sucesso e se sentir bem ao mesmo tempo. Os resultados serão algo como:

- clientes satisfeitos contando aos outros sobre seu atendimento;
- clientes ou parceiros novos obtidos por meio de indicações de seus amigos, redes e relacionamentos;
- produto lançado, post de blog ou vídeo que se transforma em fenômeno viral e gera não apenas visualizações como também resultados (por exemplo, aumento de usuários ativos ou de vendas).

As sementes, em muitos aspectos, são o melhor tipo de lead, mas não são perfeitas.

Figura 5.1: O sucesso do cliente é uma bela maneira de fertilizar o crescimento

- Prós: altamente lucrativas. Os leads resultantes do boca a boca são os mais rápidos de fechar e geram as maiores taxas de ganho.
- Contras: você tem muito menos controle sobre a velocidade do crescimento das sementes.

## COMO DESENVOLVER SEMENTES DE MANEIRA PREVISÍVEL

A melhor maneira de fazer as sementes crescerem metodicamente é usando um programa que pode ser repetido ou sistemas que garantam o sucesso dos clientes.

Hoje em dia, essa área é chamada de "gestão do sucesso do cliente" ou apenas "sucesso do cliente". A ideia é reduzir sistematicamente o *churn* (taxa de cancelamento), aumentar os *upsells*, aumentar o número de indicações e ajudar a registrar mais e melhores estudos de casos e depoimentos.

Porém, é muito importante ter em mente que o sucesso do cliente não é uma questão de aumentar a satisfação dele, mas sim de gerar o *crescimento da receita* de seus negócios.

> O sucesso do cliente não é uma questão de aumentar a satisfação do cliente, mas sim de gerar o crescimento da receita.

### O que o sucesso do cliente *não é*

O sucesso do cliente não é ajudar de graça. Não é um atendimento ao cliente melhorado. E, como as vendas, deve ser impulsionador da receita, não um centro de custo. Como nas vendas, você deve ganhar dinheiro ou evitar perder dinheiro investindo nessa função. E, ainda mais importante, o sucesso do cliente é uma *mentalidade*, que deve começar no nível do presidente-executivo, voltada a direcionar o marketing, criar produtos para os tipos de clientes que precisam de seu produto e atender esses clientes.

Acreditamos que o padrão para todas as equipes de executivos no futuro incluirá um diretor de sucesso do cliente atuando no mesmo nível que os diretores de vendas, marketing e geração de demanda.

### Transforme vendas e funil de marketing em uma ampulheta de receitas

O sucesso do cliente é um investimento voltado ao crescimento, da mesma forma como o marketing e as vendas. Em vez de visualizar um funil triangular, pense em uma ampulheta.

Figura 5.2: Transforme seu funil de receitas em uma ampulheta, monitorando como o sucesso do cliente afeta a receita

Ao investir no sucesso do cliente, você deve obter:

- menor *churn:* a receita mais fácil resulta da capacidade de manter os clientes que você já tem;
- *mais receita:* mais indicações a novos clientes; mais disposição de experimentar e comprar outras ofertas (*upsells* e vendas cruzadas);
- marketing melhor*:* você pode melhorar *todos os aspectos* da geração de *leads* e vendas com estudos de caso detalhados (histórias de sucesso) e depoimentos de clientes satisfeitos e bem-sucedidos.

**Seis soluções para atingir o sucesso do cliente**

Você consegue reter 95% dos clientes de um mês para outro? Você até pode se orgulhar disso... até parar para fazer as contas. Afinal, isso equivale a um *churn* de 5% ao mês ou 60% ao ano. Em outras palavras, você é forçado a substituir 60% da sua receita todos os anos só para evitar um retrocesso (ou só para atingir o ponto de equilíbrio).

E se você tiver uma taxa de retenção mensal de 98% ou 2% de *churn*? Isso ainda equivale a 25% por ano, ou um quarto da receita.

As empresas de SaaS mais bem-administradas podem ter até -2% de *churn* ao mês (em termos de receita). Sim, são 2% negativos, o que significa que elas ganham *mais* dinheiro cada mês que passa. Como? Os clientes que ficam com essas empresas compram e gastam mais com o tempo do que o montante que a empresa perde com a saída de outros clientes.

---

**Métricas ideais de *churn* na área de SaaS**

1) *Churn* de clientes de 15% ou menos ao ano ou pouco mais de 1% ao mês, com base no número de clientes perdidos.
2) *Churn* de receitas de 0% ou menos ao ano, com base na receita perdida e na compensação em termos de receita proveniente de clientes que compram mais.
3) Um gestor de sucesso do cliente a cada US$ 2 milhões em receita para ajudar a avaliar o tamanho da equipe.

---

Se você for um presidente-executivo, precisa levar o sucesso do cliente tão a sério quanto o marketing, as vendas ou o desenvolvimento do produto.

### Regra 1: o sucesso do cliente é seu principal motor de crescimento

Os clientes de todas as grandes empresas provêm de uma fonte principal: o boca a boca, não importa se os leads são provenientes de indicações diretas ou se novos clientes são conquistados usando estudos de caso, referências ou depoimentos. Esse fator é muito mais mensurável em modelos de receitas recorrentes, nos quais é possível monitorar as taxas de renovação, valores de *upsell* e indicações. Mas o princípio também se aplica a *todas* as empresas, mesmo se você precisar ser criativo para poder aplicá-lo.

### Regra 2: o sucesso do cliente é cinco vezes mais importante do que as vendas

É bem verdade que vendas são prioridade. Mas elas marcam o início de um relacionamento de longo prazo, ou pelo menos essa é a esperança. Para serem eficazes, as vendas precisam dos recursos do sucesso do cliente, como alta taxa de retenção, referências, histórias e estudos de caso.

Em geral, os empreendedores fazem um bom trabalho para fechar uma grande transação, mas muitas vezes não são bons no que deve vir depois disso, porque estão ocupados demais ajudando a apagar o próximo incêndio, lidar com o próximo drama ou fechar a próxima grande transação. Nosso conselho para os presidentes-executivos e empreendedores é que não se concentrem tanto em conquistar novos clientes a ponto de ignorar os já conquistados.

### Regra 3: comece cedo e contrate cedo

Na área de SaaS, o sucesso do cliente deve ser uma "contratação de um dígito só" ou, em outras palavras, uma de suas primeiras dez contratações. Outra regra de ouro do SaaS é ter um gestor de sucesso do cliente a cada US$ 2 milhões em receita, contratado *antes de atingir essa receita* e nunca depois. Hoje em dia, as empresas do Vale do Silício com financiamento suficiente não raro investem nisso muito no início, já começando com uma equipe de duas a quatro pessoas.

Lembre-se de que um membro da equipe de gestão do sucesso do cliente, do mesmo modo como um vendedor ou um orçamento de marketing, é um investimento que deve gerar dinheiro (muito dinheiro), e não um custo a ser adiado.

### Regra 4: visite os clientes pessoalmente

Os clientes insatisfeitos não se queixam antes de dar as costas para você (ou pelo menos nem sempre). Visitá-los pessoalmente pode fazer toda a diferença para identificar os problemas deles e mudar suas atitudes. Aqui está uma regra do tipo "5+2" para todos os empreendedores, presidentes-executivos e gestores de sucesso do cliente:

- visitar pessoalmente cinco clientes por mês (totalizando 60 por ano) nas premissas do cliente;
- obter dois crachás de clientes por ano (ou seja, você visita esses clientes com tanta frequência, que eles lhe dão um crachá de identificação).

*Um telefonema é diferente de uma reunião.* Ao fazer visitas pessoais e periódicas aos clientes, sua empresa terá mais conhecimento sobre o que está efetivamente dando certo ou não, conquistará mais confiança e eles (quase) nunca o abandonarão. É muito mais difícil dizer a um amigo que você o está abandonando do que dar as costas a uma empresa sem rosto. E se você não tiver nada a dizer? Basta mostrar-lhes seu plano, pedir feedback e perguntar aos clientes sobre os problemas que estão enfrentando. Só isso já dá o que falar em uma reunião.

### Regra 5: o sucesso do cliente requer responsabilidade financeira e métricas

Quando sua área de sucesso do cliente não tem metas financeiras, seu valor pode ser nebuloso. Uma premissa equivocada é que "um excelente produto automaticamente gera satisfação dos clientes", de modo que você não precisaria contratar pessoas para trabalhar ativamente com os clientes. Por mais fácil ou incrível que seu produto seja, *você precisa de seres humanos para categorizar seus clientes.*

> **Uma premissa equivocada é que "um excelente produto automaticamente gerará satisfação dos clientes".**

A ideia do sucesso do cliente é aumentar o *churn líquido negativo*, de modo que você precisa de ferramentas e processos para mensurar e melhorar sua gestão do sucesso do cliente, incluindo o desempenho da equipe. Para justificar o investimento (por exemplo, em termos de tamanho da equipe ou ferramentas) e para criar a motivação da qual um líder e uma equipe de gestão do sucesso do cliente precisarão para entregar *resultados mensuráveis*, a área de sucesso do cliente precisa se responsabilizar por alguns resultados financeiros: em geral, pelo menos as *taxas de retenção* e talvez até as *receitas provenientes do upsell*. (Por exemplo, veja o estudo de caso da Gild, na próxima seção.)

**Regra 6: desenvolva as metas e os indicadores de sucesso do cliente à medida que cresce**

Por exemplo, as empresas de SaaS passam pelas seguintes etapas (cortesia da Gainsight):

1. Tração (US$ 0 a US$ 1 milhão): o que os clientes querem e o que eles fazem com nosso produto?
2. Adoção (US$ 1 milhão a US$ 5 milhões): por que e como os clientes deveriam incluir nosso produto em seu dia a dia?
3. Retenção (US$ 5 milhões a US$ 20 milhões): por que os clientes precisam continuar usando nosso produto depois da lua de mel?
4. Expansão (US$ 20 milhões a US$ 100 milhões): por que os clientes deveriam expandir para mais recursos e funcionalidades?
5. Otimização (US$ 100 milhões ou mais): automação e melhorias orientadas por dados.

As etapas pelas quais sua empresa passará podem ser diferentes, mas a questão é: nunca presuma que o sucesso do cliente está "terminado" e que não precisará de um investimento adicional ou da atenção dos executivos no próximo ano.

**Indicadores de sucesso do cliente**

A maioria das iniciativas da área de sucesso do cliente envolve muitas conjecturas e relatórios manuais. Mas organize os dados – talvez manualmente no início e depois usando as crescentes opções de software de gestão do sucesso do cliente – para identificar quem corre o risco de abandonar sua empresa e quem deve comprar alguma outra coisa de você.

Veja alguns exemplos:

- *dados de contratos*: clientes em estagnação ou datas de renovação e outras datas importantes se aproximando;

- *interações de suporte técnico*: muitas solicitações de suporte técnico de baixa prioridade ou clientes que pararam de ligar para pedir ajuda;
- *histórico de faturamento e pagamento*: pagamentos atrasados de faturas, talvez devido à frustração;
- *utilização de produtos e recursos*: os produtos e recursos mais utilizados e por quem;
- *engajamento de marketing*: cancelamento de assinatura de newsletters;
- *feedback proveniente de levantamentos*: feedback negativo de alguma pessoa-chave do cliente;
- *alterações de patrocinadores:* saída de um contato executivo do cliente, entrada de um novo diretor de marketing.

Não há como os dados alertá-lo de todos os problemas. Você sempre necessitará de seres humanos conversando com seres humanos para identificar e resolver problemas, mas esses dados o ajudarão a:

- *criar gatilhos para avisar quando você deve intervir proativamente* para evitar algum problema. Naturalmente, é mais fácil reter um cliente antes que ele lhe envie um aviso de cancelamento! A equipe começa fazendo isso com base na intuição e, com o tempo, pode basear-se cada vez mais em dados históricos e gatilhos ou alertas automáticos;
- *padronizar intervenções,* para que todos os gestores de sucesso do cliente utilizem o mesmo conjunto de melhores intervenções; com essa padronização, será possível mensurar melhor a eficácia de todas as intervenções ou tipos de problema e solução.

## ESTUDO DE CASO: COMO A GILD REDUZIU O *CHURN* DE CLIENTES DE 4% PARA 1% AO MÊS

A Gild ajuda as empresas a recrutar engenheiros com mais eficácia utilizando dados disponíveis na internet (incluindo os códigos dos desenvolvedores) para ajudar a avaliar suas competências. Brad Warga é o vice-presidente sênior de sucesso do cliente da empresa. Ele entrou na Gild quando a empresa só tinha cinco pessoas: o presidente-executivo, o diretor de tecnologia, o diretor de segurança, o diretor de vendas e o diretor de marketing (hoje a empresa tem mais de 50 pessoas). Brad tinha passado 20 anos trabalhando na área de RH, e foi vice-presidente de recrutamento corporativo da Salesforce, onde ajudou a organizar e executar *milhares* de contratações.

A equipe não sabia exatamente o que Brad faria no começo, mas achava que ele poderia contribuir com muita credibilidade... E foi o que ele fez. Para começar, ajudou a trazer novos clientes.

## Depois do primeiro ano de vendas

Durante a maior parte do primeiro ano de vendas, Brad ajudou a trazer novos clientes até a empresa ter cerca de cinquenta. O *churn* era artificialmente baixo, já que todos os clientes se relacionavam com a empresa com base em contratos anuais! Quando os contratos começaram a expirar, o *churn* saltou para 3% a 4% por mês, mais de 30% ao ano, nada menos que *o dobro ou o triplo da meta da empresa*. As empresas de SaaS normalmente almejam (a) um *churn* anual de 15% ou menos sobre o número total de clientes e (b) um *churn* de 0% ou negativo.

A Gild começou a mensurar e analisar o *churn* e percebeu que muitas de suas premissas eram equivocadas. Por exemplo, a empresa descobriu que a frequência na qual as pessoas se logavam no sistema não era uma boa maneira de saber quem ficaria ou quem abandonaria a empresa. Na verdade, a Gild precisava analisar quais partes do produto estavam sendo usadas e como. Até que ponto os usuários eram experientes? Quais eram suas necessidades e seus métodos de recrutamento? Ao analisar essas causas fundamentais do *churn*, Brad e seus colegas foram capazes de sistematizar a área de sucesso do cliente e reduzir o *churn* para menos de 1% ao mês. Isso possibilitou à Gild direcionar-se muito melhor aos tipos certos de clientes com a geração de leads desde o começo.

## Os três métodos que reduziram o *churn* da Gild

1. *"Adoção de noventa dias"*: o relacionamento da equipe de gestão do sucesso do cliente com um cliente começa quando ele compra o produto e começa a usá-lo. A equipe treina novos usuários no uso do produto, ensina as melhores práticas de recrutamento, "revende" a Gild. Ela "reevangeliza" os usuários para que mantenham a empolgação.
A Gild descobriu que, se a utilização do produto tiver sucesso nos primeiros noventa dias, *a taxa de utilização será três vezes mais alta no resto do ano*, em comparação com um cliente que demorou mais para adotar o produto.
2. *Avaliações trimestrais:* as avaliações são formais e ajudam a responsabilizar o cliente por receber o que ele esperava. De preferência, essas avaliações são realizadas nas premissas do cliente com os clientes certos.

3. *Utilização de ferramentas preditivas:* a principal aplicação do sucesso do cliente da Gild é o Gainsight, juntamente com o Zendesk (para registrar solicitações de funcionalidades e de suporte técnico problemáticas), a Salesforce e o Olark (chat).

> A Gild descobriu que, se a utilização do produto tiver sucesso nos primeiros noventa dias, a taxa de utilização será três vezes mais alta no resto do ano.

**Estrutura da equipe**

A equipe de gestão do sucesso do cliente da Gild tem cerca de dez pessoas atuando em três áreas (de um total de apenas cinquenta colaboradores!):

- *Os representantes internos de sucesso do cliente* treinam, monitoram a utilização e executam ferramentas de analytics; isso equivale a um representante para cada setenta usuários.
- *Os representantes externos de sucesso do cliente* são responsáveis pelas renovações e são avaliados de acordo com essas renovações; a empresa tem um representante para cada trinta usuários no segmento de clientes relevantes.
- *Os representantes executivos de sucesso do cliente* são responsáveis pelo *upsell* e trabalham principalmente com segmentos de clientes grandes e em rápido crescimento.

As equipes têm painéis de controle para identificar rapidamente os clientes em risco e os que deveriam comprar mais produtos, dando aos representantes uma razão para entrar em contato com algum deles.

**O sucesso do cliente no nível da diretoria**

Muitas empresas tratam o sucesso do cliente como se fosse uma área secundária ou apenas um suporte técnico ao cliente melhorado. As empresas precisam atribuir ao sucesso do cliente (pelo menos) a mesma importância que atribuem à área de vendas ou de marketing. Na Gild, o sucesso do cliente se responsabiliza por:

- adoção de 90 dias;
- proporcionar dados de utilização e feedback do cliente para o planejamento de produtos;
- renovações;
- *upsells*.

Como a área de gestão de sucesso dos clientes da Gild se responsabiliza por essas funções e é capaz de articulá-las com clareza, fica fácil para o conselho de administração da Gild reconhecer o valor do sucesso dos clientes.

## ESTUDO DE CASO: A EXCELÊNCIA DO SUPORTE TÉCNICO NA TOPCON

> Atendentes de suporte técnico ao cliente, quando frustrados, ajudam a criar clientes frustrados.

O suporte técnico ao cliente em geral *reage* para corrigir problemas. Porém, a área de sucesso do cliente funciona melhor *prevenindo* a ocorrência de problemas. São dois lados da mesma moeda do atendimento aos clientes.

Na maioria das empresas, não é fácil trabalhar na área de suporte técnico, tendo de atender clientes furiosos, ganhando um salário baixo e (muitas vezes) sem receber muito respeito. Isso é lastimável, porque essa assistência ao cliente (assim como as vendas ou a prospecção de vendas) não precisa ser um trabalho exaustivo com o objetivo de enrolar os clientes.

Por que as duas equipes que mais interagem com os clientes (vendas e suporte técnico) costumam sofrer tanto abuso ou desvalorização? Essa situação precisa mudar, já que atendentes de suporte técnico (e vendedores), quando frustrados, ajudam a criar clientes frustrados.

A Topcon Positioning Systems (parte da Topcon Corp., empresa mundial de US$ 1 bilhão e 4 mil funcionários) é a maior desenvolvedora e fabricante do mundo de sistemas de posicionamento. Os clientes da Topcon atuam em setores como engenharia civil, topografia e agricultura, nos quais o mapeamento e o posicionamento são vitais. A Topcon possui centros de contato no mundo todo. Angie Todd supervisiona os 18 atendentes de suporte técnico da empresa em Columbus, Ohio, e em Olathe, Kansas, nos Estados Unidos

Angie passou quatro anos atuando como atendente e quatro anos como supervisora. A equipe atende 25 mil ligações por ano, todas gravadas e registradas em relatórios. Angie diz que o objetivo de sua área é proporcionar um atendimento excelente de maneira previsível.

**Cinco conselhos de Angie**

1. *Não deixe os atendentes de suporte técnico pendurados no telefone o tempo todo.* Passar quarenta horas por semana ao telefone interagindo diretamente com clientes frustrados é caminho garantido para a estafa das pessoas. Afaste regularmente os atendentes do telefone para fazer treinamentos de produtos e visitas aos clientes. Isso os manterá interessados, energizados e engajados. Essa estratégia ajudará a empresa a desenvolver pessoal de suporte técnico mais experiente e confiante, com atitude melhor e mais capacidade de ajudar os clientes, aumentando as taxas de resolução na primeira ligação.

   Nos últimos anos, os aplicativos de call center e telefonia na internet finalmente facilitaram o encaminhamento de chamadas para o telefone de qualquer pessoa (no celular, em casa etc.). Os atendentes de suporte técnico não precisam mais ficar acorrentados a uma mesa no escritório e podem trabalhar em um ambiente mais amistoso e flexível.

> Passar quarenta horas por semana ao telefone interagindo diretamente com clientes frustrados é caminho garantido para a estafa dos atendentes de suporte.

2. *Use a tecnologia para ao mesmo tempo se ajudar e ajudar os clientes.* Não se esqueça de que a tecnologia pode ser utilizada não só para melhorar a experiência dos clientes mas também para reduzir os custos.

   Na última vez que ligou para um banco, quantas vezes você precisou informar o número da conta ou do cartão de crédito antes de ser direcionado para a pessoa certa? Quando um cliente liga para a Topcon, o NewVoiceMedia, o sistema de call center da empresa, compara o número de telefone com os dados da Salesforce (utilizado como o sistema de gestão global de processos da empresa) e é capaz de encaminhar automaticamente a pessoa para o agente certo. O cliente não precisa informar nada. Por exemplo, se a pessoa estiver categorizada na Salesforce como um cliente nível ouro (com o melhor acordo de serviço), poderá pular automaticamente para o início da fila de espera telefônica, sem precisar esperar.

3. *Nunca deixe de ouvir o feedback.* Na maioria das organizações, é o grupo de suporte técnico ao cliente que mais interage com ele. Infelizmente, algumas organizações negligenciam essa equipe e todo o valioso conhecimento deles. *A equipe de suporte técnico é a voz do cliente.*

> Algumas organizações negligenciam a equipe de suporte técnico ao cliente e todo o valioso conhecimento que ela tem sobre ele.

4. *Crie um plano de carreira.* Seus melhores colaboradores não querem passar a vida inteira no mesmo cargo. Desejam crescer. Na Topcon, os atendentes de suporte técnico sabem que passarão de dois a quatro anos no departamento, aprendendo tudo sobre a Topcon e seus produtos, como a primeira etapa de seu plano de carreira. Se você contratar as pessoas certas, poderá usar essa área como excelente experiência de treinamento para desenvolver especialistas que poderão ser posteriormente promovidos ou transferidos para todas as outras áreas da empresa.

5. *Crie funções especializadas para os atendentes de suporte técnico.* A Topcon tem cinco atendentes "de nível 1" com um conhecimento básico de todos os produtos e 13 especializados em uma determinada aplicação ou setor. Podendo contar com uma variedade de especialistas, os clientes obtêm um atendimento melhor, e isso também cria diferentes oportunidades para os atendentes crescerem na área de suporte técnico.

CAPÍTULO 6

# REDES: INBOUND MARKETING

As redes são campanhas do tipo *um para muitos* para gerar leads, com táticas como o inbound marketing, eventos presenciais e on-line e publicidade na internet. O EchoSign, o HubSpot e o Marketo são exemplos de empreendimentos que criaram negócios de mais de US$ 100 milhões, principalmente pelo uso das redes.

Esses leads criam mais quantidade do que qualidade, porque você está literalmente "lançando uma rede ampla". Por exemplo, se 50% dos leads gerados pelo boca a boca (sementes) puderem se transformar em clientes, talvez apenas de 1% a 3% ou menos dos leads gerados pelo marketing serão convertidos em clientes. Desse modo, a ideia é gerar *muitos* desses leads.

De um trilhão de maneiras de se promover, o inbound marketing (ou marketing de conteúdo) é o garoto mais popular da escola. O inbound marketing não só funciona como também funciona para *todas* as empresas, ao contrário de, digamos, a prospecção outbound. A ideia é criar um marketing para cativar ou instruir os clientes, educando-os a querer mais de sua empresa até que efetivamente comprem suas ofertas.

Todas as empresas podem se beneficiar da criação de conteúdo. Além da criação de leads, a divulgação de suas ideias e das histórias dos clientes acelera o "tempo para conquistar a confiança". As pessoas podem conhecê-lo mais rápido e melhor quando têm oportunidade de se informar sobre você, sua empresa e seus clientes, de maneiras que se estendem além de uma conversa presencial ou por telefone.

As mídias sociais, que não param de crescer aceleradamente, podem ou não ser relacionadas com o marketing, dependendo de como você as utiliza. Vemos as mídias sociais como qualquer outro meio, como e-mails ou vídeos, que pode ser usado para qualquer coisa, como no sucesso do cliente ou na prospecção outbound.

Se você for apaixonado pelas mídias sociais, vá em frente. Se não, segure a onda. Rand Fishkin, fundador e ex-presidente-executivo da empresa de inbound marketing Moz, dá o seguinte conselho aos presidentes-executivos: "É mais importante se envolver nas mídias sociais só quando isso fizer sentido. Não entre na onda só porque todo mundo está nela".

> Se você for um apaixonado pelas mídias sociais, vá em frente. Se estiver nas mídias sociais só porque "deveria", não tenha medo de deixá-las em banho-maria.

**Prós e contras dos leads gerados pelo marketing**

- *Prós:* costuma ser fácil gerar grandes volumes de leads; alguns tipos de programas de marketing são escaláveis; o conteúdo publicado na internet pode gerar leads para sempre; esses leads são altamente mensuráveis.

Figura 6.1: Qual conteúdo o seu mercado adora e que ao mesmo tempo gera resultados mensuráveis?

- *Contras:* os leads não são "grátis" e a geração de leads implica altos custos fixos (principalmente na forma de tempo e salários); baixas taxas de conversão, já que a maioria dos leads não é compatível; normalmente funciona melhor na geração confiável de leads em empresas pequenas e médias do que em grandes corporações, pelo menos nos primeiros anos.

## SEU LÍDER DE MARKETING PRECISA DESTA FUNÇÃO DE FORÇA: A "COTA DE LEADS"

Para começar, não se preocupe com todas as maneiras que existem para criar inbound leads, porque o ponto de partida para melhorar o marketing é criar uma função de força para o líder. Se seu VP de vendas tem uma cota, por que não o de marketing? Sua equipe de vendas tem uma cota e sua equipe e seu líder de marketing também precisam ter uma, na forma de uma *cota de leads* (ou *lead commit*).

Todo mundo contrata profissionais de marketing que têm metas nebulosas e flexíveis. Metade das startups, e provavelmente 90% das outras empresas, não percebem isso e não determinam uma cota concreta de leads. É a abordagem do "A gente se vira com o que tem e não se preocupa com isso". As metas de cota de leads "forçam" as empresas a se concentrar em práticas sustentáveis de marketing em vez de métodos de enriquecimento rápido que levem a um breve aumento do número de leads.

Não é fácil implementar cotas de leads – especialmente quando é a primeira vez que você faz isso –, mas é vital em uma área que pode gerar muitos leads que não dão em nada. Bem no começo, quando você ainda não tem muitos dados para trabalhar, tudo que pode fazer é começar com estimativas ou chutes. Mas um palpite ainda é melhor do que nada.

Teoricamente, dá para basear a cota em uma métrica relacionada com leads qualificados e pipelines sendo criados todo mês, mas, se essa abordagem não for prática, tente encontrar alguma coisa, qualquer coisa, que você possa mensurar com precisão para usar como ponto de partida. Até mesmo o "número total de novos leads por mês" sem uma aferição de qualidade – por mais que isso seja vago, porque os leads podem acabar se revelando em grande parte um lixo. Mas, repetimos, é melhor do que nada para começar.

Uma vez que o processo tem início, você aprende, com o passar dos meses, a definir com mais confiança as metas (em constante evolução) para o futuro, do mesmo modo como estabelece as cotas de vendas.

## MARKETING CORPORATIVO *VERSUS* GERAÇÃO DE DEMANDA

Muitas empresas contratam um diretor de marketing com um currículo forte, vindo de uma empresa forte. Mas elas contratam uma pessoa de *marketing corporativo* e não de *geração de demanda*. Quando a situação fica ruim, a pessoa sai da empresa sem deixar nenhuma marca além daquelas canetas azuis bonitinhas com o logo da empresa que ela encomendou para dar como brinde.

O marketing corporativo costuma ser mais glamoroso do que a geração de demanda. Com o branding, o posicionamento, os logos e os comunicados à imprensa, o marketing corporativo é a prioridade de grandes empresas. Já a geração de demanda costuma ser subestimada e deixada para colaboradores inexperientes forçados a trabalhar feito camelos em alguma salinha sem janela. E essa situação leva as maiores empresas a formar exércitos de profissionais seniores de marketing corporativo.

O marketing corporativo (como o da Adobe, do Google ou da Salesforce) concentra-se em proteger e promover a marca *depois que a empresa já cresceu*. Nas empresas da *Fortune 500*, o pessoal de geração de demanda normalmente é tratado como cidadãos de segunda categoria. No entanto, nas empresas de tecnologia em crescimento, esses sujeitos são os "senhores do marketing".

A equipe de geração de demanda foca nos números: gastar X dólares para criar Z leads, que devem valer 5 × X dólares em receita. Os melhores profissionais de marketing de geração de demanda dão conta dos aspectos mais "nebulosos" do marketing (logos, branding, comunicados à imprensa etc.) até a empresa crescer e ficar pronta para o marketing corporativo. As canetas azuis do pessoal da geração de demanda podem não ser tão bonitinhas quanto as do pessoal do marketing corporativo, mas você conseguirá leads.

Para as empresas que precisam de leads, o problema é que o brand marketing é muito dispendioso no começo e não gera leads. Para uma empresa com menos de US$ 50 milhões, o marketing corporativo é "algo bom de ter" *depois que você já estiver crescendo rapidamente* devido ao empenho de seu responsável pela geração de demanda.

É interessante contratar uma pessoa que demonstre paixão por programas de geração de demanda inbound/na internet, cultivo de leads e métricas, mas que também trabalhe lado a lado com a equipe de vendas. E isso *não é* igual ao marketing corporativo. Os sujeitos de geração de demanda até podem fazer o marketing corporativo. Mas o marketing corporativo nunca dará conta da geração de demanda. Jamais.

## ESTUDO DE CASO: CONDUZINDO A ZENEFITS DE US$ 1 MILHÃO PARA US$ 100 MILHÕES EM DOIS ANOS

Uma das coisas que a Zenefits faz de diferente é a geração de leads. Não a mecânica em si, mas o modo como a empresa consegue gerar leads de maneira previsível e com muito empenho. Em outras palavras, *até onde* a empresa leva o conceito.

Matt Epstein é o vice-presidente de marketing da Zenefits. Parker Conrad, o presidente-executivo, o considera um gênio da geração de leads. Matt descobriu um jeito de entregar todos os demos dos quais a equipe de vendas precisa para atingir seus objetivos. Ele ajudou a estabelecer as primeiras técnicas previsíveis e repetíveis de geração outbound de leads que possibilitaram ao marketing gerar todos os demos necessários para passar de US$ 1 milhão a US$ 20 milhões em 2014 e para mais de US$ 100 milhões mais ou menos um ano depois.

Matt não era uma supercelebridade do marketing quando foi contratado no início da empresa. Na verdade, de acordo com Matt: "Antes da Zenefits, eu nunca tinha feito nada grande e importante".

Bem... talvez. Você pode ter ouvido falar de Matt por uma razão curiosa. Ele passou quatro anos em uma agência de marketing antes de sair para procurar alguma coisa nova para fazer. Ele queria entrar no setor da tecnologia, mas, depois de um ano tentando, ainda não tinha conseguido um emprego. As pessoas nem se davam ao trabalho de dizer "não" a seus pedidos de colocação. Um dia ele decidiu apostar alto e gastar todas as suas economias, US$ 3 mil, para pôr em ação algumas ideias extravagantes que chamassem a atenção do Google. Ele criou uma campanha que batizou de "Google, por favor, me contrate" e fez um vídeo e um site. (Basta pesquisar o nome da campanha em inglês, "Google Please Me", na internet para encontrá-la.) Além do vídeo, Matt contratou um avião para circular o prédio do Google com um cartaz e enviou cinco fotos suas em tamanho real recortadas em papelão para a matriz do Google, com o endereço de seu site.

Ele chamou muita atenção no Vale do Silício e cavou entrevistas em praticamente todas as empresas de tecnologia (exceto o Google). E recebeu várias ofertas. Uma delas veio da SigFig, empresa fundada por

Parker Conrad antes da Zenefits. Matt assumiu o cargo na SigFig na mesma época em que Parker estava saindo.

Algum tempo depois, Matt estava na casa de Parker, que o convidara para mostrar a residência do vizinho, a qual Matt estava pensando em alugar. Parker abriu seu laptop na mesa da cozinha e pediu para Matt dar uma olhada no que ele estava trabalhando: um dos primeiros apps da Zenefits.

Parker tinha passado por um treinamento de oito semanas de desenvolvimento de software e criado o aplicativo que, segundo Matt, tinha uma "aparência simplesmente horrível". Mas quando Parker explicou o conceito por trás do app, Matt disse: "Cara, você vai ganhar uma fortuna com isso. E se eu o ajudasse a conseguir seus trinta primeiros clientes?". Depois de Matt ajudar Parker por alguns meses em suas horas vagas, Parker o chamou para uma conversa a fim de convencê-lo a largar seu emprego confortável e estável na SigFig e trabalhar com ele em período integral. O argumento de Parker foi: "Você vai ficar um ano sem receber, mas mesmo assim deveria trabalhar comigo".

> Você vai ficar um ano sem receber, mas mesmo assim deveria vir trabalhar comigo.

### Gerando os primeiros leads

Quando Matt entrou na Zenefits, todos os clientes da empresa estavam sendo atendidos aos trancos e barrancos. Matt se empenhou em resolver o seguinte desafio: "Como eu posso conquistar o maior número de clientes em trinta dias?".

Ele se pôs a encontrar clientes potenciais e enviar-lhes e-mails não solicitados. "No primeiro mês e meio, trabalhei na cama, de cueca, comendo só sanduíches do McDonald's. Rodei testes A/B com pelo menos cinco modelos diferentes de e-mails toda semana, enviando uns cem por dia. Fiz tudo na unha, monitorando tudo no Excel, e encontrei uma fórmula."

"No começo, achei que nossa mensagem de um serviço gratuito interessaria ao pessoal de recursos humanos. Mas vi que a ideia tinha mais apelo e era mais necessária no nível do presidente-executivo, do fundador e da alta gestão. Descobri isso fazendo muitos e muitos testes A/B. E comendo muito hambúrguer."

Quando Matt encontrou maneiras de instigar o interesse e marcar reuniões mandando uma montanha de e-mails, ele se pôs a contratar vendedores em início de carreira (representantes de desenvolvimento de vendas) para assumir o trabalho pesado, como fazer ligações e enviar e-mails ou acompanhar e responder os e-mails que o marketing lhes enviava. Não raro, eles misturavam o "inbound marketing" com a "prospecção outbound", enquanto trabalhavam para descobrir o que dava mais certo. Desse modo, a Zenefits passou de zero a 300 representantes de desenvolvimento de vendas em cerca de dois anos.

Não importa muito se o pipeline criado por Matt foi proveniente do inbound marketing ou da prospecção outbound, usando redes ou lanças, ou alguma mistura mutante disso tudo. Os métodos poderiam ter incluído a utilização de mala direta, anúncios do Google, parceiros, marketing de conteúdo ou informes publicitários transmitidos de madrugada na TV. A questão não é *como* se conseguiu.

A questão é que Matt se responsabilizou pela tarefa de descobrir quais tipos de marketing poderiam gerar receita de maneira previsível e escalável. Ele colocou as mãos na massa, fez experimentos para encontrar algo repetível para seu produto e mercado, fez testes, encontrou um método previsível e se pôs a dobrar os resultados vez após vez. Ele e a equipe executiva concordaram com metas específicas de cota de leads, que levavam todos a focar no que mais importava.

### Sem ter onde se esconder

Nos 18 primeiros meses, o marketing da Zenefits era 100% responsável pela geração de leads.

- O marketing era remunerado de acordo com os resultados de receita. As metas do marketing eram definidas de acordo com o número de demos e oportunidades que precisavam ser criados para a equipe de vendas, não importando como.
  - "Tudo bem, você tem dez vendedores, então precisa gerar oitenta oportunidades por mês" ou "Precisamos gerar US$ 50 milhões no pipeline".
  - A empresa não poderia fazer isso até que tivesse dados históricos confiáveis: "Um representante de desenvolvimento de vendas pode fazer em média X, então precisamos que os representantes de desenvolvimento de vendas façam Y e as outras fontes façam Z".

- O marketing não tinha como se esconder. Não importava se as oportunidades eram geradas pelo inbound marketing (redes), pela prospecção outbound (lanças) ou por um pombo-correio... O marketing era responsável por tudo.

Em meados de 2015, com o sistema definido e ganhando escala, a Zenefits transferiu seu pessoal de prospecção outbound para o setor de vendas.

**Conselhos de Matt Epstein para a geração de leads**

*"Faça testes rapidamente no mundo real."* Será preciso colocar a mão na massa se quiser saber quem é seu cliente-alvo e quais são os problemas dele. O que ele considera *necessário*? Não faça suposições. Ande pelo mundo, mande e-mails e converse com essas pessoas. Saia do escritório, largue o Twitter e o laptop e tente interagir no mundo real. Quando você passa o tempo todo diante de um quadro branco, analisando tudo internamente até chegar à perfeição, acaba ficando preso à teoria. Você se sai com a ideia perfeita de como promover e vender seu produto. A ideia é elegante, complexa e impressiona o presidente-executivo. Aí você lança sua ideia no mundo real e se dá mal, porque os clientes reais não se identificam com ela.

*"É melhor você acertar os ponteiros antes de escalar seus representantes de desenvolvimento de vendas ou acabará perdido."* Contratar um bando de representantes de desenvolvimento de vendas ou vendedores antes de ter um sistema em funcionamento é desperdício. Saiba:

- quem são seus clientes potenciais;
- qual é sua mensagem;
- quais são todas as objeções;
- 80% ou mais sobre como sua geração de leads e seus funis de vendas funcionam;
- como tudo flui em seus sistemas de vendas e ferramentas.

*"Procure alavancas do tipo 10x."* Veja com que rapidez você consegue encontrar uma alavanca para se aproximar de transações garantidas e pise no acelerador. No caso da Zenefits, de acordo com Matt: "A prospecção outbound foi nossa principal alavanca no começo". Para as outras empresas, essa alavanca pode ser o produto, as mídias sociais, o inbound marketing, os webinars ou eventos ao vivo.

*"Não se deixe distrair por objetos brilhantes."* Matt recorda: "No primeiro ano eu não dava muita bola para mídias sociais, projetos queridinhos voltados a fazer pequenas melhorias no site e quaisquer outras coisas boas de se ter que não geravam leads qualificados. Como o que tínhamos estava dando certo, fazia mais sentido continuar investindo energia naquilo antes de partir para a diversificação". Continue a melhorar o que você já tem, mas não deixe que isso o desvie da meta do 10x. O que lhe possibilitará dar um grande salto? "Recebi mais de cem e-mails hoje. Respondo ou me dedico à meta do 10x?" Pratique dizer "não" a novas ideias e interrupções.

*"Eu repito: teste rapidamente."* Você pode até acreditar que a próxima iniciativa que você lançar será um arraso, mas provavelmente não será, pelo menos não no começo. Então, saia pelo mundo e faça iterações rapidamente. Por exemplo, na publicidade gráfica, Matt viu pessoas passando três meses iterando anúncios internamente em busca da perfeição, antes de realizar testes no mundo real com clientes potenciais. Na Zenefits, dava-se um jeito de testar a versão 1.0 de tudo no mundo real, em questão de horas. Por exemplo, com o marketing PPC (*pay per click*), faziam-se as primeiras iterações no mundo real já no primeiro dia. Logo a equipe aprendeu que, mesmo quando os resultados eram decentes, não eram eficazes o suficiente para que se apostassem todas as fichas neles. Depois, com a experiência, aprendeu a priorizar as ações.

*"Vá em frente."* O comodismo e a cautela são inimigos do crescimento. Matt explica: "A ideia é correr muito rápido, a ponto de quase capotar. Quando perceber que a coisa dá certo, não tenha medo de investir". Logo no início, Parker disse a Matt: "Se um representante de desenvolvimento de vendas lhe enviar quatro demos por dia, ótimo. Saia e contrate mais vinte representantes". Matt conta que sua primeira reação foi refletir: "É assustador pensar assim. Não faço ideia de como podemos fazer isso". Dê esse salto e ache um jeito de fazer a coisa dar certo ao longo do caminho.

> Não se deixe distrair por objetos brilhantes.

## INBOUND MARKETING: UM MANUAL EM QUATRO LIÇÕES

É possível encontrar na internet uma montanha gigantesca de conteúdo básico, excelente e gratuito que ensina os fundamentos do marketing inbound. Veja algumas ideias para simplificar e ampliar o que talvez já esteja fazendo ou para ajudá-lo a começar...

**Lição 1: comece com os estágios de compra dos seus clientes**

Elabore um marketing de conteúdo voltado a ajudar seus clientes ideais a ponderar, decidir e comprar. Nem todas as soluções servirão para todos. Por exemplo, Jon Miller, presidente-executivo da Engagio (e cofundador e ex-diretor de marketing da Marketo), utiliza três estágios de compra simples: inicial, intermediário e avançado. Essa classificação facilita, para a equipe, decidir quais tipos de conteúdo são necessários e onde o são, bem como ajuda a identificar quaisquer lacunas.

*Estágio inicial: "Por quê?"* Esses clientes estão aprendendo ativamente, mas (ainda) não estão comprando. Por que eles deveriam se interessar por sua categoria? Por que deveriam mudar? Seu conteúdo deve ser interessante e útil, não importa se as pessoas comprarão ou não suas ofertas. Não tente falar só de você, de seu produto ou das funcionalidades que tem a oferecer. Por exemplo, na Marketo, Jon criou um conteúdo para ensinar as pessoas a se tornarem profissionais de marketing melhores e está usando a mesma tática na Engagio para instruir as pessoas sobre o marketing baseado em contas (*account-based marketing*).

*Estágio intermediário: "Como?"* Seu público quer saber mais sobre como implementar seu produto/serviço. Seu conteúdo deve ajudá-los a conhecer as opções e orientá-los a entregar os resultados prometidos. Deve ajudar as pessoas a tomar decisões de compra melhores. Crie e disponibilize conteúdos como "avaliações estruturadas", que ajudam as empresas a saber mais sobre uma categoria e o mercado, diferentes "guias definitivos" (como o "guia definitivo da automação no marketing") e relatórios de analistas terceirizados.

*Estágio avançado: "Qual?"* Seus clientes potenciais estão se preparando para comprar e decidir qual caminho tomar. Nesse estágio, o conteúdo deve girar em torno de você mesmo: por que você é melhor ou diferente, como pode garantir resultados e por que é melhor do que seu maior concorrente.

> Seu conteúdo deve instruir as pessoas para ajudá-las a tomar decisões de compra melhores.

**Lição 2: o conteúdo ainda é rei**

Neil Patel é um gênio do conteúdo. Ele cofundou a Crazy Egg, a Hello Bar e a KISSmetrics. A *Forbes* o nomeou um dos dez mais proeminentes profissionais de marketing da internet.

Neil deu as cinco dicas a seguir:

1. *Elabore o conteúdo para seus leitores, não para você.* Tente criar um conteúdo que resolva os maiores problemas dos clientes. Não escreva para satisfazer seu chefe, mas seu público. Lembre-se de que seu chefe não é seu público. Além disso, peça feedback de clientes e usuários reais.
2. *Use ferramentas para descobrir os interesses dos clientes-alvo.* Ferramentas de levantamento (como o SurveyMonkey ou o Qualaroo) e campanhas de e-mail podem ajudá-lo a identificar os interesses de seu público.

    Você não precisa ser extravagante ou ultrassofisticado. Nós (Aaron e Jason) encontramos padrões nos interesses das pessoas em grande parte nos reunindo e conversando com muita gente toda semana. "Reuniões", "telefone" e "e-mail" podem ser ferramentas maravilhosamente simples.
3. *Inclua mais detalhes para tornar o conteúdo mais desejável.* Quanto mais útil for seu conteúdo, melhor. Posts de blog apresentando instruções passo a passo para fazer coisas como implementar o Salesforce, os passos para fazer o inbound marketing, roteiros de vendas, dicas para crescer etc. costumam ter muito sucesso. Deve ser por isso que conteúdos do tipo "O guia definitivo para X" e "O melhor guia para Y" costumam levar ao crescimento. Esse tipo de coisa de fato funciona.
4. *Você não precisa publicar um post de blog todo dia ou toda semana.* Faça um plano e atenha-se a ele, não importando se implica publicar textos todo dia, toda semana ou a cada dois meses. Comece comprometendo-se pouco e vá aumentando esse comprometimento à medida que avançar, se fizer sentido. (Aaron publica posts de blog uma ou duas vezes por mês na PredictableRevenue.com e, "às vezes", em seu blog pessoal na PebbleStorm.com. Jason escreve cinco respostas no Quora toda semana e escreve seu blog semanalmente na SaaStr.com.)

> Faça um plano e atenha-se a ele, não importando se implica publicar textos todo dia, toda semana ou a cada dois meses.

**5.** *Preste muita atenção ao que dá certo para você.* Quando você se sente mais inspirado? Depois de correr? À noite ou de manhã? Tomando café, depois de uma reunião, depois de escrever seu diário, quando está sob a pressão de um prazo? Você já notou algumas condições que o ajudam a criar livremente? Você prefere criar pela escrita, ou por arte, vídeo, eventos ao vivo, slides...? E o que gera mais tráfego, leads e vendas a seu nicho? Seriam posts curtos, sejam vídeos, guias, entrevistas, webinars? Você até pode se inspirar no que os outros estão fazendo, mas nunca deixe de prestar muita atenção ao que dá certo para você e para seus clientes, para aprender como repetir as condições certas.

### Lição 3: a magia de alimentar esquilos

Pode ser fácil criar montanhas de conteúdo.

Pode ser fácil publicar esse conteúdo todo.

E é especialmente fácil superestimar a capacidade das pessoas de absorver todo esse conteúdo, especialmente se elas já não forem fãs e ainda não conhecerem seu conteúdo.

Hoje em dia, o mundo é vítima da sobrecarga de conteúdo. E sempre é possível abrir mais espaço para um excelente conteúdo ou para novas maneiras de facilitar sua digestão.

Imagine que você esteja em uma floresta e veja um esquilo (cliente). Hoje em dia, quando um profissional de marketing ou de vendas vê um esquilo, ele normalmente pega um monte de pizzas diferentes (conteúdo) e tenta despejar todas elas na cabeça do esquilo de uma só vez.

O que acontece? É claro que o esquilo – que não conhece e, portanto, não confia na pessoa – simplesmente foge correndo!

Mas e se esse profissional de marketing pegasse apenas uma fatia de pizza ou um pedacinho extrassaboroso, o colocasse em algum lugar para o esquilo e depois se afastasse e esperasse pacientemente ("esperar pacientemente"... um conceito desconhecido para muitos vendedores). Esperar pacientemente implica não gritar para tentar convencer o esquilo a comer sua pizza, não agitar os braços, mas simplesmente... esperar. E, se nada acontecer, tente oferecer um pedaço diferente.

Então, quando o esquilo finalmente comer, ofereça outro pedaço saboroso. Repita isso algumas vezes e logo o esquilo passará a confiar em você e comerá nas suas mãos mais e maiores pedaços de pizza.

No caso do conteúdo, pense em amostras de pizza (como um post ou um vídeo curto) como uma maneira de dar aos novos clientes potenciais uma experiência de fácil degustação. Para os clientes potenciais que gostarem da amostra e quiserem mais detalhes, você pode oferecer pedaços maiores, como vídeos mais longos ou documentos de marketing.

Não presuma que o esquilo saberá exatamente o que quer ou onde poderá encontrar o que quer. Presuma que você precisará colocar o conteúdo certo na frente dele. Torne mais simples para os clientes consumir seu conteúdo e facilite a eles a obtenção da próxima dose, com chamadas para a ação do tipo "Inscreva-se aqui" ou "Que tal marcar um bate-papo na quarta-feira?".

Quanto menos eles precisarem *pensar* – em outras palavras, *interpretar* – o que você está pedindo para fazerem e as razões para isso, maior é a probabilidade de se aproximarem e continuarem a reforçar a confiança em você.

- Converta PDFs em posts de blog que você pode compartilhar como links, não como anexos.
- Corte a gordura de todo seu conteúdo.
- Crie teasers de dois minutos em vídeo para conduzir seu público para vídeos mais longos.

A ideia é: o limiar de atenção das pessoas está cada vez mais curto, e elas são bombardeadas por conteúdo vindo de todos os lados. Quanto mais simples e mais saborosos forem seus pedaços de pizza, maior é a probabilidade de eles serem consumidos por seus clientes, que estarão mais propensos a voltar para pegar mais.

**Lição 4: o mantra de Aaron – não se preocupe, seja humano**

Quando as pessoas me perguntam sobre o futuro da geração de leads, costumo responder que a autenticidade, curiosamente, está se transformando em uma necessidade fundamental para as empresas. A verdade equivale a dinheiro porque desenvolve a confiança e a conexão. À medida que as caixas de entrada e os cérebros ficam cada vez mais lotados com o passar das décadas, a autenticidade de uma pessoa ou marca a ajuda a se destacar da multidão.

As pessoas querem ouvir pessoas, e não máquinas. Por exemplo, no marketing B2B, muitas newsletters têm aparência elegante, com logos, imagens, cores e HTML. Apesar de terem aspecto "profissional", newsletters sofisticadas podem não ser a maneira mais eficaz de escrever para seu público.

> A verdade equivale a dinheiro porque desenvolve a confiança e a conexão.

**Um convite pessoal ou não? Teste A/B para a promoção de um webinar**

Monica Girolami, diretora de marketing da NewVoiceMedia, empresa criadora de um sistema de telefonia global na nuvem popular, utilizado por equipes de vendas e de suporte técnico, conduziu um teste A/B para a promoção de um webinar que fiz com ela.

Ela começou convidando as pessoas com um e-mail em HTML elegante porém impessoal. Depois, enviou uma newsletter que mais parecia um e-mail pessoal dela. O texto não era formatado, foi assinado pela Monica e o campo "responder a" levava diretamente a sua conta de e-mail pessoal. Ela escreveu como se estivesse falando com um amigo.

Qual newsletter foi mais eficaz? O e-mail mais pessoal triplicou os resultados. "O que surpreendeu ainda mais", Monica contou, "foram todas as respostas pessoais que recebi, como 'Que pena, não consigo nessa data e horário, mas não deixe de me avisar quando fizer o próximo webcast'".

Isso significa que você deve eliminar todos seus e-mails em HTML? Não! Tudo depende do mercado e de seu estilo. Porém, não deixe de considerar maneiras – inclusive as "pouco profissionais" – de reforçar a autenticidade de sua mensagem e não deixe de *testá-las*.

| Convite em HTML | Convite "pessoal" |
|---|---|
| Taxa de abertura: 13,2% | Taxa de abertura: 15,3% |
| Taxa de cliques: 1,8% | Taxa de cliques: 4,1% |
| Novos cadastrados: 20 | Novos cadastrados: 60 |

**Outras maneiras de mostrar seu lado humano para equipe, clientes e em seu marketing**

- *Conte histórias pessoais aos clientes*, incluindo as embaraçosas, com elegância, quando forem relevantes, na sua newsletter ou pelo telefone. Quanto mais você revelar sobre si mesmo, tanto o lado positivo quanto o lado negativo, mais será fácil para as pessoas se conectarem com você. Ainda me surpreendo ao descobrir que muitos de meus amigos e clientes (como Ken Krogue, da InsideSales.com, e Kyle Porter, da SalesLoft) foram adotados ou adotaram filhos. Ninguém mencionou

esse fato até que descobriram que eu adotei um bando de crianças. (Por que eles tocariam no assunto?)
- *Inclua seu próprio estilo ou floreio pessoal* em suas mensagens ou posts. Não tenha medo de aceitar suas peculiaridades e esquisitices. Por exemplo: *escrevo todos os meus e-mails em letras minúsculas, ao estilo de e. e. cummings. sim, inclusive minha newsletter e para meus clientes da* Fortune 500. *e assino só com uma carinha feliz e um apelido. assim: :) air*
- Quando digo "floreio", me refiro a melhorar alguma coisa, não transformar a coisa em circo.
- Outras maneiras incluem usar o senso de humor, adicionar uma foto, um slogan ou frases de efeito.
- Experimente usar mais vídeos e videoconferências.
- Envie cartas escritas à mão ou mande uma foto de uma carta escrita à mão.

P.S.: Quase sempre que envio uma newsletter, recebo algumas respostas como as seguintes (são todas reais):
"Por favor, não me mande mais e-mails. Acho que sua newsletter é de muito mau gosto." [Lembrando que a pessoa se cadastrou para recebê-la.]
"Por favor, vá se danar." [Pelo menos a pessoa pediu com educação.]
"Você não tem vergonha de mandar este e-mail?"
"Sempre me pergunto: será que suas newsletters têm tantos erros gramaticais porque você está tentando se destacar dos outros e-mails que eu recebo na minha caixa de entrada?"

E também recebo respostas como:

"Você é hilário, Aaron. Adoro o que você faz e seu jeito."
"Eu *adorei* a transparência radical desse seu e-mail!!! Você consegue humanizar a coisa toda."
"Estas são as melhores newsletters que recebo. Você deveria ensinar as pessoas a escrever assim."

E também recebi muitos e-mails de pessoas que escreveram: "adorei esse seu estilo das letras minúsculas. tentarei escrever assim também".

Quando você é autêntico ou diferente, é amado e odiado pelas pessoas, mas isso é melhor do que ser ignorado por não ter graça nenhuma! Não tenha medo de experimentar novos estilos mais adequados a você e a seus clientes ideais.

> Quando você é autêntico ou diferente, é amado e odiado pelas pessoas, mas isso é melhor do que ser ignorado por não ter graça nenhuma!

## O MARKETING HEROICO: QUANDO VOCÊ NÃO TEM DINHEIRO E TEM POUCO TEMPO

Se você não puder se dedicar em tempo integral ao marketing, se tiver uma equipe minúscula e um orçamento menor ainda, esta seção é para você. Vejamos como obter o máximo com tempo (muito) limitado e pouco (ou nenhum) dinheiro. Passei anos fazendo isso, enquanto faço malabarismos com todo o resto – escrevendo vários livros, trabalhando no crescimento de uma empresa, cuidando de minha família e trabalhando entre vinte e trinta horas por semana.

Todo mundo acha que não está fazendo o suficiente no marketing. As possibilidades são tantas, que chegam a assustar. *Conteúdo, mercados, nichos, posts de blog, vídeos, mensagens, webinars, newsletters, páginas de destino, mídias sociais, taxas de conversão...* Parece que sua cabeça explodirá, até você soltar uns palavrões e desistir. Especialmente quando parece que você está postando conteúdos que ninguém está lendo... e quando as vendas estão lentas.

Se você não está conseguindo avançar e parece que já tentou de tudo, sugerimos tentar uma abordagem mais simples. Começaremos dando uma olhada em algumas crenças equivocadas no marketing.

- Crie e eles virão (um conto de fadas).
- Quanto mais, melhor (não necessariamente).
- Os inbound leads são grátis (lenda urbana).
- Deveria ser mais rápido (expectativa tóxica).

Se você largar esses mitos, terá condições de criar uma estratégia de marketing que demanda relativamente pouco tempo e dinheiro... e que funciona.

### Passo 1: escolha só uma coisa para ser o seu "bolo"

Se você está se sentindo sobrecarregado por ter de cuidar de blog, newsletter, webinars, eventos ao vivo, Instagram, Facebook, Twitter, Yelp e muito mais – e tudo ao mesmo tempo –, então não faça tudo isso. Escolha uma única coisa para se concentrar e para ser seu "bolo" e pense que todo o resto é só a "cobertura". O blog está gerando resultados para você? Concentre-se nisso primeiro e trate todo o resto como algo meramente bom de se ter. Você prefere o vídeo? Limite-se a postar vídeos em um canal que funcione para o seu caso. Você pode usar as mídias sociais como "cobertura" para o "bolo" do vídeo, a menos que prefira se concentrar nas mídias sociais.

O "bolo" de Jason é o Quora. Algumas das respostas dele no Quora acabam se transformando em posts de blog, que são compartilhados nas mídias sociais ("cobertura"). Meu "bolo" é escrever livros, sendo que eu crio parte do conteúdo em blogs e parte de meus posts de blog eu compartilho em uma newsletter e em mídias sociais ("cobertura").

À medida que seu empreendimento cresce e seus sistemas passam a funcionar sem percalços, torna-se mais fácil incorporar mais coisas até ter um bolo de casamento de dez camadas e cobertura multicolorida.

**Passo 2: empenhe-se em promover a clareza em eventos ao vivo**

Nunca existe "um único segredo" para o sucesso, mas, se fosse o caso, para mim seria fazer eventos ao vivo, tanto pessoalmente quanto na internet (geralmente webinars). Não porque eles gerem leads ou clientes, mas porque são funções de força para promover a clareza e o progresso.

Pode dar muito trabalho, mas ainda não há nada como reunir pessoas ao vivo. E elas *querem* isso, para aprender umas com as outras e se conectar pessoalmente, seja em pequenos encontros de meia dúzia de participantes, seja em eventos enormes como a conferência SaaStr Annual de Jason, que atrai milhares de executivos e empresários da área de SaaS todos os anos.

Os eventos podem até ser um sucesso financeiro, mas o principal valor para você, se sua geração de leads não estiver repercutindo entre seu público, é a *clareza*.

Ao realizar eventos ao vivo, especialmente os presenciais, ver as pessoas comparecendo e obtendo valor, ou não, é uma experiência visceral. Você é forçado a ter clareza, a repensar o nicho ao qual está tentando se direcionar:

- Quem você quer que compareça?
- Por que essas pessoas viriam? O que elas vão ganhar com isso?
- O que você ensinará ou oferecerá e como pretende fazer isso?
- O que você quer que eles façam depois?

Você pode ou não ter um avanço revolucionário com um evento. Continue fazendo. De preferência os eventos serão presenciais, mas também podem ser por internet, como um webinar, ou pelo Google Hangout. Você pode fazer eventos para apresentar o conteúdo de outras pessoas, mas não deixe de incluir algumas de suas ideias também. Aproveite para expor seu conteúdo! Os eventos podem ser uma das melhores maneiras de se forçar a descobrir como definir um nicho, se você ainda estiver tendo dificuldade com isso.

Outras grandes vantagens dos eventos:

- Criam conteúdo reutilizável.
- Criam um público.
- Geram leads e receita.
- Sua equipe se conecta com seres humanos vivos e reais (que incrível!).

**Dicas dos profissionais:**

1. *Antes de tudo,* escolha uma data para o evento ao vivo.
2. Anuncie a data para seus conhecidos (antes mesmo de saber todos os detalhes ou até de ter definido o tema ou o local).
3. Tudo bem mudar antes do evento.
4. Faça o que fizer, não dê para trás! Vá até o fim, mesmo se ninguém aparecer (o que pode acontecer).
5. O que você aprender com a experiência é mais importante do que os resultados (quantas pessoas compareceram ou responderam à sua chamada não é tão importante).
6. Repita, repita, repita e repita...

**Passo 3: os parceiros facilitam o marketing**

O marketing em parceria é o jeito mais simples de expor sua marca a novas pessoas. Não é fácil criar um público do zero. Trabalhar com parceiros que já têm um público relevante aumenta a eficácia de praticamente qualquer tipo de projeto.

> O marketing em parceria é o jeito mais simples de expor sua marca a novas pessoas.

Além disso, os parceiros podem forçá-lo a seguir em frente, ter coragem e chegar mais facilmente ao sucesso.

Você está só começando e se perguntando por que eles topariam trabalhar com você? Qualquer blogueiro ou empresa que tenha uma newsletter busca novas informações para dar às pessoas. Você pode ajudá-los com ideias ou ferramentas interessantes para eles compartilharem com o público – ideias ou ferramentas que não precisarão criar. Além disso, vale muito a pena firmar relacionamentos com profissionais de marketing. Qualquer executivo ou profissional de marketing terá mais possibilidade de trabalhar com você, se já o conhecer e gostar de você.

Com quem você deve começar? Com alguém que você já conhece ou segue. Descubra como pode ajudar essa pessoa e proponha um evento para fazerem juntos. Em seguida, passe para peixes maiores que ainda não o conhecem.

**Passo 4: avance para o infinito e repita**

Pare, reflita e repita, atendo-se à sua "coisa principal" e melhorando cada vez mais, incansavelmente.

Por exemplo, depois de conduzir um evento, o que fazer? Escolha uma data para outro evento. O processo pode levar meses (pelo menos), e talvez até anos, então não desista, e siga em frente.

# CAPÍTULO 7
# LANÇAS: PROSPECÇÃO OUTBOUND

As lanças são campanhas do tipo um a um, como a prospecção outbound direcionada ou iniciativas de desenvolvimento de negócios para conseguir marcar reuniões com qualquer pessoa que não viria até você por conta própria, seja ela cliente, seja ela parceira.

Além da Salesforce, a Zenefits e a Responsys (agora parte da Oracle) são exemplos de empresas que criaram máquinas de receita de mais de US$ 100 milhões usando lanças.

O livro *Predictable Revenue* apresentou um modelo de prospecção outbound chamado "Ligações Não Solicitadas 2.0", com os seguintes pontos:

- "os vendedores não devem fazer a prospecção" – para criar um bom sistema de prospecção outbound, as empresas precisam especializar as funções das vendas, com algumas pessoas encarregadas exclusivamente da prospecção e outras apenas de fechar as vendas. Os vendedores incumbidos de tudo (prospecção, responder os inbound leads, fechar vendas e gerenciar os clientes) acabam fazendo mal muitas coisas, em vez de realizar uma coisa muito bem;
- alternativa amigável ao grande volume de ligações não solicitadas, substituindo-as pelo envio de e-mails não solicitados como primeiro contato;
- sistematização de todo o processo em um funil passo a passo, criando uma maneira previsível de gerar leads qualificados sob demanda, de empresas que nunca ouviram falar de seu negócio.

A prospecção outbound passou anos na geladeira enquanto o inbound marketing decolava. Agora voltou à moda, porque diversas empresas estão vendo como o conceito pode promover o crescimento de maneira altamente previsível, especialmente quando você estiver indo atrás de grandes empresas que não costumam ser muito receptivas a campanhas de marketing. Até a HubSpot e a Marketo, duas das empresas que lançaram o movimento do inbound, têm grandes equipes de prospecção outbound para acelerar o crescimento, estender a cobertura de mercado e ensinar habilidades vitais às suas equipes de vendas.

Se você ainda não tem um programa de prospecção outbound, sua equipe pode estar pensando coisas do tipo: "Não quero fazer ligações não solicitadas", "É um trabalho estafante" ou "Não queremos interromper pessoas que não nos conhecem". Todas essas ideias sobre o funcionamento de uma prospecção outbound espetacular são válidas, porém equivocadas. Você não precisa fazer ligações não solicitadas, mas pode. A prospecção outbound não será um trabalho estafante, se for bem-feito. E não se trata de interromper pessoas que não precisam de você, mas sim de ter uma atitude amigável ao tentar encontrar aquelas que precisam.

Figura 7.1: Um direcionamento de marketing bem-pensado é o segredo do sucesso da prospecção outbound

Quais são as vantagens dessa abordagem, mesmo se você já tiver montanhas de inbound leads?

> Quando os vendedores são treinados para a prospecção outbound, desenvolvem mentalidade e habilidades para se tornar empreendedores e fazer as coisas acontecerem, em vez de ficar de braços cruzados esperando que elas aconteçam.

- *Evite a "dependência dos inbound leads" e equipes que se limitam a reagir.* Os vendedores que só recebem inbound leads passam a depender deles. Quando os inbound leads desaceleram (quando o número de leads começa a cair ou quando a equipe de vendas cresce mais rápido do que o volume de leads), esses vendedores se sentem impotentes e não sabem o que fazer. Quando são treinados para fazer a prospecção outbound, porém, eles desenvolvem mentalidade e habilidades para se tornar empreendedores e fazer as coisas acontecerem, em vez de ficar de braços cruzados esperando que elas aconteçam.
- *Mais fácil de dobrar.* Depois de definir a mensagem e as etapas, você pode usar a prospecção outbound para dobrar seus resultados, dobrando a equipe.
- *Aumente o tamanho das transações.* As transações resultantes da prospecção outbound devem ser em média três a dez vezes – 10x – maiores, porque você tem como se direcionar especificamente a oportunidades maiores e evitar as pequenas.
- *Expanda a cobertura de mercado.* Digamos que você tenha 10 mil empresas em seu mercado-alvo. Quanto tempo leva até que todas entrem em contato com você? Com a prospecção outbound, você pode preencher quaisquer eventuais lacunas deixadas pelo inbound marketing.
- *Menos concorrência.* Uma estatística da geração de leads costuma ser muito citada no mercado B2B: "80% do ciclo de compra já foi percorrido quando os clientes potenciais entrarem em contato com você". Em geral, a ideia é enfatizar a importância do inbound marketing ou das mídias sociais e outras iniciativas. É verdade, mas só para os inbound leads, não para *oportunidades geradas pela prospecção outbound*. Desse modo, apesar de ser fantástico quando um cliente potencial liga para você, ele também está ligando para cinco ou mais concorrentes ao

mesmo tempo. Com a prospecção outbound, você pode se deparar com um projeto ativo, mas, na maioria das vezes, estará entrando para ajudar o cliente potencial a criar uma visão e elaborar um plano para resolver um problema. Com muita frequência, esse cenário será bem menos competitivo do que outro, em que eles já tivessem dado início a um projeto pesquisando as vinte melhores opções do mercado. Você continuará perdendo entre 70% e 80% do tempo. Porém, com muito mais frequência do que com seus inbound leads, as transações perdidas serão rotuladas como "perdido: nenhuma decisão", em vez de "perdido para o concorrente".

- *Equipe pequena e grande impacto.* Você não precisa investir tudo que tem e contratar uma equipe enorme. Um punhado de representantes de prospecção outbound pode aumentar as vendas em 10%. E até um aumento de 10% nas vendas recorrentes/SaaS por ano tem enorme impacto sobre o lucro e o valor da empresa no mercado.

## QUANDO O OUTBOUND FUNCIONA MELHOR... E QUANDO NÃO DÁ CERTO

Se você quiser crescer com a prospecção outbound, essa tática é mais eficaz na presença das quatro condições a seguir.

1. *Você é capaz de fechar transações grandes o suficiente para serem rentáveis,* normalmente entre US$ 10 mil e US$ 20 mil pelo tempo da vida útil (quanto maior melhor). Sim, a prospecção outbound também pode funcionar com transações menores, mas é muito mais difícil fazer isso de maneira rentável.
2. *É fácil para seu cliente potencial entender sua proposição de valor* e aceitá-la ou negá-la. Se sua proposição ou mensagem for repleta de jargões, irrelevante ou se confundir os clientes potenciais, você estará em apuros.
3. *Você é diferente.* Não se pode ter cem concorrentes vendendo coisas similares e esperar sucesso fácil com a prospecção outbound. Há ruído demais (ou seja, confusão), e não é fácil para os clientes potenciais entender por que você é melhor do que outras opções.
4. *Você não está tentando substituir as ofertas dos outros.* Se você tentar convencer um cliente potencial a abandonar o Dropbox ou algum sistema financeiro e substituí-lo por seu serviço, terá muita dificuldade. É preciso dar ao cliente potencial uma razão muito boa para fazer isso

e provar que você é dez vezes melhor. É muito mais fácil procurar oportunidades nas quais o comprador não precisa substituir ou jogar no lixo um sistema arraigado, que "está dando para o gasto". Não importa se você chama isso de espaço em branco, campos verdes, céu azul ou flores cor-de-rosa. Procure esse tipo de mercado ou essa maneira de se posicionar.

**Quando é mais difícil**

A prospecção outbound não é uma boa solução para todas as empresas; às vezes é mais fácil e às vezes é mais difícil. Veja algumas condições que dificultam a abordagem ou reduzem sua rentabilidade:

- *Na verdade, não é uma prioridade da gestão.* A gestão contrata um estagiário para brincar com o conceito e se volta a outras prioridades ou não tem tempo sobrando para isso. Ou, ainda, a empresa se recusa a pagar até pelos apps ou dados mais básicos de que você precisa. (É engraçado ver como as empresas se dispõem a gastar US$ 5 mil por mês pagando alguém, mas se recusam a desembolsar US$ 50 por mês em um app que essa pessoa precisa para trabalhar!)
- *Você não está disposto a focar o perfil ideal do consumidor para a prospecção outbound* e não está enviando e-mails e fazendo telefonemas para toda e qualquer pessoa. Você encontra os compradores por pura sorte. Até um relógio parado acerta duas vezes por dia, mas, vamos combinar...
- *Expectativas infundadas.* "E então, pessoal? Já se passaram trinta dias... Onde estão os negócios fechados?" Leva entre três e seis meses para ir do zero a uma geração sistemática de pipelines, e ainda mais tempo para gerar receita, dependendo da duração do ciclo de vendas (e os ciclos outbound levam *mais tempo* que os inbound). Seja persistente! Se você tiver longos ciclos de vendas, pode passar um bom tempo antes que veja sua primeira receita, mas perceberá que está progredindo gradativamente nessa direção.

> Leva entre três e seis meses para ir do zero a uma geração sistemática de pipelines, e ainda mais tempo para gerar receita. Seja persistente!

- *O presidente-executivo acredita que todo o trabalho de prospecção precisa ser feito só pelos vendedores* e não acredita na ideia de uma equipe de prospecção outbound exclusiva para isso.
- *Você vende serviços profissionais personalizados ou comoditizados.* É mais difícil promover e vender serviços profissionais do que produtos. Você pode melhorar suas probabilidades de sucesso concentrando-se em seu nicho. Mantenha-se aberto para a possibilidade de ter de conduzir mais testes e de que levem mais tempo do que o esperado. Prepare-se, também, para aceitar que outras formas de geração de leads podem ser melhores, como o marketing de conteúdo ou eventos ao vivo.
- *Uma linha de montagem básica.* Sua estratégia é dizer todos os dias à sua equipe para "fazer mais ligações, enviar mais e-mails", não importando se essas ligações e e-mails estão ou não surtindo resultados. É tudo questão de se manter ativo, e não de quais atividades têm efeito.

A ideia, contudo, é que empresas em todo tipo de situação conseguiram gerar resultados com a prospecção. No entanto, em alguns casos, é

Figura 7.2: Desafios comuns na sistematização da prospecção outbound

muito mais fácil do que em outros transformar a prospecção outbound em seu principal motor de crescimento.

## LIÇÕES APRENDIDAS SOBRE A PROSPECÇÃO OUTBOUND DESDE A PUBLICAÇÃO DE *PREDICTABLE REVENUE*

Em 2011, o livro *Predictable Revenue* foi publicado e ajudou a dar um novo gás à prospecção outbound e a popularizar tanto a função de desenvolvimento de vendas quanto as equipes exclusivas de prospecção outbound.

Desde essa época, os problemas da prospecção outbound continuaram a evoluir:

1. *O erro humano está crescendo.* A automação de e-mails e telefonemas aumentou o erro humano, porque mais atividades equivalem a mais erros no tratamento de respostas, acompanhamento, atualização de sistemas de vendas e mais conflitos envolvendo territórios e contas.
2. *Os dados constituem um problema sem fim.* Novas fontes de dados não param de ser criadas, mas a maior parte do pessoal de prospecção ainda passa entre duas e três horas por dia criando e ajustando listas.
3. *Uma nova reação instintiva aos problemas* é "enviar mais e-mails!" para substituir a velha resposta de "fazer mais ligações!" Fazer mais daquilo que não funciona não é uma solução.
4. *Dependência excessiva de uma única técnica*, seja ela pesquisa, sejam ligações não solicitadas, modelos etc., em vez de garantir que o pessoal de prospecção outbound se especialize em duas ou quatro técnicas complementares e conheça, assim, os prós e os contras de cada uma. Nenhuma será eficaz o tempo todo.
5. *Obsessão com métricas simplistas, como taxa de abertura de e-mails e taxas de resposta* em vez de entender o funcionamento do funil como um todo.
6. *Sobrecarga de tarefas, ferramentas e apps.* Um maior volume de prospecção outbound implica mais listas de tarefas, mais tarefas de acompanhamento e mais apps sobrecarregando o pessoal de prospecção.
7. *O telefone não é obsoleto.* Não deixe que os representantes sucumbam ao "medo do telefone". Pegue o maldito telefone! O pessoal de prospecção outbound deve conversar por telefone com clientes potenciais *todos os dias*.
8. *Problemas de painel de controle.* Com os erros humanos, as noções equivocadas sobre o funcionamento da prospecção outbound e os erros

comuns de configuração de apps da força de vendas, é surpreendentemente difícil para os executivos obter métricas de funil de prospecção outbound precisas e completas.

Como era de se esperar, depois de muitos anos prestando consultoria para empresas em projetos para gerar receitas previsíveis e ajudá-las a montar equipes de prospecção outbound ou de vendas, nós fundamos uma empresa chamada Carb.io, que oferece um novo tipo de software de automação de pipelines, para resolver esses problemas recorrentes. Gostaria de ter tido essa ferramenta na época da Salesforce.

Por exemplo, um dos nossos primeiros clientes, a Agility Recovery, obteve os seguintes resultados:

- *Maior quantidade*: o número de telefonemas iniciais (apelidados de ligações SC, "Somos Compatíveis") cresceu de 16 por mês por representante de prospecção para 15 *por semana*, constituindo um aumento de aproximadamente 400%. Normalmente, o representante de prospecção faz a primeira ligação SC para um cliente potencial, confirma uma possível adequação e agenda uma ligação mais longa de demo ou descoberta com um vendedor sênior, que qualifica e aceita ou rejeita a oportunidade.
- *Maior qualidade*: a taxa de fechamento nas ligações SC aumentou de 4,6% para 12%. Desse modo, de cem ligações iniciais, a empresa praticamente triplicou o número de transações fechadas, com

Figura 7.3: O inimigo #1: o erro humano

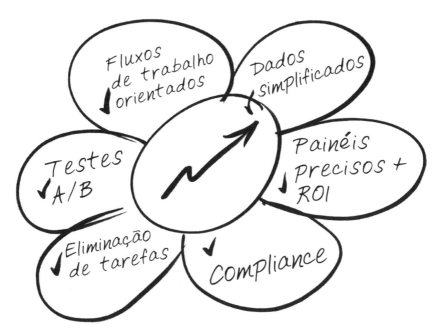

Figura 7.4: O desenvolvimento das vendas outbound modernas requer muito mais do que roteiros telefônicos e e-mails

direcionamento de marketing e dados melhores, número muito menor de tarefas e coisas para fazer, menos erros humanos e monitoramento e relatórios precisos.

Para saber mais, veja o estudo de caso a seguir.

## ESTUDO DE CASO: LIÇÕES QUE A ZENEFITS APRENDEU SOBRE A PROSPECÇÃO OUTBOUND

Robby Allen entrou na Zenefits em maio de 2014 para trabalhar para Matt Epstein justamente quando a empresa tinha assegurado um financiamento de Série B. Na época, a prioridade da empresa era dobrar o tamanho das transações (que veremos na Parte IV), subindo pelo mercado e passando de transações bem pequenas para oportunidades e transações maiores em empresas de cem a trezentos ou mais funcionários.

Nos primeiros meses, no cargo de gestor da equipe de prospecção outbound, Robby dobrou a equipe para 24 pessoas. Dois meses depois, ele começou a transferir a operação de prospecção outbound de San

Francisco para Scottsdale, no Arizona, onde os custos eram consideravelmente mais baixos. Tinha passado a ser intensamente competitivo e dispendioso contratar na região da baía de São Francisco e de qualquer maneira, para esse tipo de função, costuma ser melhor contratar pessoas menos experientes e treiná-las para se ajustar às suas necessidades.

No decorrer do ano seguinte, até o fim de 2015, ele já tinha aumentado a equipe para trezentos representantes de prospecção, com mais de trinta gerentes e cinco diretores, sendo que 80% ficam no Arizona.

Ele aprendeu as seguintes lições ao longo do caminho:

*Os melhores representantes de prospecção* têm uma ideia clara de quais seriam e quais não seriam clientes adequados. Eles não tratam todas as contas do mesmo jeito, às cegas. Os melhores representantes também são diretos, especialmente ao telefone. Ao ligar para as empresas menores, eles conseguem falar diretamente com o dono do negócio sem muita dificuldade. Dentro de 15 a 20 segundos, os melhores já estão dizendo ao cliente potencial que o objetivo do telefonema é agendar uma demonstração para mostrar o produto. Eles não são insistentes nem tentam ser os melhores amigos do cliente. Só apresentam os fatos.

*Contratação de representantes*: Robby contrata tendo em vista os fatores intangíveis em detrimento da experiência relevante. Os representantes têm apetite, ambição, iniciativa? Como demonstraram isso no passado? Muitos dos representantes de prospecção que não tinham experiência em vendas acabaram sendo os melhores. Eles não tinham maus hábitos a serem mudados. Robby procura pessoas com ampla gama de formação e capazes de contribuir com muitas habilidades diferentes.

> É interessante contratar pessoas com ampla gama de formação e capazes de contribuir com muitas habilidades diferentes.

*Os representantes de prospecção podem melhorar a qualidade dos dados*. Se você treinar os representantes de prospecção para incluir, atualizar e corrigir as contas e os contatos em vez de simplesmente ignorar dados errados, eles serão a melhor ferramenta para manter dados precisos no seu sistema.

*Um método ponderado para atrair novos clientes*. Os representantes de prospecção seguem uma abordagem de campanha personalizada:

- criam ou atualizam uma lista de clientes potenciais, um trabalho que chega a incluir pesquisar esses clientes. Por exemplo, usam o LinkedIn para auferir a velocidade da contratação de uma empresa ou procurar empresas que ainda não têm equipe de RH;
- classificam os clientes potenciais de acordo com o problema provável, enviando mensagens similares porém personalizadas para cada cliente. Buscam as empresas com mais probabilidade de terem problemas que a Zenefits possa resolver;
- no caso de empresas menores, os e-mails ajudam a abrir as portas para o telefonema. No caso das maiores, menos pessoas atendem ao telefone e usamos mais e-mails.
- "Nós não automatizamos só por automatizar."

*Transferência organizacional*: em meados de 2015, a Zenefits transferiu o pessoal de prospecção do marketing para as vendas. Como mencionamos no estudo de caso sobre Matt Epstein na Zenefits, o lançamento e o desenvolvimento da prospecção outbound na área de marketing levou a área a se responsabilizar totalmente pelo motor de geração de leads para as vendas.

> O lançamento e o desenvolvimento da prospecção outbound na área de marketing levou a área a se responsabilizar pelo motor de geração de leads para as vendas.

Com o crescimento, contudo, a comunicação e o alinhamento com os executivos de contas começaram a se tornar um problema. Ao transferir a equipe para vendas, os representantes de prospecção se alinharam melhor aos colegas vendedores. A Zenefits tinha um sistema de módulos, composto de cinco representantes de prospecção que davam apoio a dois vendedores para pequenas e médias empresas, e um vendedor para grandes empresas. Robby espera que essa razão, 5:3, diminua com o tempo, à medida que outras formas de geração de leads equilibrem a prospecção outbound.

### Aprendendo com os erros

- *Impaciência no envio de e-mails da prospecção outbound*: a tentação é incluir uma lista enorme de nomes e enviar o e-mail, mas, em geral, essa não

é a melhor tática. Desacelere e conduza meticulosamente mais e menores testes A/B para desenvolver mensagens, resultados, ferramentas e métricas importantes.
- *Controle demais*: "Sempre capacite um subconjunto de representantes, ou todos eles, para que testem e experimentem coisas novas o tempo todo, como ajustes em textos, pesquisas, ligações. Nunca se acomode com uma única coisa. No começo, era uma bagunça. Demos uma organizada na coisa até que todo mundo estava fazendo a mesma coisa. Mas fomos longe demais, e eles acabaram sendo impedidos de experimentar novas técnicas de e-mail e telefone, atravancando a aprendizagem e desacelerando nossa evolução".
- *Não perguntar "Será que isso leva à escala?" para tudo*: qualquer coisa que fizessem precisava visar ao ganho de escala. Se eles não começassem com essa pergunta, seria mais difícil no futuro. Por exemplo, com esse ritmo de contratação, eles precisavam mudar o jeito de fazer entrevistas, usando a abordagem do "dia da contratação" para entrevistar muitos candidatos no mesmo dia sem perder a qualidade.

**A última palavra de Robby**

"Não deixe seus representantes de prospecção largados e esquecidos no porão. Quanto mais atenção você lhes der, mais probabilidade terá o sistema de decolar, tanto com seu pessoal de prospecção como de vendas. E faça de tudo para que seus representantes de prospecção trabalhem em estreita colaboração com os colegas vendedores. Se eles não se comunicarem sempre, ou se não se respeitarem, é certeza que a coisa não dará certo."

> "O desenvolvimento de relações entre os representantes de prospecção e os vendedores é importantíssimo para o bom funcionamento do sistema."

## ESTUDO DE CASO: O PAPEL DA PROSPECÇÃO OUTBOUND NA TRAJETÓRIA DE US$ 100 MILHÕES DA ACQUIA

A Acquia é uma empresa de software sediada na região da Nova Inglaterra, nos Estados Unidos, que fornece produtos, serviços e suporte técnico para empresas que usam o Drupal, uma plataforma de código aberto de colaboração e publicação na internet.

Com a popularização da plataforma Drupal como a plataforma preferida de milhões de sites ao redor do mundo, incluindo muitos dos maiores do planeta, a Acquia teve um crescimento constante. Em 2013, a Deloitte nomeou a Acquia "a empresa de software de capital fechado de mais rápido crescimento da América do Norte".

### US$ 100 milhões: não "se", mas "quando"

Os líderes de vendas da Acquia, incluindo Tim Bertrand (diretor de receita), decidiram que, para atingir suas agressivas metas de IPO/US$ 100 milhões, não poderiam depender apenas de inbound leads ou de parceiros de canal. Depois de ler *Predictable Revenue*, Tim decidiu montar uma equipe de prospecção outbound para complementar todos os inbound leads gerados pela Acquia.

Um ano depois do lançamento da equipe de prospecção, eles tinham praticamente dobrado sua taxa de crescimento e provado que a prospecção outbound os ajudaria a atingir a meta dos US$ 100 milhões com mais rapidez e segurança. Em menos de três anos, aumentaram a receita recorrente proveniente da prospecção outbound em mais de US$ 25 milhões, quase que exclusivamente com novos clientes e, em 2014, ultrapassaram a marca dos US$ 100 milhões em receita total.

Veja os resultados dos *12 primeiros meses* do programa de prospecção outbound, quando ainda faziam ajustes no sistema (os resultados não são típicos).

- Criaram US$ 6 milhões adicionais no pipeline de vendas qualificadas.
- Fecharam US$ 3 milhões em receita recorrente.
- A equipe começou a adicionar US$ 2 milhões no pipeline por representante de prospecção por trimestre.
- A prospecção passou de 0% a 40% na geração de pipeline de vendas de novos negócios (e, desse modo, praticamente dobrou a taxa de crescimento de novos negócios).

Tal qual a Zenefits, depois que começou a ver esse tipo de resultado a Acquia logo decidiu mergulhar de cabeça. Começou com três representantes de prospecção para lançar o sistema e, uns seis meses depois, decidiram que aumentariam a equipe em 10x.

Em 2015, a equipe tinha 56 pessoas em todo o mundo e ainda estava crescendo: 37 pessoas na América do Norte, nove na Europa, duas na região da Ásia-Pacífico e meia dúzia de gestores.

**O que se espera do pessoal de prospecção da Acquia?**

- Enviar entre 600 e 800 e-mails não solicitados de prospecção outbound por mês.
- Fazer entre 350 a 450 ligações de prospecção outbound por mês.
- Incluir alguns toques de mídias sociais (LinkedIn, Twitter etc.) e e-mails personalizados para executivos diariamente.
- Agendar 20 ligações mais longas de demonstração/descoberta entre influenciadores do cliente e vendedores da Acquia por mês.
- Totalizar 15 leads de vendas qualificados passados para os vendedores e *aceitos* por eles por mês.

*O pessoal*

A companhia usou a equipe como um campo de treinamento para desenvolver os vendedores que se encarregariam de atingir a cota, mas também alocou pessoal em treinamento nas áreas de canal, gestão de contas, recrutamento e em seu programa de formação técnica (a Acquia University).

Muitos deles apresentaram excelentes resultados e se mostraram contratações eficientes: mais baratos do que contratar pessoas de fora, menos arriscados e já chegam com a corda toda.

**Quatro fatores que ajudaram o programa de prospecção outbound da Acquia a decolar**

1. O programa contou com o apoio da alta administração, inclusive o presidente-executivo.
2. Eles "foram em frente e simplesmente fizeram", evitando a paralisia da análise. Tim Bertrand só levou 37 dias assim que terminou de ler *Predictable Revenue* para convencer os executivos, aprovar as requisições de contratação de representantes de prospecção e assinar um contrato de consultoria com a equipe da *Predictable Revenue*.
3. A Acquia começou contratando três excelentes representantes que trabalhariam exclusivamente na prospecção outbound – dois nos Estados

Unidos e um no Reino Unido. Eles não fechariam vendas. Eles não processariam os inbound leads. Eles só fariam a prospecção.
4. Eles evitaram as pequenas oportunidades. Na prospecção outbound, a conta fecha melhor e a receita é mais rápida quando se encontram transações maiores do que quando se perseguem todas as oportunidades. Pequenas transações representam custos de oportunidade, consumindo o tempo dos representantes de prospecção, que poderia ser alocado para encontrar transações maiores. "Pequeno" é relativo e varia de uma empresa para outra, mas normalmente seria algo como 10% ou 20% do tamanho médio das transações ou um valor monetário fixo com base no que é considerado rentável para sua empresa.

> Na prospecção outbound, a conta fecha melhor e a receita é mais rápida quando se encontram transações maiores do que quando se perseguem todas as oportunidades.

## ESTUDO DE CASO: DE ZERO A US$ 10 MILHÕES COM A PROSPECÇÃO OUTBOUND NA GUIDESPARK

Em 2013, a GuideSpark escolheu o caminho menos trilhado, concentrando-se exclusivamente nas vendas geradas pela prospecção outbound por telefone. Nada de amostras grátis. Nada de pacotes freemium. Praticamente nenhum inbound lead. Nenhum programa de defesa do cliente. Nada de SEO, nada de SEM. Um site meramente passável. Relações públicas inexistentes. Investimento limitado.

Apesar de contrariar as "normas" geralmente aceitas para as startups de SaaS, a companhia cresceu rápido, triplicando a receita e, depois, triplicando novamente. Veja a fórmula de sucesso do presidente-executivo Keith Kitani e do vice-presidente sênior de vendas Shep Maher.

- *Contrate um excelente VP de vendas*: leia mais a respeito na próxima seção, "Faça com que suas vendas sejam escaláveis".
- *Contrate rápido, contrate certo*: o crescimento de vendas resultante da prospecção outbound implica dobrar o pessoal para dobrar as vendas, de modo que é preciso encontrar os caçadores certos, os vendedores ambiciosos.

- *Não se incomode com o barulho*: a GuideSpark criou uma área de vendas de layout aberto, sem cubículos ou salas. Pode ser barulhento, mas queria que seus representantes aprendessem rápido e motivassem uns aos outros. Essa abordagem ajudou a melhorar rapidamente o desempenho das pessoas.
- *Quebre as regras*: a GuideSpark tinha vendedores que faziam a própria prospecção, quebrando uma regra de ouro da "receita previsível". Eles deram um jeito de fazer isso funcionar por ser uma prioridade da empresa, não uma mera prática secundária.
- *Divulgue as métricas*: métricas de grande visibilidade e de fácil entendimento falam por si. Todo mundo sabe o que se espera deles e quem está apresentando resultados ou não. Os novatos sabiam quem deveriam imitar e os veteranos sabiam que poderiam ajudá-los a se desenvolver ainda mais.
- *Teste e repita*: nos estágios exploratórios (menos de US$ 1 milhão a US$ 2 milhões em receita), você ainda está encontrando o caminho das pedras. Mantenha-se ágil e flexível. Experimente mensagens diferentes até encontrar uma que funcione e aposte mais fichas nela. A GuideSpark testou muitas mensagens no primeiro ano da prospecção outbound e manteve a equipe informada sobre o que surtia resultados.
- *Evite viajar exceto quando necessário*: a GuideSpark descobriu que podia fechar transações de seis dígitos por telefone. Apesar de nada superar uma conversa presencial para construir relacionamentos, visitar pessoalmente os clientes leva muito tempo e dinheiro, de modo que, se você decidir fazer isso, escolha bem os clientes.

**Por que a prospecção outbound deu tão certo na GuideSpark**

- *Rapidez no aprendizado*: com a prospecção outbound, sabe-se *imediatamente* se a mensagem está repercutindo com os clientes potenciais, com pessoas respondendo (ou não) os e-mails ou batendo o telefone na sua cara (ou não). Pode-se ajustar ou abandonar imediatamente as táticas ineficazes e focar táticas que de fato se provem eficazes.
- *Foco*: em vez de tentar aplicar várias ideias diferentes de geração de leads, a GuideSpark se concentrou em apenas uma abordagem... e se destacou nela.
- *Investimento eficiente*: os vendedores eram pagos com base no desempenho: baixo desempenho implica gastos mínimos. Desse modo, a GuideSpark conseguiu avançar muito sem precisar de investimento externo.

- *Clientes potenciais identificáveis*: os clientes da empresa incluem empresas de todos os portes que atuam em vários setores diferentes, mas os compradores dos clientes ocupam apenas alguns cargos diferentes. Desse modo, a GuideSpark tinha como saber para quem ligar em um mar enorme de clientes potenciais.

### Só então se partiu para o inbound marketing

Para o segundo ato, uma vez que a equipe de prospecção outbound estava a pleno vapor e crescendo sem percalços, a GuideSpark levantou mais fundos e investiu no marketing (redes). Ela sempre acreditou no marketing e, naturalmente, queria aumentar o número de inbound leads, mas sabia que a prospecção outbound lhe permitiria começar a avançar mais rápido. Isso também ajudou a equipe a aprender sobre marketing para quando finalmente estivesse pronta para começar a investir na área. Eles puderam usar os perfis de clientes, mensagens e ideias que já tinha testado com as campanhas de prospecção outbound.

## ESTUDO DE CASO: COMO A TAPSTREAM COMEÇOU DO ZERO

Empresas de rápido crescimento precisam criar as próprias equipes de prospecção internamente, montando uma para servir como campo de treinamento e desenvolver expertise interna, já que sempre serão obtidos os melhores resultados com especialistas internos. Às vezes, porém, é mais fácil começar – lançar, escalar ou fazer um benchmark – recorrendo a ajuda externa.

> Sempre serão obtidos os melhores resultados com especialistas internos. Às vezes, porém, é mais fácil começar – lançar, escalar ou fazer um benchmark – recorrendo a ajuda externa.

No fim de 2013, a Tapstream era uma startup badalada no mercado de analytics em dispositivos móveis. Ela havia promovido o crescimento de sua plataforma de aquisição para 2 mil usuários móveis em menos de dois anos e acabara de levantar uma rodada de investimentos-semente para aumentar as vendas.

Enquanto crescia, muitos de seus novos usuários vinham de desenvolvedores de apps pequenos e independentes, e ela se viu diante da necessidade de encontrar uma maneira de atrair os maiores desenvolvedores de apps.

Tinha feito experimentos internamente com o sistema de prospecção outbound do *Predictable Revenue* por conta própria no mesmo ano em que levantaram os fundos, mas não tiveram muito sucesso. Por quê?

- Não havia uma pessoa para trabalhar na prospecção em período integral.
- Não se conseguia encontrar sistematicamente dados precisos sobre o novo grupo de clientes potenciais.
- Era necessário aumentar as taxas de resposta de e-mails, que estavam baixas, simplificando as mensagens.

Desta vez, a Tapstream queria montar uma equipe de prospecção interna, mas isso ainda não fazia sentido econômico para ela. Decidiu, então, usar um serviço terceirizado (no caso, pelo site <www.PredictableRevenue.com>, mas existem milhares de outros serviços no mercado). A empresa queria lançar a campanha sem demora, antes de estar pronta para alocar pessoas à prospecção.

Com a terceirização, a Tapstream conseguiu 84 reuniões já nos quatro primeiros meses. Em sete meses, tinha fechado transações suficientes para dobrar sua base de clientes-chave e aprendido o suficiente para decidir como investir na equipe e priorizar o projeto de geração de leads.

Com o tempo, seu pessoal interno – contando com a atenção da gestão – será mais eficaz do que uma empresa terceirizada. A menos que sua empresa queira permanecer pequena, terceirizar completamente a prospecção outbound (em vez de terceirizar apenas algumas funções de apoio) raramente será a melhor solução a longo prazo. Pode, contudo, ser excelente medida provisória para lançar seu projeto e aprender com ele.

# CAPÍTULO 8
# O QUE OS EXECUTIVOS DEIXAM DE VER

Você está analisando demais ou anda tão focado nas taxas de abertura de e-mail, em níveis de participação em webinars ou na configuração dos apps, que deixou passar um problema gigantesco?

Quando você fica muito imerso na agitação cotidiana do marketing, na geração de leads e na configuração de apps, pode ser fácil deixar de ver a floresta e focar só nas árvores.

> Quando você fica muito imerso na agitação cotidiana do marketing, na geração de leads e na configuração de apps, pode ser fácil deixar de ver a floresta e focar só nas árvores.

## TAXA DE CRIAÇÃO DE PIPELINES: SUA MÉTRICA MAIS IMPORTANTE

Uma grande vantagem de todas as novas maneiras de mensurar os resultados do marketing e de vendas é a capacidade de ver melhor o futuro (especialmente em empresas de SaaS). Tenta-se auferir se a receita continuará crescendo no futuro, apesar da variação mensal ou trimestral dos resultados de vendas e apesar dos grandes problemas de qualidade dos pipelines de vendas.

Ainda pior, *os números de vendas não passam de indicadores de resultados* do trabalho que você fez (certo ou errado) nos últimos 12 meses ou mais visando ao crescimento e não têm como prever nada.

E os pipelines? É divertido montar uma lista de todas as possíveis empresas que poderiam comprar de você, mas os relatórios de pipeline são péssimos para prever o futuro, já que, em geral, são mais baseados em esperança do que na verdade. É interessante conhecer o pipeline deste mês, mas isso ainda depende de como os vários representantes de vendas estimam (chutam) suas probabilidades de sucesso e datas de fechamento. O pipeline do próximo trimestre é só um pouco melhor do que um chute, mesmo quando seu empreendimento tiver crescido consideravelmente.

Existe, porém, uma métrica melhor, sua métrica-chave, que você deve usar para se monitorar e se avaliar – e responsabilizar seu VP de marketing e seu VP de geração de demanda. Estamos falando da *taxa de criação de pipelines* (ou PCR, *pipeline creation rate*, em inglês; também chamada de "taxa de velocidade de leads").

A PCR mede o *crescimento* dos *leads* qualificados e dos pipelines, mensurados mês a mês, a cada mês. A PCR é uma medida em tempo real, não de resultados, e prevê com clareza seu crescimento, suas receitas futuras e, melhor ainda, *sua tendência de crescimento*.

> A métrica-chave, que você deve usar para se monitorar e se avaliar é a taxa de criação de pipelines (*pipeline creation rate*, ou PCR).

Se você gerou US$ 1 milhão em um novo pipeline qualificado em um determinado mês e US$ 1,1 milhão em um novo pipeline qualificado no mês seguinte, *seu PCR está crescendo 10% de um mês a outro*. Desse modo, vendas também devem crescer 10% depois de um período médio de ciclo de vendas.

Vendas (ou a falta delas) são um indicador de resultados do que você fez certo ou errado nos últimos 12 meses, mas nada dizem sobre o futuro.

Quando a EchoSign atingiu a marca de US$ 1 milhão na taxa de execução de receita, determinamos uma meta de crescimento da PCR de 10% ao mês. Quando atingimos uma taxa de execução de cerca de US$ 3 milhões, reduzimos a meta para um crescimento de 8% por mês. A meta de 8% por mês deveria gerar leads suficientes para garantir um crescimento de pelo menos 100% de um ano a outro.

Batemos as metas de PCR praticamente todos os meses e, sem dúvida, todos os trimestres e todos os anos. E, de um jeito ou de outro – contando com o reforço de uma equipe de vendas cada vez melhor e um produto também cada vez melhor –, a consequência natural foi o crescimento da receita. A receita não cresceu todos os dias, mas claramente cresceu ao longo do tempo, todo trimestre, todo ano.

Uma grande vantagem da PCR é que, enquanto vendas podem variar muito de um mês a outro e de um trimestre a outro, nada impede os leads de crescerem mês a mês, com a precisão de um relógio: cada... mês. É claro que isso não quer dizer que você deva deixar de acompanhar outras métricas do negócio principal, mas saiba que elas não são tão boas. O monitoramento das vendas e dos pipelines é sempre dos resultados passados. O crescimento mensal de vendas é importante, mas pequenas variações podem levar a enormes variâncias de projeção/modelagem.

*Saiba que você crescerá.*

Desde que esteja mensurando alguma versão dos leads qualificados – e não leads brutos ou não qualificados – com uma fórmula sistemática e um processo para qualificá-los, você pode começar a ver o futuro. Basta atingir sua meta de PCR todos os meses e ficar tranquilo, sabendo que tudo dará certo. Com a prática, você conseguirá ver o futuro do negócio, 12 meses ou até mais a partir de agora, com a maior clareza possível.

## A REGRA DO 15/85: COMPRADORES PIONEIROS E CONVENCIONAIS

> Alguém do outro lado do país já comprou seu produto?

Você só entra no modo de hipercrescimento verdadeiro quando consegue transcender suas redes (os early adopters, que representam 15% do mercado) e vender para as "pessoas comuns" (os compradores convencionais, que representam 85% do mercado).

> Você só entra no modo de hipercrescimento verdadeiro quando conseguir transcender suas redes.

Se você se pegar dizendo "quando as pessoas *captam* a ideia, é fácil fechar vendas. Quando elas não captam, é difícil", pode ser que você esteja preso vendendo apenas aos early adopters, no lado direito – muita confiança – do arco de atenção.

Apesar de ser interessante *beneficiar-se* de fatores como indicações e early adopters que não se importam de correr riscos, não é legal *depender* disso para seu crescimento porque você atingirá, inevitavelmente, a estagnação. Você não terá como ganhar escala se só conseguir vender para os early adopters. Preste muita atenção a isso se você se encontrar em uma das situações a seguir.

- Sua empresa está no estágio inicial e tenta atingir ou superar a marca do primeiro milhão em receitas.
- Você cresceu por meio do boca a boca e do inbound marketing, mas agora quer ser mais agressivo (normalmente, isso acontece na faixa de US$ 1 milhão a US$ 20 milhões em receitas).
- Você está lançando uma nova iniciativa de marketing, até mesmo se estiver em uma grande empresa, normalmente com um novo produto ou mercado-alvo.

No processo de crescimento de uma empresa, os primeiros dez a vinte clientes pagantes de um novo produto ou mercado-alvo representam um grande marco a ser atingido. Esses clientes costumam ser early adopters, parte dos 15%. Eles captam intuitivamente sua ideia ou são atraídos para sua empresa por sua rede de relacionamentos e, por isso, se dispõem a lhe dar mais crédito ou atenção do que um comprador típico qualquer. (Lembre-se do arco de atenção.)

Quando você vende para amigos dos amigos ou é uma startup vendendo para startups, ainda faz parte do clube incestuoso dos 15%. Você só "cruza para o outro lado" quando alguém do outro lado do país compra o que você está vendendo.

O feedback dos early adopters costuma ser mais positivo e, em geral, não reflete a opinião da multidão, os outros 85%. Os early adopters são mais propensos a pensar como você, ser como você e comprar como você. Eles se dispõem a se empenhar mais e tendem a ser mais familiarizados com a tecnologia e menos avessos ao risco, o que pode gerar falsos positivos no que diz respeito ao modo como o mercado em geral reagirá a seu produto. Esse público se dispõe, por iniciativa própria, a lutar por seu produto na empresa deles. Mas quando você depende desse público para fechar transações, acaba restringindo sua capacidade. Essas pessoas são difíceis de encontrar.

| Early adopters | Compradores convencionais |
|---|---|
| Dispostos a correr riscos em sua área funcional. | Avessos ao risco em sua área funcional. |
| Inerentemente interessados em seu produto/serviço (o vê como uma oportunidade e o considera interessante). | Só se interessam por seu produto/serviço porque têm um problema que precisam resolver (você é um fardo para eles ou implica mais trabalho). |
| Simplesmente "captam" a ideia, sem precisar de muita orientação. | Eles, ou a equipe deles, precisam de muita orientação, muitas vezes uma orientação repetida. |
| Encontram você por acaso ou pelo boca a boca. | Você precisa encontrá-los (pelo menos enquanto ainda estiver abaixo dos US$ 10 milhões). |
| É impossível crescer rápido com eles, porque não são numerosos o suficiente. | É difícil crescer rápido com eles (no começo), porque são exigentes. |
| Empreendedores, capazes de convencer a equipe, o presidente-executivo ou o conselho de administração da empresa deles a comprarem seu produto/serviço. | Capazes de vender internamente, mas dependem muito de sua ajuda para isso. |
| Resultados documentados e concretos podem ou não ser necessários. | Resultados documentados e concretos são necessários. |
| "Entendi, mas será que você poderia me mostrar alguma prova antes que eu decida comprar?" | "Não entendi. Você precisa me mostrar muitas provas antes de eu decidir se seu produto/serviço resolverá mesmo meu problema e se eu devo ou não comprá-lo." |
| "Resolveremos os detalhes durante a implantação." | "Precisamos de respostas para todas as perguntas antes de decidirmos comprar." |
| Não se importam muito com o que os outros estão fazendo ou com o que os outros pensam. | Preocupam-se muito com o que os outros estão fazendo e o que os outros pensam (especialmente dentro da empresa). |

**Os compradores convencionais são diferentes**

Os early adopters não são como o resto do mercado em geral, muito maior, aqueles 85% do mundo que não conhecem você, que não são como você e que não gostam de correr riscos: os compradores convencionais.

**O desafio**

Até agora você tem vendido a pessoas que confiam muito na sua nova oferta. Aí, quando você tenta se promover e vender para os compradores convencionais, sai incrivelmente frustrado porque eles *compram de um jeito diferente* dos primeiros clientes. Por exemplo, a maioria dos compradores convencionais não se dispõe a testar uma amostra grátis ou ler todos os seus posts para aprender a usar seu produto ou serviço.

Os compradores convencionais não compram com base na fé; eles compram "coisas" concretas. Eles precisam vender os projetos internamente, ao vice-presidente, ao presidente-executivo ou ao diretor financeiro. Para fazer isso, precisam de tudo bem mastigadinho: o que receberão, quais são os resultados esperados, o cronograma, os custos, os riscos e as etapas. Você terá *muito* mais trabalho para descobrir quais são todas as ferramentas das quais eles precisam para justificar a compra na empresa deles. Os contatos de vendas e as conversas podem ser muito repetitivos, e você será forçado a repetir as mesmas coisas várias vezes.

> Descubra quais são todas as ferramentas das quais o cliente potencial precisa para justificar a compra internamente.

É bem verdade que os early adopters também precisam de algumas dessas coisas, mas eles tendem a ser empreendedores e sabem como lutar e convencer as pessoas relevantes de sua empresa para fazer as coisas acontecerem. Normalmente, eles são muito menos exigentes.

**"Só me mostre"**

Os compradores convencionais muitas vezes entram no seu site e em três outros sites, entram na página "Fale conosco" para fazer perguntas e esperam de braços cruzados para serem instruídos por você e por seus concorrentes.

Eles querem que você lhes explique as coisas direitinho com uma demonstração ao telefone. Eles não podem ou não se dispõem a lutar sozinhos por um novo projeto na empresa e requerem mais aprovação e apoio de outras pessoas. São menos tolerantes ao risco e trabalham em organizações mais complexas.

Não é ruim, só é diferente. Não caia na armadilha do ego de achar que só porque eles não "captam a ideia" com a mesma rapidez que você, são pouco inteligentes ou preguiçosos... Não é o caso.

Pare de reclamar. Comece a aprender.

Em vez de se lamentar – "Por que eles não entendem?" – apenas aceite que não é o trabalho deles entender o que você está oferecendo. Comece a aprender como falar a língua deles e como ajudá-los a comprar, especialmente em empresas maiores, nas quais pode ser difícil comprar e implantar novas ideias.

Quando encontra maneiras de fazer isso sistematicamente – com seis meses de crescimento mês a mês em leads qualificados (ou seja, quando a taxa de criação de pipelines cresce seis meses consecutivos) –, é sinal de que você está se aproximando do território do hipercrescimento.

## POR QUE VOCÊ SUBESTIMA O VALOR DO TEMPO DE VIDA DO CLIENTE

Todo mundo que atua no setor de tecnologia fala do *valor do tempo de vida do cliente* (*customer lifetime value*), também conhecido como LTV (*lifetime value*), na sigla em inglês. Então eles criam uma métrica mágica para calcular que o cliente médio deles vale US$ 10 mil e dizem que você deveria investir um determinado montante em vendas e marketing para crescer – normalmente alguma fração (um terço ou mais) de seu LTV ou mais ou menos o valor do primeiro ano de receita gerada por um cliente.

Parece ótimo... se você tiver dinheiro para bancar essa teoria. Mas o maior problema é que não dá para ir muito longe com essa abordagem. Os cálculos padronizados de LTV não levam em conta clientes de "segunda ordem" virais e provenientes do boca a boca – aqueles clientes que chegam depois, quando o primeiro cliente indica sua empresa a eles.

Em outras palavras, seu LTV médio deve ser maior porque o primeiro cliente deveria ser recompensado por chamar os amigos para sua empresa. Ao subestimar o valor de um cliente, você pode acabar investindo menos do que em geral seria o suficiente para adquirir esse cliente. Ou, o que costuma acontecer muito, você acaba investindo demais em vendas e marketing, mas não o suficiente no sucesso do cliente, que, como já dissemos, acreditamos que seja cinco vezes mais importante.

> Ao subestimar o valor de um cliente, você pode acabar investindo menos do que em geral seria o suficiente para adquirir esse cliente.

### A receita total do tempo de vida de um único cliente típico de SaaS

Imaginemos que um cliente empresarial feche transações de US$ 10 mil ao ano em média. Ótimo. Então, no segundo ano, esse cliente empresarial A acrescenta US$ 2,5 mil em licenças adicionais, totalizando US$ 12,5 mil em receitas. Em seguida, no terceiro ano, eles acrescentam outros 25%, ou US$ 15,6 mil no total. Desse modo, a receita direta nos três primeiros anos é de US$ 38,1 mil, resultantes daquela primeira venda. A maioria dos clientes permanece mais de três anos com você, mas paremos por aqui por enquanto.

### *Efeitos de segunda ordem*

No fim do primeiro ano, seu defensor sai do cliente empresarial A, mas vai para o cliente empresarial B para fazer exatamente o mesmo trabalho e volta a comprar seu produto. (Isso acontece cerca de 10% das vezes.) Desse modo, se você pensar, aquela primeira venda acaba valendo US$ 42 mil (os primeiros US$ 38 mil já mencionados vezes 110%). O mesmo volta a acontecer no ano seguinte. O total passa, então, a US$ 46 mil. No fim do primeiro ano, seu defensor indica sua empresa para três amigos. Um deles fecha uma compra com você. (Isso acontece cerca de 30% das vezes.) Agora, a primeira venda passa a valer US$ 60 mil com a receita de segunda ordem, *desde que você continue deixando os clientes extraordinariamente satisfeitos*. Desse modo, o LTV total, incluindo as receitas de segunda ordem, pode ser *o dobro de sua estimativa atual*.

Vá em frente e calcule a razão perfeita de custos de vendas e marketing/LTV para apresentar ao conselho de administração. Lembre-se de que os efeitos de segunda ordem se acumulam. É nesse ponto que as sementes se transformam em impulsionadoras de crescimento. Elas são *essenciais* para o crescimento rápido e rentável.

> **Seu LTV total, incluindo as receitas de segunda ordem, pode ser o dobro de sua estimativa atual.**

# PARTE III

# FAÇA COM QUE SUAS VENDAS SEJAM ESCALÁVEIS

Acelerar o crescimento cria mais problemas do que resolve.

*Se sua operação ainda for pequena ou se você ainda não estiver pronto para uma expansão agressiva, pode pular esta parte e seguir para a Parte IV: "Dobre o tamanho de suas transações".
Entretanto, se você não pensar em escalar e no que deve ser feito para escalar as vendas, isso nunca acontecerá.*

# CAPÍTULO 9

# APRENDA COM NOSSOS ERROS

*O que faz com que vendas sejam escaláveis? Onde as pessoas erram? Quais problemas você pode impedir de acontecer?*

## O CRESCIMENTO CRIA MAIS PROBLEMAS DO QUE RESOLVE... MAS OS PROBLEMAS SÃO O DE MENOS

Um dos melhores engenheiros da EchoSign, que tinha muita experiência no desenvolvimento de empresas de internet voltadas ao consumidor e tecnologia empresarial, contou que, um tempo atrás, a principal razão pela qual ele não gostava de vendas de SaaS para empresas era o fato de o processo nunca se tornar mais fácil.

Ele quis dizer que, depois que você resolve os problemas do Grande Cliente nº 1, conquista mais dez Grandes Clientes que lhe trazem 10x mais problemas. E depois mais cem clientes, que trazem 100 vezes mais problemas. A coisa só piora, em vez de melhorar.

Um argumento justificável para a equipe de desenvolvimento de uma empresa de tecnologia, que é especialmente verdadeiro se você tiver uma consultoria ou uma empresa de serviços.

Mas uma das principais lições que aprendi com a EchoSign, e que vale para todos os empreendedores e startups de tecnologia, é que a coisa fica mais fácil em outros aspectos. Torna-se muito mais fácil quando se ultrapassa a marca dos cinquenta colaboradores e quando se rompe a barreira dos US$ 10 milhões de receita recorrente anual (*annual recurring revenue*, ou ARR). Fica muito, muito mais fácil quando você rompe a barreira dos US$ 15 milhões a US$ 20 milhões da receita recorrente anual.

Não estamos dizendo que passa a ser mais fácil crescer, seguir o plano ou satisfazer os investidores. Isso continuará difícil, e a concorrência é mais difícil quando se cruza essa barreira, já que os competidores percebem e se empenham ainda mais. E outras empresas entram no mercado.

Mas grande parte do *problema operacional*, especialmente em empresas de SaaS com receitas recorrentes, parece desaparecer quando se atinge uma receita recorrente anual de mais ou menos US$ 10 milhões a US$ 15 milhões. Quando isso acontece:

- a base de clientes é altamente diversificada e não depende de peixes grandes;
- você tem número suficiente de clientes de referência. Quer mais, mas não *precisa* de mais... mais logos, por mais chamativos que sejam, para publicar em seu site e materiais de marketing;
- as equipes de vendas e sucesso do cliente trabalham em colaboração, como um motor imperfeito, porém eficaz, sem depender de uma ou duas estrelas;
- você tem uma marca, talvez pequena no começo, mas uma marca real. Esse é um ponto de inflexão importantíssimo no processo de facilitar as coisas. Você consegue mais leads... e com mais facilidade. É bem verdade que você tem de continuar convencendo os clientes, mas, pelo menos, não precisa se matar para entrar na conversa;
- você não tem mais como ser destruído por um grande concorrente entrando no mercado. Pode até sair machucado, mas sobrevive;
- o produto ainda pode ter muitos defeitos, mas oferece bom número de recursos. Você tem o que muitos clientes precisam;
- você conhece tão bem o mercado, que é muito fácil enxergar dois anos no futuro, não só no que se refere ao produto, mas também à equipe e ao ganho de escala da receita.

É bem verdade que você terá de elevar o nível a cada seis meses para não ficar para trás. E, para as poucas empresas que abrirem o capital, o nível de pressão será algo que elas nunca viram antes.

O crescimento não elimina todas as preocupações em um passe de mágica, mas pode ter certeza de que sua vida fica mais fácil. E você continuará se saindo com novos – e, se tudo der certo, melhores – problemas para resolver.

> O crescimento não elimina todas as preocupações em um passe de mágica, mas pode ter certeza de que sua vida fica mais fácil.

## OS 12 MAIORES ERROS DE JASON AO CRIAR EQUIPES DE VENDAS

Cometi todos os erros a seguir na EchoSign e vi fundadores de empresas em crescimento cometê-los vez após vez, após vez... Veja minha lista dos 12 maiores erros:

1. *Você contrata um representante de vendas para vender antes de provar que você mesmo consegue vender.* Antes de tudo, você precisa provar que sua oferta pode ser vendida. O presidente-executivo e os empreendedores precisam fazer eles mesmos vendas iniciais, para saber quais são as melhores maneiras de vender. Não dá para terceirizar isso.
2. *Você contrata um VP de vendas para vender antes de provar que você mesmo consegue vender.* Você tem de provar que seu processo é, no mínimo, razoavelmente passível de ser repetido, antes de contratar alguém para aumentar o volume e acelerar as coisas. Você precisa treinar dois representantes capazes de atingir a cota antes de contratar um VP de vendas.
3. *Você pessoalmente não compraria de nenhum de seus dois ou três representantes de vendas.* Você jamais deixaria nas mãos deles seu precioso punhado de leads e eles não teriam sucesso, mesmo se fossem estrelas na última startup na qual trabalharam.
4. *Você insiste que dos representantes 4 a 400 são pessoas das quais você pessoalmente compraria.* Quanto mais gente para ajudar, melhor.
5. *Você paga pouco.* Os melhores vendedores querem ganhar *dinheiro*. Se você pagar abaixo do mercado, ficará só com a raspa do tacho. Um grande erro de principiante.
6. *Você demora a (intencionalmente) buscar um mercado mais abastado para dobrar o tamanho das transações.* Nada é uma anomalia:
   - Se você conseguir conquistar um cliente corporativo... pode conquistar dez.
   - Se você conquistar um cliente em um setor... pode conquistar dez.
   - Os clientes atípicos não são anomalias: eles são o futuro.
   - Em conclusão: busque fechar transações maiores assim que puder. O trabalho é o mesmo, mas a recompensa é maior.

7. *Você não demite um VP de vendas em um ciclo de vendas.*
   - Você deve conhecer subjetivamente, em apenas alguns meses – apenas 50% do caminho de seu ciclo de venda médio.
   - Os números devem crescer em um ciclo de vendas, com foco especial na receita por lead.
   - As primeiras contratações devem ser melhorias claras feitas rapidamente e sem esforço (pelo menos aparentemente).
8. *Você obriga seu VP de vendas a passar tempo demais vendendo.* O trabalho do VP de vendas é recrutar e executar o plano e não vender, pelo menos não na maior parte do tempo. Ele deve responder pela receita recorrente anual da equipe de vendas como um todo e não precisa cumprir uma cota individual, pelo menos não por muito tempo.
9. *Você contrata pessoas que trabalhavam vendendo produtos de beleza.* Até dá para fazer isso mais tarde, mas não com seus primeiros representantes. Eles precisam saber como vender produtos vagamente parecidos, com preços vagamente parecidos.
10. *Você contrata alguém só porque ele trabalhou na Salesforce/Box/DropBox/ alguma outra empresa famosa.* Não contrate só porque a pessoa já trabalhou em alguma empresa famosa ou badalada. Contrate porque a pessoa é capaz de vender produtos mais ou menos parecidos a níveis de preço similares, e não porque o candidato foi um dos 4 mil representantes que venderam um produto na Salesforce, uma empresa que tem receitas de mais de US$ 8 bilhões, marca consolidada e uma enorme infraestrutura por trás.
11. *Você permite a saída de excelentes representantes. Você deve tentar eliminar toda a perda voluntária de pessoal* e não demitir o terço de desempenho inferior. Esse tipo de abordagem é para uma equipe de vendas com vendedores que só precisam seguir roteiros. Os melhores representantes de vendas trabalham juntos. Os melhores representantes de vendas inspiram uns aos outros. Os melhores representantes de vendas atraem representantes de qualidade cada vez mais alta com o passar do tempo.
12. *Você não duplica o plano de vendas.* Quando a equipe (finalmente) ficou excelente, passamos a superar as metas previstas pelo plano todos os trimestres de todos os anos. Sempre. Mas... eu deveria ter desafiado a equipe a ir ainda mais longe. Eu deveria ter pressionado mais a equipe, como Parker, da Zenefits, pressionou Sam, no início de 2014, a responder à pergunta: "O que precisamos fazer para chegar aos US$ 20 milhões este ano, em vez de US$ 10 milhões?".

## CONSELHOS DO VP DE VENDAS POR TRÁS DO SUCESSO DO LINKEDIN E DA ECHOSIGN

*Ainda que não recebesse um cargo cobiçado, você toparia trabalhar para este presidente-executivo?*

Brendon Cassidy foi um dos primeiros 25 funcionários da LinkedIn. Ele criou a equipe de vendas corporativas do zero. Foi também o oitavo funcionário da EchoSign, e ajudou a empresa a partir de uma receita recorrente anual de US$ 1 milhão para US$ 50 milhões e a conduzir a aquisição dela pela Adobe, para depois passar a atuar como VP de vendas da Talkdesk.

Veja as lições que ele aprendeu com seus sucessos e fracassos. É mais fácil aprender com os erros, porque é fácil saber o que deu errado, e os fracassos deixam uma marca que não dá para ignorar. É mais difícil aprender com o sucesso, porque ele encobre os erros. Com a palavra, Brendon:

### Lição nº 1: pare de culpar os outros

Ninguém quer ouvir "não consigo" ou "não é culpa minha". O problema não é do marketing. Não é do produto. Não é dos vendedores. O problema é seu. Sempre existe uma solução, mesmo que não seja clara. Você precisa ajudar a conduzir a organização para resolver o problema. Se você notar que a empresa está se aproximando de um desastre, informe o presidente-executivo o que precisa ser feito e, se ele se recusar a fazer, é melhor sair da empresa. Só não fique se lamuriando. Da próxima vez, pesquise melhor o presidente-executivo antes de aceitar trabalhar com ele.

### Lição nº 2: trabalhe no desenvolvimento de sua equipe tendo em vista o presente, não o passado

Acontece muito de se contratar uma pessoa que teve sucesso na empresa X e ela entrar em sua empresa para implantar exatamente a mesma metodologia que deu certo antes. Mas nem tudo é igual.

Às vezes, mudar um único fator – como a velocidade da geração de leads, o preço médio de venda, o ciclo de vendas, o modelo de precificação, o comprador/mercado-alvo, a concorrência, o estágio de desenvolvimento e assim por diante – pode levar à necessidade de adotar uma abordagem completamente diferente para gerar leads e fechar vendas. Pare um pouco para ponderar a decisão antes de copiar uma estratégia que deu certo no passado para outra empresa e analise os números e o funil. O que deve funcionar do mesmo jeito? O que pode precisar ser alterado, adaptado ou recriado?

Seja objetivo e honesto consigo mesmo, mesmo sendo difícil admitir que você possa estar errado, que precisa mudar seu plano ou estratégia, ou até que não sabe o que fazer e está perdido!

**Lição nº 3: contrate os melhores. E ponto final**

Cercar-se de talentos deve ser uma meta constante. No começo de minha carreira, eu contratava as melhores pessoas que podia, mas que não eram tão experientes ou inteligentes quanto eu. Esse tipo de inexperiência e insegurança dificulta muito o trabalho de escalar vendas.

A realidade é que qualquer atalho que você tomar hoje na contratação significa que você terá de trabalhar dez vezes mais depois para compensar quaisquer deficiências, como ter de fechar muitas vendas para os vendedores porque eles não conseguem fechar sozinhos, perder muito tempo orientando-os, encarar muita rotatividade da equipe de vendas ou metas não atingidas.

**Lição nº 4: pague bem pelo sucesso**

Não consigo entender presidentes-executivos ou VPs de vendas que tentam economizar no pagamento de seus vendedores. Já é incrivelmente difícil encontrar grandes talentos de vendas, quanto mais contratá-los e retê-los. Pague bem os vendedores. Pode confiar em mim, eles podem trabalhar em qualquer outra empresa, enquanto os vendedores medíocres permanecerão com você.

**Lição nº 5: veja se o presidente-executivo é compatível com você**

Não aceite um emprego só pelo cargo, pelos investidores ou pela empresa. Escolha o presidente-executivo errado e sua vida será um inferno. Analise bem o que dá certo para você antes de decidir.

**As cinco principais medidas que os melhores líderes de vendas devem tomar**
*Medida 1: aumente o tamanho das transações assim que possível*

As pequenas transações podem até pagar as contas, mas as grandes impulsionam o crescimento. As pequenas são uma maneira fantástica de começar, obter feedback rápido, coletar depoimentos e gerar o boca a boca. Mas o rápido crescimento da receita normalmente resulta de transações maiores.

### Medida 2: os melhores representantes apresentam bons resultados em trinta dias

Na Talkdesk, nosso primeiro representante fechou US$ 150 mil nos primeiros trinta dias. Não é que ele tenha dado sorte. Nem sempre os números de vendas vão subir tão rápido, mas, se sua intuição disser que errou ao contratar a pessoa, provavelmente você estará certo.

> Se sua intuição disser que errou ao contratar a pessoa, provavelmente você estará certo.

### Medida 3: é fundamental que toda sua equipe de vendas seja sincera

As pessoas tendem a achar que os vendedores em geral não são sinceros. Você e os representantes podem ser otimistas demais, e isso pode acabar ocultando a verdade.

O desconhecimento da verdadeira situação dos representantes e gestores de vendas – no que diz respeito a transações, pipelines ou uns com os outros – gera incerteza e ansiedade. Qualquer projeção que você fizer será equivocada se não orientá-los a ser brutalmente sinceros sobre os negócios. Não é possível resolver problemas quando se está ocupado ou nervoso demais para investigar a verdade por vezes dolorosa ou vergonhosa da situação e revelá-la à equipe e ao presidente-executivo.

### Medida 4: as melhores equipes de vendas permanecem unidas

Sempre. Quem ganha muito dinheiro junto quer continuar ganhando. Você deve perder muito poucos dos melhores representantes de vendas e gerentes. Ou, melhor ainda, não deve perder nenhum. Se perceber que a rotatividade está alta demais, pode ter certeza de que sua empresa tem um grande problema em algum lugar.

### Medida 5: o outbound (lanças) e o inbound (redes) não são excludentes, mas complementares

Nunca deixe de fazer as duas coisas. A questão é só encontrar a melhor proporção entre elas e saber quando iniciar – e expandir – cada uma.

CAPÍTULO 10

# ESPECIALIZAÇÃO: SEU MAIOR MULTIPLICADOR DE VENDAS

*Nada* melhora mais sua capacidade de aumentar a produtividade de vendas e crescer do que promover a especialização da equipe de vendas. Se você não fizer isso, sua vida será mais difícil.

## POR QUE OS VENDEDORES NÃO DEVEM CUIDAR DA PROSPECÇÃO

A especialização das funções de vendas é um fator crucial para atingir a *receita previsível*. Como já vimos, uma das melhores maneiras de destruir a produtividade de vendas é obrigar seus vendedores a dar conta de várias funções diferentes, com uma função de "vendas" genérica que abranja qualificar os próprios inbound leads, fazer a prospecção, fechar vendas e administrar as contas. Daremos uma espiada em um caso no qual os vendedores são obrigados a fazer malabarismos com a prospecção e o fechamento de vendas e veremos por que isso é um problema.

- *É ineficaz*: vendedores experientes odeiam fazer prospecção e costumam fazê-la muito mal. Além disso, por que você deixaria seu pessoal *mais caro* fazendo contatos de vendas não solicitados?
- *Tem foco errático*: mesmo se um vendedor fizer bem a prospecção, assim que conseguir gerar um pipeline ficará ocupado demais para cuidar da prospecção. Essa situação não é sustentável e leva à grande variação dos resultados, uma verdadeira montanha-russa.
- *As métricas são pouco claras*: é mais difícil implantar e monitorar as principais métricas (inbound leads, taxas de qualificação e de conversão, taxas de sucesso do cliente etc.) quando a mesma equipe precisa dar

conta de várias funções diferentes. A especialização facilita implantar etapas diferentes em seus processos, o que leva a métricas mais claras.

- *Há menos visibilidade, menos prestação de contas*: quando as coisas não estão dando certo, a generalização das funções nas mãos da equipe dificulta saber o que está dando errado e quem está errando, e fica mais difícil isolar e resolver os problemas.

O conflito não é só na prospecção e no fechamento. Os mesmos problemas surgem se seu pessoal for obrigado a fechar vendas e administrar as contas, ou qualquer outro tipo de combinação.

*Sem a especialização, a vida da equipe ficará mais difícil.* E ponto final. Você até pode ter os melhores clientes, produtos e representantes de fechamento de vendas, mas não conseguirá potencializar nenhum desses fatores se não tiver a estrutura certa.

Em futebol, rúgbi, beisebol, hóquei, críquete, basquete... enfim, em todos os esportes que conheço, as funções são especializadas. Goleiro. Atacante. Zagueiro. Rebatedores. Talvez exista um esporte de equipe que não use posições e funções especializadas, mas ainda não encontrei.

A especialização é um padrão no Vale do Silício. E essa tendência só cresce. Ainda assim, é uma exceção. Então, por que a maioria das empresas espera que um único vendedor jogue em todas as "posições", fazendo a prospecção, respondendo os leads, fechando vendas e administrando as contas? Normalmente, isso acontece porque *é assim que sempre foi feito*.

Cabe a você descobrir a melhor maneira de infundir a especialização na equipe de vendas para sua situação específica. A ideia é ajudar seu pessoal a *focar e fazer melhor um número menor de coisas*, porque, quando os vendedores são obrigados a dar conta de várias tarefas, sofrendo uma sobrecarga, a maioria acaba fazendo mal todas elas.

> **Quando os vendedores são obrigados a dar conta de várias tarefas, sofrendo uma sobrecarga, a maioria acaba fazendo mal todas elas.**

Especializar as funções é a providência mais importante para criar crescimento de vendas previsível e escalável.

Os representantes de prospecção precisam se concentrar na prospecção. Eles não devem fechar vendas, responder os inbound leads ou atuar

Figura 10.1: Especialize seu pessoal para que possa fazer melhor um número menor de coisas

como operadores de telemarketing nas horas vagas, enquanto o marketing tenta criar eventos.

Quando você, de fato, precisar que os representantes de prospecção façam malabarismos com diferentes tarefas, tente restringir o trabalho que não é prospecção a menos de 10% ou 20% do tempo deles. O mesmo se aplica aos representantes encarregados de fechar novos negócios: outros tipos de tarefas devem ocupar apenas uma pequena parcela do tempo deles. Pense em termos de complemento, não de distração.

E, sim, seu pessoal encarregado de fechar vendas até deve fazer a prospecção – nunca diremos que alguma pessoa da equipe deva esperar de braços cruzados enquanto as outras trabalham –, mas só para um punhado de parceiros ou clientes estratégicos. A ideia é que isso só deve acontecer em situações especiais, e esses representantes nunca devem se encarregar de fazer uma porção de ligações não solicitadas ou enviar uma montanha de e-mails a clientes potenciais.

Se sua equipe estiver tendo problemas recorrentes, se alguma função vital simplesmente não estiver sendo percebida ou muitas pessoas estiverem encarregadas dessa função e ela acabar se enfraquecendo, a primeira coisa que se deve analisar é a estrutura. Talvez uma mudança nos papéis e nas responsabilidades seja a função de força necessária para resolver o problema. Por exemplo, com a equipe certa de desenvolvimento de vendas para ajudar a pré-qualificar os inbound leads ou se concentrar na prospecção, qualquer divisão entre "vendas e marketing" desaparece.

Apesar de não haver duas equipes iguais e cada uma ter uma cultura diferente, comece com o modelo das quatro categorias de função que são adequadas à maioria (mas, naturalmente, não todas) das empresas.

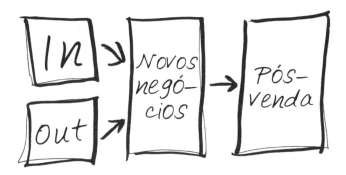

Figura 10.2: As quatro funções essenciais de vendas

1. Qualificação de inbound leads.
2. Prospecção outbound.
3. Fechamento de novos negócios.
4. Funções de pós-venda, como gestão de contas, serviços profissionais e sucesso do cliente.

Quando você *não* deve se especializar ou deve se especializar de um jeito diferente... porque toda regra tem exceções:

- você tem um processo de vendas bastante simples, como um produto que pode ser vendido com apenas um ou dois telefonemas;
- você atua em um segmento ou setor que hoje tem sucesso com vendedores generalistas (como consultores de serviços financeiros). Não mexa em time que está ganhando, mas também não tenha medo de tentar novas ideias;
- o bom senso ou a experiência comprovada – não as convenções ou tradições – dizem que a especialização simplesmente não tem nada a ver com você.

## ESTUDO DE CASO: COMO A CLIO REESTRUTUROU SUAS VENDAS EM TRÊS MESES

Se você perceber que precisa reestruturar uma equipe de vendas, pode achar que tem um trabalho hercúleo pela frente. Funções, cotas, planos de remuneração, territórios, alterações na Salesforce... a Clio reestruturou tudo isso ao mesmo tempo.

Ela é uma empresa de SaaS de rápido crescimento sediada em Vancouver e seu presidente-executivo é Jack Newton (você não acha que daria um bom nome de super-herói?). Vende software de gestão de escritórios de advocacia para ajudar os advogados a administrar melhor suas empresas. Depois de crescer de 3 para 18 "representantes generalistas" em menos de dois anos, em 2012 a companhia deparou com alguns problemas de crescimento da equipe de vendas. Os representantes generalistas faziam de tudo – prospecção, acompanhamento dos inbound leads, fechamento de novas transações e gerenciamento desses clientes. Mais ou menos na mesma época, Jack encontrou por acaso um resumo do livro *Predictable Revenue* intitulado "Por que os vendedores não devem fazer prospecção". Jack e George Psiharis, cofundador da Clio, entenderam que teriam de finalmente especializar a equipe.

O primeiro passo para retomar o crescimento de vendas da Clio foi transformar essa equipe de 18 representantes generalistas em três equipes especializadas com seis representantes cada.

A vida era fácil para os três primeiros representantes. Tinham o mundo nas mãos: recebiam muito interesse inbound; não precisavam de qualquer estrutura; podiam se dar ao luxo de escolher os leads para fechar muitos negócios e não precisavam de territórios. Quando a Clio chegou a dez vendedores, começou a sentir as dores do crescimento.

- A equipe vivia se esbarrando, como quando eles sem querer se viam trabalhando nas mesmas transações.
- Os vendedores competiam uns com os outros e não se ajudavam.
- O sucesso dos representantes era no estilo "vai ou racha" e dependia só deles; uma vez que tinham um "sistema" de vendas, nem podiam contar com o apoio da empresa.

A Clio optou por implantar três, e não quatro, funções de vendas. Sua equipe executiva constatou que os representantes de vendas seriam muito mais eficazes se saíssem do caminho uns dos outros e trabalhassem juntos para sistematicamente segmentar e encarar o mercado. Adaptando as ideias de especialização do modelo da receita previsível e personalizando essas ideias a seu contexto específico, eles criaram três novas funções:

- *seis representantes de prospecção*: encarregados de conseguir chegar aos escritórios de advocacia maiores;
- *seis representantes de fechamento de vendas (executivos de contas)*: encarregados de fechar vendas para escritórios de advocacia maiores;
- *"equipe de engajamento" composta de seis representantes*: encarregados de um mix que inclui resposta a inbound leads e fechamento de transações menores com pequenos escritórios de advocacia (menos de US$ 100 de receita mensal).

Para fazer essa transição, a companhia precisou repensar importantes sistemas de vendas, remodelando funções, cotas e planos de remuneração, criando um sistema de territórios (até então inexistente), decidindo qual representante alocar a qual equipe, alterar a Salesforce e muito mais. Os gestores mergulharam de cabeça.

**Lições aprendidas**

Lição nº 1: *simplificar o sistema de remuneração*. Os planos de remuneração anteriores tinham uma montanha de regras e regulamentos para definir os tipos de transação que podiam ser consideradas para as cotas. A Clio usava essas diretrizes na tentativa de promover os comportamentos corretos, mas eles acabaram criando muita confusão e muitos obstáculos.

Por exemplo, a Clio submetia as transações com parceiros de canal a tantas regras e condições que muitas vezes os vendedores não ganhavam nada se um parceiro fechasse uma transação. Se pensarmos bem, US$ 1 de receita é US$ 1 de receita, não importa qual seja sua origem.

Ao eliminar gatilhos e metas de remuneração confusas, os vendedores passam a trabalhar muito mais em colaboração e parceria, porque os interesses de todos se tornam alinhados.

> Os vendedores trabalham muito mais em colaboração e parceria quando os interesses de todos estão alinhados.

Lição nº 2: *pagar mais aos vendedores durante a transição*. Durante o processo de reestruturação, a Clio passou três meses pagando à equipe um salário invariável/bônus fixo enquanto coletava dados e definia novas cotas e metas. A empresa queria que a equipe se sentisse à vontade para ajudá-la a fazer a transição para o novo modelo, sem distrações.

Lição nº 3: *criar um ambiente de vendas colaborativo, não competitivo.* Uma competição interna lúdica e amigável só ajuda e energiza a equipe. Uma competição interna tóxica e peçonhenta não só não ajuda, como destrói o espírito de equipe.

Quando a Clio implantou territórios e especialização, a equipe de vendas não se viu mais em um jogo de soma zero. Jack diz que hoje eles têm uma "equipe de vendas incrivelmente colaborativa", formada por pessoas que se ajudam a fechar negócios, que torcem umas pelas outras e compartilham dicas, melhores práticas e técnicas de venda. Isso nunca tinha acontecido antes.

## É POSSÍVEL SER PEQUENO OU GRANDE DEMAIS PARA SE ESPECIALIZAR?

Cada um é diferente. Você precisa se adaptar à sua situação e a mercados específicos.

**Se você for grande**

Demos uma palestra para uma divisão da IBM e algumas pessoas adoraram a ideia de se especializar e ter representantes exclusivos de prospecção. No entanto, a implantação da novidade parecia impossível, mesmo com todo o apoio do diretor de vendas, devido à complexidade inerente a uma grande empresa. Nas grandes empresas, uma grande mudança sempre envolve muitos fatores: pessoal, política interna, práticas e sistemas legados, sendo que tudo isso aumenta a dificuldade e a complexidade da iniciativa de mudança.

Agora, se as pessoas não estão conseguindo avançar e a situação está difícil, você pode precisar de uma reestruturação drástica, dividindo a equipe em diferentes especialidades. Mas, se tiver algum tempo, se a casa não estiver pegando fogo, pode fazer pequenos experimentos com novas funções, implantando projetos especiais. Ao "colocar em prática antes de tentar vender a ideia", você adquire uma experiência concreta e conquista credibilidade, em vez de se basear em meras conjecturas. É mais fácil incluir uma equipe de prospecção em seu departamento de vendas do que reestruturar a equipe inteira. Essa abordagem pode ser eficaz independentemente de a função se centrar, por exemplo, no sucesso do cliente, em um novo segmento de vendas, na prospecção ou no tratamento de inbound leads.

Se você quiser criar seu próprio sistema de funções especializadas ao estilo do modelo da receita previsível, basta começar com uma ou duas pessoas. Sem alardes... Faça, veja o que acontece e, se for o caso, peça desculpas e siga em frente. Se não der certo por algum motivo, ninguém precisa ficar sabendo, certo?

**Se você for pequeno**

*"E se minha equipe de vendas tiver só uma ou duas pessoas?"* é a pergunta mais comum no que diz respeito à especialização. Se você for pequeno, comece especializando seu *tempo*, para focar o que precisa ser feito, mas não está sendo.

- *Reserve regularmente um tempo na agenda* – digamos entre uma a duas horas ou mais, ou até um dia inteiro – à prospecção ou a alguma outra prioridade que estiver sendo deixada de lado. Nesses períodos, evite todas as distrações.
- *Estabeleça uma a três metas específicas* para alocar o tempo, como "Entrar em contato com cinco clientes potenciais pelo LinkedIn/e-mail/telefone", "Fazer cinco ligações de mapeamento", "Acrescentar dez clientes potenciais a minha lista".
- *Tente definir metas diárias, semanais ou mensais* para ver o que dá mais certo para você.
- *Crie um sistema de ajuda mútua* com um amigo ou colega para vocês se ajudarem a atingir as metas e avaliem juntos as metas um do outro. Do mesmo modo como faria se estivesse começando um novo programa de exercícios físicos com um amigo.
- *Peça ajuda*: você tem como pedir ajuda de um parente, filho, estagiário, assistente virtual ou serviço de terceirização? Se você estiver tentando fazer a prospecção em meio período, pode encontrar empresas para assumir as partes das quais você não gosta ou para as quais não tem tempo, como criar listas de clientes-alvo e informações de contato, fazer pesquisas para obter informações, enviar e-mails iniciais, lidar com as respostas aos e-mails e fazer o acompanhamento.

Mesmo que haja alguma parte do processo de vendas de que você não goste, vale a pena fazê-la por um tempo para adquirir experiência prática. Com isso, será mais fácil contratar e gerenciar alguma outra pessoa quando for a hora.

## ESPECIALIZAÇÃO: DUAS OBJEÇÕES COMUNS

### Objeção nº 1: a especialização prejudica o relacionamento com os clientes

*"Não é problemático passar um cliente potencial ou existente de uma pessoa à outra? A mesma pessoa não deveria construir o relacionamento com o cliente desde o primeiro dia e depois se responsabilizar por esse relacionamento e fazer o que for preciso para mantê-lo?"*

Não, se você tiver um processo predefinido e ponderado para passar os clientes de uma área a outra e avisar isso a eles. Na verdade, os clientes potenciais e existentes conseguem *atendimento melhor* com essa abordagem. Com especialistas atuando em cada etapa, os clientes sempre conseguirão respostas rápidas e adequadas a suas necessidades.

> Os clientes potenciais e existentes conseguem atendimento melhor com a especialização.

É difícil para um vendedor que está ocupado elaborando propostas ou viajando pelo país para visitar clientes largar tudo e voltar-se imediatamente a um novo inbound lead, ao problema urgente de um cliente existente ou a qualquer aspecto do trabalho que não o ajude diretamente a atingir sua próxima cota. Ao especializar a equipe, de maneira que faça sentido para sua empresa, você também estará fazendo um favor aos clientes.

### Objeção nº 2: "Essas quatro funções não têm nada a ver com o nosso negócio"

As funções centrais que sugerimos não são requisitos absolutos, mas um mero modelo para você adaptar.

Quase todas as empresas B2B deveriam ter pelo menos três dessas quatro funções, mas há exceções, como já vimos. A ideia é implantar o princípio por trás da especialização – o *foco* – ao seu próprio estilo. Dê às pessoas menos tarefas e tarefas mais importantes que elas possam fazer melhor.

Além disso, o princípio pode ser aplicado a *qualquer* equipe, como marketing, suporte técnico ao cliente, gestão de parceiros, engenharia. Então por que não o aplicar também às vendas?

**Quatro razões importantes para simplesmente ir em frente e fazer**

Sabemos que alguns leitores ainda precisam de uma ajudinha para convencer a equipe a *mergulhar de cabeça* na especialização. Pode ser assustador pegar uma equipe de vendas que esteja fechando vendas e administrando as próprias contas e pedir que mudem... tudo. Veja as quatro principais razões para especializar sua equipe.

1. *Eficácia*: quando as pessoas se concentram em uma só área, elas se tornam especialistas. Por exemplo, em dez anos, nunca vimos uma equipe de vendedores generalistas que não tivesse dificuldade de gerar leads ou responder a eles.
2. *A equipe como um campo de treinamento de talentos*: dividir a equipe de vendas em diferentes funções proporciona um plano de carreira simples para contratar, treinar, desenvolver e promover internamente seu pessoal. Você acaba com uma maneira muito mais barata, menos arriscada e mais eficaz de promover internamente, em vez de depender demais de contratações externas. (Uma regra prática: em longo prazo, promova dois terços de seu pessoal internamente e contrate um terço de fora da empresa para dar uma injeção de novas ideias e ânimo na equipe.)
3. *Insights*: ao dividir o trabalho em funções distintas, você tem como identificar e corrigir os gargalos com facilidade. Quando todos fazem de tudo, é como ter um emaranhado de fios que não se sabe como desenredar.
4. *Escalabilidade*: a especialização facilita contratar, treinar, mensurar, fomentar o crescimento e promover as pessoas da equipe toda.

Você pode não querer usar as funções básicas que sugerimos. De qualquer maneira, encontre um jeito de introduzir a especialização em sua equipe e vá em frente.

Para as mais recentes atualizações, exemplos e vídeos sobre como se especializar, dê uma olhada no site <www.fromimpossible.com>.

# A ESPECIALIZAÇÃO NA ACQUIA EM 2014

Na seção sobre as "lanças" da prospecção outbound na Parte II, vimos como a Acquia criou um programa de prospecção outbound para acelerar o crescimento de vendas e garantir que a equipe fosse capaz de atingir a marca dos US$ 100 milhões.

Veja como a Acquia especializou suas funções de vendas em toda a empresa em 2014, para ter uma ideia das possibilidades. Os números podem variar, já que são afetados por fatores como volume de leads, tamanho das transações e complexidade de vendas.

- 60 vendedores/representantes de fechamento de vendas trabalhando em esquema de cotas;
- 20 engenheiros de vendas/arquitetos de soluções pré-vendas (uma razão de um para três em relação aos representantes de fechamento de vendas);
- 20 representantes especializados em prospecção (uma razão de um para três em relação aos representantes de fechamento de vendas);
- 15 representantes júnior encarregados exclusivamente de qualificar os inbound leads ("representantes de resposta do mercado" ou "representantes de desenvolvimento de vendas inbound");
- 20 gerentes de conta trabalhando com os clientes atuais (uma razão de um para três em relação aos representantes de fechamento de vendas);
- oito gestores de parceiros de canal;
- cinco pessoas atuando em operações de vendas e no balcão de transações (ajudando a processar os pedidos);
- 15 gestores (vice-presidente sênior/vice-presidentes/vice-presidentes assistentes/diretores/gerentes), representando mais ou menos 10% da equipe toda.

*Uma regra prática*: é difícil para um gestor ser eficaz se tiver mais de dez subordinados diretos.

> É difícil para um gestor ser eficaz se tiver mais de dez subordinados diretos.

# CAPÍTULO 11
# LÍDERES DE VENDAS

As empresas continuam pisando na bola na contratação do cargo mais importante da equipe de vendas.

## O MAIOR ERRO DE CONTRATAÇÃO ENVOLVE A ESCOLHA DO VICE-PRESIDENTE/ DIRETOR DE VENDAS

Os investidores de risco têm um ditado (que odiamos), algo como: "Você precisa passar pela carcaça do primeiro VP de vendas", ou "É só com o segundo VP de vendas que você de fato começa a vender", ou alguma variação disso. Essa ideia nos incomoda porque acreditamos firmemente em contratar e treinar menos pessoas, mas que estejam mais comprometidas, em vez de adotar uma abordagem de pessoal "descartável".

Mas esses investidores têm razão. Nas startups, parece que a maioria dos primeiros VPs de vendas não consegue ter sucesso e, com efeito, eles nem chegam a durar um ano na empresa. Ouvimos dizer que seu tempo de casa em novas empresas do Vale é de, *em média*, 18 meses, o que também inclui os vencedores. É de doer!

Vejamos o que esses vice-presidentes de vendas *deveriam* fazer, levando em consideração que a maioria dos empreendedores e presidentes-executivos está em busca das coisas erradas, especialmente os fundadores de primeira viagem ou os que nunca passaram muito tempo no setor de vendas ou com sua equipe de vendas.

## As cinco principais medidas que um excelente VP de vendas toma em uma empresa em crescimento

1. *Recrutamento.* Você não contrata um VP de vendas para vender, mas para recrutar, treinar e orientar as pessoas para vender. Desse modo, ele deve alocar 20% ou mais de seu tempo ao recrutamento, porque você precisará de uma equipe para vender. Recrutar excelentes representantes e ajudá-los a ter sucesso é a coisa mais importante que seu VP de vendas fará. E os melhores sabem disso.
2. *Dar apoio e municiar a equipe de vendas.* Ajudar a orientar os representantes a fechar negócios (e não fazer isso por eles). Colocar a mão na massa quando necessário ou no caso de grandes transações. Identificar problemas antes de se agravarem. Enxergar futuras oportunidades.
3. *Táticas de vendas.* Treinamento e integração (*onboarding*). Territórios (sim, você precisa deles). Cotas e remuneração. Como competir. Roteiros de atendimento ao cliente. Coordenação de "medo, incerteza e dúvida" e táticas para se defender das ações do concorrente para provocar medo, incerteza e dúvida. Segmentação dos clientes. Relatórios. Garantir que a equipe inteira, incluindo o próprio VP, possa acessar as informações necessárias no sistema de vendas/CRM.
4. *Estratégia de vendas.* Em quais mercados deveríamos expandir? Qual é nosso maior gargalo? Onde deveríamos alocar tempo e dinheiro? Qual conjunto de métricas-chave nos proporciona mais informações sobre a saúde da equipe e nosso crescimento?
5. *Os próprios VPs de vendas geram transações e fecham vendas.* Essa é a última das cinco principais medidas. Ela é importante para selecionar as transações, mas fica em último lugar na lista porque, se o VP (ou até o presidente-executivo) estiver fechando vendas no lugar da equipe, a empresa tem um sério gargalo. Pode se esquecer de ganhar escala.

Então, não contrate um VP de vendas *enquanto não estiver pronto para escalar, desenvolver-se e bancar uma equipe de vendas pequena e crescente.* Geralmente isso implica ter pelo menos dois vendedores – que não são o presidente-executivo ou o VP de vendas – bem-sucedidos.

> Não contrate um VP de vendas enquanto não estiver pronto para escalar, desenvolver-se e bancar uma equipe de vendas pequena e crescente.

E qualquer VP de vendas que não conseguir chegar a essa conclusão por conta própria não será um bom VP de vendas para o futuro da empresa. Em vez disso, ele seria apenas um excelente colaborador individual, um excelente desenvolvedor da equipe ou, simplesmente, um candidato equivocado ou desesperado.

## O VP DE VENDAS CERTO PARA SEU ESTÁGIO DE DESENVOLVIMENTO

Empresas em rápido crescimento e em estágio inicial enfrentam um problema especial de liderança. O VP de vendas de que precisam hoje pode não ser o mesmo do qual vão precisar amanhã.

**De que tipo de VP de vendas você precisa?**
*Tipo 1: "O Evangelista" (leva sua empresa do zero para US$ 1 milhão ou US$ 2 milhões)*

O Evangelista é uma pessoa inteligente e apaixonada por seu produto desde o primeiro dia. Ele capta a ideia. É capaz de sair imediatamente e começar a vender a partir do segundo dia, e vendas são fechadas só devido à *paixão* dele. Você pode achar que o Evangelista é a pessoa que você precisa contratar... se você nunca contratou um VP de vendas. Você gostará do Evangelista... E muito.

*Qual é problema dos Evangelistas?* Eles nunca efetivamente desenvolveram, *escalaram* ou *sistematizaram* vendas. Eles sabem como pensar com criatividade e com foco interfuncional. É divertido trabalhar com eles. Mas nove em cada dez vezes, seria um desperdício de contratação e de tempo. *Por quê? Porque o fundador ou o presidente-executivo é que precisa ser o Evangelista, ao lado do primeiro ou dos dois primeiros representantes que você contratar.*

*Tipo 2: "Sr. Torne Possível Repetir" (leva sua empresa de US$ 1 milhão para US$ 10 milhões)*

Nesse estágio, você já tem alguns clientes. Não uma montanha deles, mas alguns. Você tem alguns inbound leads. Você contratou sozinho entre um e quatro representantes, mas não faz ideia de como ganhar escala e tornar a coisa *previsível*, nem tem as habilidades necessárias para isso.

Esse trabalho requer pegar "alguma coisa que acontece aqui e ali e nem sempre sabemos ao certo por quê" e transformar isso em "alguma

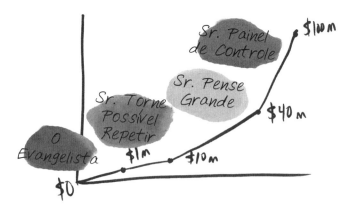

Figura 11.1: O tipo de habilidade do VP de vendas de que sua empresa precisa evolui com o estágio de desenvolvimento dela

coisa que acontece repetidas vezes e sabemos por quê". Esse VP faz isso acontecer. Ele não tem como fingir ou se esconder atrás de apresentações de PowerPoint ou de painéis de controle de "pipeline".

Qualquer jovem empresa que esteja pronta para crescer precisa de um líder de vendas como esse e teria sorte de encontrar um. O problema é que a maioria dos VPs de vendas tem dificuldade nesse estágio porque conquistou o cargo promovendo com sucesso o crescimento de algo que *já funcionava regularmente de maneira sistemática;* em geral, não foram eles que sistematizaram a coisa.

*Eis o que acontece com o Sr. Torne Possível Repetir*: tudo parece ser muito mais simples e claro. A receita cresce quase que imediatamente porque ele sabe como fechar, recrutar, contratar e orientar. E sabe como implantar os processos básicos necessários para garantir a previsibilidade.

Os dois estágios anteriores visavam a começar a avançar para ter "alguma coisa" e transformar isso em um sistema repetível. É extremamente improvável que qualquer candidato a VP de vendas da Salesforce, da SuccessFactors, da Oracle ou de qualquer outra grande ou badalada empresa possa atuar com sucesso nessas funções em uma empresa em estágio inicial.

É quase certo que fracassarão. Por quê? Porque, simplesmente, nunca chegaram perto de fazer algo parecido.

Começar na Salesforce, mesmo como gerente, quando a empresa tinha US$ 1 bilhão em receita? Sim, é uma empresa de SaaS... Mas os processos de vendas e os desafios de uma empresa de mais de US$ 1 bilhão não têm nada a ver com os de uma empresa em estágio inicial.

Quando alguém só trabalhou em empresa badalada, com uma marca badalada, tudo o que fez nessa empresa já veio com uma vantagem injusta. Até que ponto o sucesso foi efetivamente da pessoa e até que ponto foi a situação ou uma nova onda que a levou a esse sucesso? Além disso, muitas vezes, mesmo sem saber, VPs de vendas dependem de toda ajuda que recebiam na grande e badalada empresa... Era mais fácil marcar reuniões com executivos ou investidores, mais fácil contratar. Eles podiam contar com mais pessoas e mais verba para tudo: uma equipe de marketing e um orçamento "de verdade", apoio administrativo e uma montanha de inbound leads. Eles tinham uma pessoa para elaborar propostas e garantias de vendas.

Não é culpa deles, mas muitas vezes eles simplesmente não sabem como replicar esse sucesso em uma empresa mais jovem. Isso não significa que não sejam capazes, só que você precisa tomar muito, muito cuidado antes de contratá-los. *Não se deixe cegar pelo currículo... e não deixe de abrir os olhos dos investidores também.*

> Não se deixe cegar pelo currículo... e não deixe de abrir os olhos dos investidores também.

### Tipo 3: "Sr. Pense Grande" (leva sua empresa de US$ 10 milhões a US$ 40 milhões)

Agora estamos falando de mover o barco a pleno vapor. Quando um VP de vendas entra em uma empresa com um financiamento decente e US$ 10 milhões a US$ 20 milhões de receita anual, o processo já está pronto em sua maior parte. Os principais elementos estão em funcionamento, de modo que, em grande medida, será necessário fazer as mesmas coisas, só que mais.

Contratar as pessoas certas. Aumentar as contratações de nível de entrada para especializá-las mais adiante e desenvolver um grande pool de talentos. Ajudar a desenvolver a eficácia de vendas em campo. Ajustar os programas de sucesso dos clientes. Desenvolver a prospecção outbound. Acionar o motor de geração de leads trabalhando em colaboração com o VP de marketing.

Não é fácil encontrar esses candidatos, mas é possível. Busque-os em uma empresa que tenha acabado de passar por essa fase.

Contudo, não espere que 95% deles sejam capazes de dar conta do estágio anterior (passar de US$ 1 milhão para US$ 10 milhões) se nunca fizeram isso antes.

### Tipo 4: Sr. Painel de Controle

Infelizmente, você recebe muitos desses candidatos quando tenta recrutar nas grandes empresas. O Sr. Painel de Controle sabe como se vender e como fazer uma apresentação interna. Ele costuma ficar muito bem de terno. O conselho de administração provavelmente o adorará. Mas, na verdade, tudo o que ele faz o dia inteiro é analisar e pensar em painéis de controle e se reunir com os gestores.

Que mudanças eu posso fazer na equipe para melhorar as métricas dos painéis de controle? Como faço para obter mais recursos? Mais verba? Quem eu posso contratar e quem posso demitir? Como faço para me livrar dos 10% de desempenho inferior? Onde poderemos vender mais este ano e que tipo de software integrado posso obter? Quais eventos posso promover para os cinquenta melhores clientes potenciais?

Veja bem, em algum ponto, você pode efetivamente precisar do Sr. Painel de Controle. Tudo bem. Um gestor de gestores de gestores. Mas, não importa o que você fizer, só contrate um quando sua empresa for irrefreável. Porque, a menos que tenham feito isso com as próprias mãos quando foram um Sr. Painel de Controle, eles não fazem ideia de como levar sua empresa a superar a barreira dos US$ 5 milhões, dos US$ 10 milhões ou dos US$ 20 milhões.

## AS DEZ PERGUNTAS QUE JASON COSTUMA FAZER EM ENTREVISTAS

Pronto para contratar um novo VP de vendas? Temos um roteiro parcial de entrevista que pode ajudar um pouco. Será preciso ajustá-lo para os diferentes tipos de empresas de SaaS, mas o modelo basicamente funciona para todas as empresa de SaaS com uma receita recorrente anual de, digamos, US$ 200 mil a US$ 10 milhões mais ou menos – uma ampla gama. (Depois disso, você provavelmente deve procurar um tipo diferente de VP de vendas. Veremos isso na próxima seção.)

Antes de chegar lá, como um lembrete, recomendo vivamente contratar pelo menos um ou dois representantes de vendas (de preferência dois) antes de contratar um VP de vendas. E faça com que eles tenham sucesso antes. Desse modo, você terá a oportunidade de pôr seu discurso em prática e saber como é o sucesso para você antes de contratar. E também poderá crescer o suficiente para que um VP de vendas possa ajudar e não atrapalhar.

> Ponha seu discurso em prática e saiba como é o sucesso para você antes de contratar.

Agora, se você estiver pronto, mas nunca fez isso antes em uma empresa de SaaS, veja abaixo *dez boas perguntas de seleção* para verificar se o candidato tende a ser bom VP de vendas ou não. Essas perguntas, em grande parte, não têm respostas certas ou erradas, mas o ajudarão a determinar a qualidade e o grau de adequação dos candidatos:

1. Considerando o que você sabe, acha que precisamos de uma equipe de qual tamanho? (Se o candidato não souber dar uma resposta, certa ou errada, não o contrate.)
2. Qual é a média e a faixa dos tamanhos das transações que você fechou? (Se os tamanhos das transações não forem similares aos seus, não o contrate. Se ele não souber responder com fluência, não o contrate.)
3. Fale um pouco sobre as equipes que você gerenciou diretamente e como as desenvolveu. (Se ele não souber descrever como desenvolveu uma equipe, não o contrate.)
4. Quais ferramentas de vendas você usou e quais deram mais certo? O que não deu muito certo? (Se ele não conhecer as ferramentas de vendas, não é um verdadeiro VP de vendas.)
5. Quem você chamaria para trabalhar em nossa equipe de vendas? (Todos os bons candidatos devem ter algumas pessoas em mente.) Em seguida peça: "Fale um pouco sobre eles. Se preferir não dizer o nome, descreva a experiência e a formação".
6. Como vendas e a gestão/sucesso do cliente deveriam trabalhar juntos? (A resposta lhe dirá se o candidato realmente conhece o verdadeiro ciclo de vida do cliente.)
7. Fale sobre transações que você perdeu para os concorrentes. O que será crucial em nosso mercado para vencer os concorrentes?

8. Como você lida com medo, incerteza e dúvida no mercado? (Essa pergunta revela os candidatos que sabem competir e os que não sabem.)
9. Você trabalha com engenheiros de vendas e apoio a vendas? Se for o caso, qual é o papel que eles devem exercer neste estágio de capital finito? (A resposta a essa pergunta mostrará se o candidato é capaz de trabalhar bem em uma startup de SaaS no estágio inicial e se ele saberá como escalar quando sua empresa estiver pronta.)
10. Como serão as receitas desta empresa 120 dias depois de o contratarmos? (Peça que ele explique o que acontecerá. Não existe uma única resposta correta, mas muitas respostas erradas.)

Tudo bem, incluímos mais uma pergunta:

11. *Como vendas e marketing deveriam trabalhar juntos no estágio em que nossa empresa se encontra?* Force o candidato a ir além das generalidades e entrar em detalhes. Assim, você terá como saber se ele conhece a fundo a geração de leads e se sabe como trabalhar um funil de leads.

Essas questões não são mágicas. Nenhuma delas é particularmente penetrante ou profunda por si só. Na verdade, esperamos até que elas sejam meio óbvias para você. *Mas elas ajudarão a abrir espaço para o diálogo.* Analisando as respostas, você poderá determinar: (a) se o candidato deve ser levado a sério ou não, (b) se o candidato realmente poderia ser um verdadeiro VP, um líder, um gestor (ou não) e conduzir a empresa ao próximo nível (ou não) e (c) se o candidato é adequado à empresa e ao mercado específico.

Se a resposta para qualquer uma dessas perguntas for péssima, não contrate o candidato. Se alguma resposta não fizer sentido, não contrate o candidato. Se você não aprender nada na entrevista, não contrate o candidato. E, se você souber mais do que o candidato sobre qualquer uma dessas perguntas, não o contrate. Seu VP de vendas precisa saber mais do que você sobre vendas e processos de vendas e sobre como desenvolver e escalar uma equipe de vendas.

> **Seu VP de vendas precisa saber mais do que você sobre vendas e processos de vendas e sobre como desenvolver e escalar uma equipe de vendas.**

CAPÍTULO 12

# MELHORES PRÁTICAS DE CONTRATAÇÃO PARA VENDAS

*Seu pessoal e sua cultura decidem seu destino.*

**TRUQUES SIMPLES DE CONTRATAÇÃO**

**Recrutamento previsível (com Jon Bischke, presidente-executivo da Entelo)**

Você pode pegar praticamente todas as ideias apresentadas neste livro, especialmente no que se refere a garantir um nicho, gerar leads e especializar o pessoal de vendas, e aplicá-las a seu recrutamento. Pense que se trata apenas de outra forma de marketing e vendas.

*Especialização.* Do mesmo modo como as empresas de SaaS de crescimento mais rápido dividiram as funções voltadas para o cliente em papéis como prospecção outbound, resposta a inbound leads, fechamento de vendas e sucesso do cliente, você pode fazer em relação ao recrutamento. Você deve ter representantes de desenvolvimento de vendas ou representantes de prospecção (*sourcers*), fechamento (*recrutadores e gerentes de contratação*) e "pós-vendas" (RH ou operações de pessoal).

*Mensure as atividades, taxas de conversão e tempo decorrido em cada fase do funil de recrutamento.* A equipe de prospecção outbound de recrutamento, os *sourcers*, se concentra em entrar em contato com um número definido de candidatos toda semana, da mesma maneira como você usa métricas de atividade para os representantes de prospecção de vendas. Você pode monitorar fatores como taxas de resposta de mensagens (seja por e-mail ou nas mídias sociais), número de conversas telefônicas por semana, número de vezes que os candidatos estão clicando nos links que você lhes envia, quais modelos estão apresentando um desempenho melhor e assim por diante.

Se você conhece seu plano de contratação, as taxas de conversão em cada estágio (por exemplo, seleção por telefone, primeira entrevista presencial, segunda entrevista presencial, carta de oferta etc.), o tempo médio de cada estágio e os requisitos para fechar os melhores candidatos, pode calcular quantos candidatos precisa contatar para atingir as metas de contratação.

**Você quer um "construtor" ou um "cultivador"?**

Achamos que a maioria dos testes de personalidade é complicada demais para usar no dia a dia. Mas o conceito de "construtores" em oposição a "cultivadores" pode ajudar bastante. Quando você estiver na fase de exploração, tentando descobrir como algum elemento deveria funcionar, como no caso de uma nova empresa, uma nova função de vendas ou novo programa, procure pessoas que gostam de encontrar soluções: *os construtores*. Quando você já tiver um sistema consolidado e só precisa contratar mais pessoas para trabalhar nele, procure pessoas excelentes em se adequar a um sistema pré-definido: *os cultivadores*.

Tanto os construtores como os cultivadores têm grande valor. Mas os cultivadores têm dificuldades quando os sistemas não estão definidos e os construtores têm dificuldades quando não há mais nada para resolver.

**Desenvolva representantes que sejam "empreendedores capazes de vender", não meros "vendedores"**

Quando um vendedor é um *especialista* que sabe como seu produto pode ajudar os clientes – e sabe quando o produto não é adequado ao cliente –, criará laços e conquistará rapidamente a confiança de clientes potenciais. Não existe maneira melhor de aumentar rapidamente o desempenho de um vendedor do que encontrar maneiras de possibilitar que os novos contratados trabalhem um pouco em diferentes áreas da empresa, do que lhes proporcionar experiência prática nas áreas de suporte técnico, produto ou gestão de contas. Espere um pouco antes que ele comece a vender em tempo integral, para que possa ter uma experiência prática. Com isso, você acelera o tempo até a expertise e, em consequência, pode acelerar o desenvolvimento de seu pessoal.

## AO FAZER ALGO NOVO, COMECE COM DOIS, NÃO COM UM

Mais cedo ou mais tarde você provavelmente terá de montar uma equipe de vendas ou criar uma nova função. Pode até ser no primeiro dia mesmo, se você já tiver muito capital e vender para grandes empresas. Pode ser depois de alguns meses, quando você tiver fechado algumas transações grandes o suficiente para justificar a contratação de um representante de vendas. Pode ser em cinco anos (como no caso da Dropbox), quando decidir incluir uma edição corporativa/empresarial em seu aplicativo *freemium*. Ou pode ser quando você decidir criar uma equipe exclusiva para a prospecção outbound, o sucesso do cliente ou qualquer outra função.

Você, de alguma forma, pode ter capital suficiente para contratar um VP de vendas e um punhado de representantes. Mas, muito provavelmente, não terá os recursos para contratar de início toda uma equipe de vendas. Você preferirá começar com um representante experiente.

Só tem um problema com isso: *por melhor que seja o desempenho desse representante, você não aprenderá nada. Você precisa de, pelo menos, dois para aprender.* Veja as razões para isso.

- *Se o representante único apresentar um desempenho insatisfatório, você fica sem saber por quê.* O representante culpará você, o produto, a empresa, o marketing... e pode até ter razão. Mas a verdadeira razão pode ser o fato de ele não se adequar bem à empresa. E você simplesmente não terá como saber.
- *Se o representante único se sair bem (pela nossa experiência), você também não terá como saber por quê.* Será que o produto é tão bom que se vende sozinho? Será que o representante é especialmente convincente ao telefone? Será que é o tamanho das transações? Ou será que o representante só é bom com um determinado tipo de cliente e você está deixando para trás outros clientes potenciais? Você simplesmente... não terá como saber.

Na EchoSign, recebi esse conselho de um de nossos consultores, mais experiente do que eu na área, mas o ignorei porque estava focado em poupar dinheiro e, na verdade, na tentativa equivocada de *manter a simplicidade*. Então, para nosso primeiro representante, reduzi o número de candidatos a dois sujeitos. Um era superinteligente, supereloquente e soube explicar bem nosso produto. Quanto ao outro... bem, ele era menos perspicaz mas excelente no outbound e na prospecção e nunca se deixava desanimar. Ele se dispunha a fazer cinquenta ligações por dia, vinte dias por mês, mesmo se mil pessoas desligassem na cara dele.

Dá para imaginar que eu escolhi o primeiro candidato. Ele foi e é excelente. Quero dizer, *excelente* mesmo. Ele me possibilitou focar em fechar apenas algumas importantes contas estratégicas e dava conta de todo o resto. A equipe de engenharia trabalhava bem com ele. Os engenheiros adoravam a perspicácia e os insights dele e os clientes também o adoravam. Ele continua até hoje na EchoSign e na Adobe, com um desempenho espetacular.

O único problema era que *eu* não tinha como aprender nada. Fiquei sem aprender nada sobre como desenvolver e escalar os processos de vendas para nossa empresa. Foi só quando finalmente contratamos um segundo excelente representante que eu pude aprender e aprofundar meu conhecimento sobre novos segmentos aos quais poderíamos vender. E também aprendi sobre como vender a preço mais baixos e em quantidades mais altas. Eu finalmente tive a oportunidade de comparar e contrastar. Antes de ter o segundo representante, eu podia até conjecturar e tentar analisar os dados, mas não tinha uma boa visão geral do que era necessário.

Veja bem, se você foi um VP de vendas por dez anos, pode ignorar isso. Mas a maioria dos leitores nunca montou ou liderou uma equipe de vendas interna. Esse leitores precisam aprender. Então, mesmo parecendo caro, contrate dois. Para começar. Em seguida, aprenda… e prossiga daí. Acabará sendo melhor e, portanto, mais barato, no final. E a regra dos dois também pode ser aplicada a qualquer nova função, não apenas às vendas.

> Ao fazer algo novo, comece com dois. Com um só, você não tem como saber se os sucessos e fracassos se devem à pessoa ou ao processo.

## A MÁQUINA DE VENDAS DE US$ 100 MILHÕES DA HUBSPOT: FUNDAMENTOS DE RECRUTAMENTO E COACHING

Mark Roberge é diretor de receita da HubSpot e desenvolveu a equipe de vendas levando-a de zero a mais de US$ 100 milhões. Ele é autor de *The Sales Acceleration Formula* (editora Wiley). Mark desenvolveu uma estratégia de quatro partes enquanto escalava sua equipe de zero a centenas de representantes.

1. Contrate o mesmo tipo de representante de vendas de sucesso.
2. Treine-os sistematicamente da mesma maneira.
3. Proporcione a cada vendedor a mesma quantidade e qualidade de leads.
4. Certifique-se de que os vendedores sigam o mesmo processo para trabalhar com os leads.

Na presença dessas quatro condições, os representantes de vendas conseguirão cumprir sua missão. Veja alguns detalhes de como a máquina de vendas de Mark contrata e treina os representantes:

*Tudo se baseia no recrutamento.* Especialmente no caso de pequenas equipes, escalar implica se empenhar na contratação, tornando-a sua maior prioridade. Nos dois primeiros anos, Mark dedicava 40% do tempo a recrutamento. Ele observou que é preciso entrevistar estrategicamente. Criou critérios para contratar tendo em vista o sucesso de vendas, mesmo se os candidatos não tivessem formação ou experiência na área. Ele queria contratar pessoas que já tinham demonstrado sucesso em vendas bem como pessoas com potencial inexplorado. Depois de centenas de entrevistas e contratações, ele identificou cinco indicadores do sucesso futuro.

> **Contrate pessoas que já demonstraram sucesso em vendas, bem como pessoas com potencial inexplorado.**

1. Aberto a coaching (número 1!).
2. Sucesso no passado.
3. Ética de trabalho.
4. Curiosidade.
5. Inteligência.

Contrate pessoas que já demonstraram sucesso em vendas bem como pessoas com potencial inexplorado. O sucesso anterior dessas pessoas não precisa ter sido em vendas. A HubSpot contratou um medalhista de ouro olímpico e um comediante profissional que já tinha gravado um show na Comedy Central. São pessoas que foram atrás de um sonho e conseguiram. É esse tipo de pessoa que você quer.

*Invista em um programa de treinamento "de verdade".* Muitas empresas acham que "observar de perto um representante de vendas experiente" é um plano de treinamento. Os vendedores da HubSpot passam o primeiro mês em um ambiente ao estilo de sala de aula. Para conhecer melhor o produto, eles criam um blog e um site do zero. Vivenciam as dificuldades e os sucessos reais dos principais clientes da HubSpot: profissionais de marketing que precisam gerar leads na internet... de modo a possibilitar aos vendedores se conectarem em um nível muito mais profundo com clientes potenciais e leads. Depois de um mês, os novos contratados fazem uma prova de 150 perguntas e seis testes de certificação diferentes sobre o produto da HubSpot, a metodologia de vendas e o conceito de inbound marketing. Como você pode colocar seus representantes na pele dos clientes para criar empatia?

*Leve o coaching a sério.* A melhor maneira de aumentar a produtividade de vendas é os gestores orientarem bem seu pessoal. A HubSpot usa um modelo de matriz para o coaching de vendas. No segundo dia do mês, Mark faz uma reunião com diretores de vendas que supervisionam alguns gestores com cerca de quarenta representantes de vendas sob sua responsabilidade. Como Mark leva o coaching a sério, tais reuniões promovem essa cultura por toda a organização. O bom coaching envolve desejar o sucesso de seus representantes e tentar definir um ponto de melhoria por vez (e não dez coisas ao mesmo tempo), que prometa fazer a maior diferença.

## ESTUDO DE CASO: COMO PERDER MENOS TEMPO COM ENTREVISTAS

Paul Fifield é o diretor comercial da UNiDAYS e ex-diretor de receita da Ceros. Ele montou equipes de vendas e prospecção no Reino Unido e nos Estados Unidos, chegando a contratar representantes remotamente de outro país. Conhecemos Paul quando ele era o diretor de receita da Ceros no Reino Unido, ocasião na qual ele contratou remotamente sua equipe inicial de prospecção outbound de Nova York. Nas primeiras quatro semanas de prospecção, a equipe (todos os novos contratados) abriu um canal de comunicação com departamentos de marketing online de mais de setenta marcas, inclusive Chrysler, Cartier, General Electric e Hugo Boss. Nada mal!

O pessoal é sempre importante para qualquer empreitada, mas, quando se está tentando algo novo, as primeiras contratações fazem ainda mais diferença. É mais fácil contratar pessoas para trabalhar em um sistema que já está a pleno vapor. Paul queria construtores, não cultivadores, para dar o primeiro ímpeto à equipe. Ele criou um processo prático e eficaz para conduzir remotamente o recrutamento. O processo levava muito mais tempo do que seria necessário para simplesmente postar um anúncio padrão de "procura-se" na internet, mas valeu a pena. Não se tratava de algo específico para vendas e pode ser adaptado para qualquer tipo de função na empresa.

> **O pessoal é sempre importante para qualquer empreendimento, mas, quando se está tentando algo novo, as primeiras contratações fazem ainda mais diferença.**

Passo 1: *crie um perfil claro das pessoas que você deseja contratar.*
Passo 2: *elabore descrições de cargo autênticas e interessantes.* As descrições de Paul são mais como uma carta ou um convite pessoal do que as descrições genéricas e insossas que a maioria das empresas usa.

> Faça o download de um exemplo de descrição de cargo e de um guia de contratação no site <FromImpossible.com/recruiting>.

Passo 3: *inclua um vídeo na descrição do cargo.* O vídeo facilita às pessoas terem ideia de quem Paul é e qual a cultura que ele representa. Isso ajuda a atrair as pessoas certas e desinteressar as pessoas que não se adequariam à cultura da equipe.
Passo 4: *espalhe a notícia.* Paul não precisou conduzir um grande projeto de *sourcing*. Ele obteve um número suficiente de candidatos (cerca de 400 no total, para as três funções), simplesmente postando a vaga no LinkedIn e encaminhando o link a amigos e conhecidos. [Observação de Paul: "Da próxima vez passarei

mais tempo 'fazendo a prospecção' para encontrar o tipo certo de pessoa, além de procurar pelo boca a boca".]

Passo 5: *dê lições de casa*. Paul enviou um e-mail descrevendo as etapas de seu processo de entrevista a todos os candidatos bem como a todas as pessoas que ele achava que tinham potencial e pediu que escrevessem uma redação de 300 palavras sobre (a) qualquer aspecto ou tendência do marketing digital que eles consideravam interessante e (b) por que eles seriam boa escolha para a vaga. Isso ajudou a eliminar as pessoas não qualificadas ou que não levavam o trabalho a sério e ajudou Paul a ter rapidamente uma ideia de como ou se eles se adequariam à cultura da equipe.

Passo 6: *defina critérios de avaliação*. Paul montou uma planilha eletrônica simples com sua lista reduzida de candidatos, incluindo seus critérios, rankings e quaisquer comentários ou observações. Para selecionar os candidatos, Paul os entrevistou primeiro por telefone, deu nota de um a dez para suas redações bem como em categorias como clareza da voz, nível de energia, personalidade, vocabulário, atitude, habilidades de escuta, questionamento, adequação cultural, pontuação total.

Passo 7: *entreviste os candidatos pelo menos duas vezes, primeiro por telefone e depois por videoconferência ou em um encontro presencial*. A equipe de vendas da Ceros trabalha principalmente por telefone e reuniões online, de modo que, na próxima rodada de seleção, Paul isolou e testou as habilidades de comunicação dos candidatos, conversando com eles pessoalmente ou por videoconferência. Lendo as redações, ele pôde eliminar imediatamente os candidatos que escreviam mal. Nas entrevistas por telefone, eliminou os candidatos que não articulavam bem. Pelos encontros presenciais ou por vídeo, ele pôde eliminar outros candidatos. Na última etapa, os candidatos a vendedores (representantes de fechamento de vendas) e representantes de prospecção foram convidados a fazer duas apresentações simples: uma sobre si mesmos e uma sobre qualquer outro tema de interesse.

Passo 8: *esclareça as expectativas de remuneração*. Paul em geral tende a aconselhar as empresas que estão entrando em grandes e novas empreitadas (novos produtos, novas equipes, novos mercados) a evitar planos de remuneração baseados em comissão, se possível. Não dá para definir planos de comissão inteligentes enquanto você não conhecer em profundidade sua máquina de vendas, o que pode levar muito mais tempo do que você gostaria. Enquanto você aprende, é melhor pagar um salário fixo por mês aos vendedores ou bônus opcionais até você acumular experiência e dados suficientes para elaborar um plano prático (não arbitrário) para incluir as comissões. Se você usar comissões cedo demais para remunerar sua equipe de vendas, quando você ainda estiver chutando arbitrariamente vendas e objetivos de negócio (mesmo quando se baseiam em outras empresas bem parecidas com a sua), você estará se metendo em uma situação da qual ninguém sai ganhando. Uma das duas opções abaixo acontece.

- *Ou*: é raro, mas pode acontecer de a equipe fechar muito mais vendas do que o esperado e você (ou o conselho de administração) não gostar de ter de lhes pagar "dinheiro demais" (apesar de todo mundo ter concordado com a comissão) e ser forçado a aumentar cotas e cortar comissões, levando os representantes a ficarem frustrados...
- *Ou*: (isto é o que acontece 95% das vezes com novos produtos e empresas) a equipe de vendas fica muito abaixo das metas, que acabam se provando infundadas e arbitrárias. Também nesse caso a equipe de vendas sai bastante frustrada e até financeiramente desesperada (nunca uma boa coisa) se precisar de pelo menos parte das comissões para pagar as contas básicas, como o aluguel.

Passo 9: *faça as ofertas e comemore se seus candidatos escolhidos aceitarem trabalhar em sua equipe!*

### Um último conselho de Paul Fifield

Com base em suas decisões de contratação equivocadas no passado, Paul também deu o seguinte conselho para melhorar o recrutamento:

> Não tenha medo de fazer tudo sozinho.

- *Não tenha medo de fazer tudo sozinho*: fazer todo o recrutamento por conta própria pode demandar muita energia e atenção, mas só você sabe de que precisa e quem pode se adequar à cultura da empresa, de modo que é melhor você se responsabilizar pelo processo. Um bom recrutador pode fazer milagres, mas deve ser só uma ajuda; não espere que ele faça todo o serviço por você... Dá para ver a diferença?

- *Não se sabote com a impaciência*: não permita que a impaciência o leve a tomar uma decisão de contratação da qual você se arrependerá. É melhor levar mais tempo e contratar a pessoa certa. Uma maçã podre pode estragar o lote inteiro.
- *Siga um processo*: um processo definido garante sua sanidade mental, evita erros bobos e cria uma experiência melhor para todos os envolvidos – os candidatos, você e sua equipe. E, ainda mais importante, um processo pode ajudá-lo a evitar uma contratação impulsiva, impaciente e/ou inadequada.

# CAPÍTULO 13

# ESCALANDO A EQUIPE DE VENDAS

Até um sistema ruim sempre será melhor do que um cara bom.
– W. Edwards Deming

## SE VOCÊ ESTIVER PERDENDO MAIS DE 10% DOS SEUS VENDEDORES, ELES NÃO SÃO O PROBLEMA

A cultura de vendas é diferente da cultura de qualquer outra área da empresa, no sentido de que se espera que a maioria das pessoas da área de vendas fracasse ou atinja o sucesso quase que exclusivamente por conta própria. As empresas presumem: "Ou vai ou racha. Contrataremos dez vendedores e algo entre um quarto e a metade não conseguirá".

Estudos da CSO Insights demonstram que a rotatividade anual das equipes de vendas é de, em média, cerca de 25% (com uma variação de alguns pontos percentuais de um ano ao outro), sendo que metade pede demissão e outra metade é demitida. Em outras palavras, de cada 100 vendedores, 25 são perdidos todo ano. Desse modo, você é forçado a contratar (e treinar, desenvolver e fazer a transição do pipeline ou contas de clientes para) 25 vendedores adicionais por ano só para não ficar para trás.

Mas... que diabos? Você contrataria dez pessoas de RH esperando demitir entre três e cinco? E gestores? E pessoal da cadeia de fornecimento? Perder um quarto da equipe de engenharia, dos colaboradores em geral ou dos clientes seria uma catástrofe. Mas essa situação é aceita, até *esperada*, na área de vendas.

A rotatividade da equipe de vendas é *especialmente dispendiosa* devido ao tempo necessário, às oportunidades perdidas e à frustração dos clientes. Abra os olhos, pessoal! Os clientes não veem sua empresa; eles veem seus representantes de vendas!

Na EchoSign, quando crescemos de US$ 1 milhão a US$ 50 milhões em receita, ninguém pediu demissão da equipe do VP de vendas Brendon Cassidy. Eles estavam ganhando uma fortuna, sabiam o que estavam fazendo e, ainda por cima, estavam se divertindo. Por que alguém quereria deixar isso para trás?

Imagine que você trabalhe em uma empresa em crescimento e esteja atingindo ou superando as metas de vendas da equipe. Internamente, porém, a equipe está passando por dores de crescimento como:

- *cotas não atingidas*: 30%, 40% ou mais da equipe de vendas não está conseguindo atingir a cota;
- *perda de pessoal*: vendedores entram e saem da equipe... entre 10% e 50% da equipe de vendas sai todo ano (voluntária ou involuntariamente);
- *o tempo de desenvolvimento* só aumenta para os novos contratados da equipe de vendas. Quando a equipe era menor, o tempo era de dois a quatro meses, mas agora é de seis a oito meses ou até mais;
- *o número de representantes aumenta mais que os leads*: à medida que a equipe cresce, os representantes acabam recebendo menos leads. A geração de leads não está conseguindo acompanhar o crescimento da equipe de vendas ou das metas.

E, apesar de tudo isso e das outras razões, o conselho de administração manda você continuar contratando mais vendedores para impulsionar o crescimento! E você não tem como estancar a água que entra no barco furado da equipe de vendas.

### O problema não é com você, é comigo

Agora, se, digamos, 30% de uma equipe de vendas não estiver conseguindo atingir a cota, a culpa é das pessoas ou do sistema? Será que 30% da equipe de fato representam erros de contratação? Se você estiver perdendo 25% da equipe de vendas por ano (não importa se eles estiverem pedindo demissão ou sendo demitidos), será que o problema é das pessoas ou do sistema? Se quase todos os novos contratados de vendas estão levando o dobro de tempo para se desenvolver, será que a culpa é deles... ou do sistema? *Dá para ver um padrão se formando aqui?*

Quem define as cotas e os incentivos? Quem define os territórios, os papéis e as responsabilidades? Quem é o responsável pela contratação e pelo treinamento? Quem promove, contrata e treina os gerentes de vendas nas linhas de frente?

*Não são os vendedores.* Em última análise, o VP de vendas e o presidente-executivo são os responsáveis por garantir o sucesso sustentável de vendas, e não os vendedores. Seu ambiente e "sistema" de vendas afetam, positiva ou negativamente, os vendedores. Enquanto você não corrigir os sistemas, será difícil atingir o sucesso repetível.

### Os defeitos do sistema

Sua capacidade de escalar uma equipe de vendas depende de *sistematizar tudo*. Quando os vendedores saem da equipe por qualquer razão – incapacidade de atingir a cota, insatisfação, maçãs podres –, você tem "defeitos" no sistema.

> Sua capacidade de escalar uma equipe de vendas depende de sistematizar tudo.

A perda de pessoas da equipe de vendas deve ser muito *menor*, digamos 10% ou menos por ano em geral (e deve ter 0% de rotatividade voluntária). Isso não só é incrivelmente dispendioso em termos de tempo, dinheiro e oportunidades perdidas, como também acaba frustrando os clientes potenciais e existentes quando percebem que a interface deles com a empresa está sempre mudando. Uma estimativa comumente aceita do custo de um vendedor perdido fica entre uma vez e meia a duas vezes a remuneração anual desse vendedor.

Se o custo for duas vezes a remuneração do vendedor, perder cinco vendedores com clientes-alvo de US$ 150 mil representará um custo total de US$ 1,5 milhão.

### Uma perda de US$ 200 milhões?

Em 2013, corriam rumores de que a Salesforce.com estava perdendo 750 de seus 3 mil colaboradores de vendas (uma perda de pessoal de 25%). Se a remuneração de cada vendedor fosse em média de US$ 125 mil (uma estimativa provavelmente baixa), essa perda de pessoal representava uma fortuna perdida de US$ 187,5 milhões ou muito mais. De acordo com alguns estudos (tudo bem, geralmente conduzidos por empresas de recrutamento), o custo efetivo da rotatividade de funcionários equivale a várias vezes a remuneração deles.

De qualquer maneira, a alta rotatividade desestabiliza *todos os aspectos* da equipe de vendas e sua relação com os clientes.

### Causas comuns da perda de pessoal de vendas

A perda de pessoal de vendas pode ter um milhão de causas, mas as três mais comuns são:

- *geração de leads*: a empresa não está dando apoio suficiente aos representantes e não está proporcionando leads de qualidade;
- *especialização*: a empresa não está se especializando, não está se especializando do jeito certo ou não está especializando sua equipe de vendas o suficiente;
- *gestão:* a liderança (principalmente o presidente-executivo e o VP de vendas) não sabe exatamente o que se passa "nas trincheiras" ou ainda é tradicional ou conservadora demais. Simplesmente adoramos a citação: "As pessoas abandonam os chefes, não as empresas".

### Seus vendedores estão enfrentando obstáculos ao sucesso?

Você precisa investigar e identificar os problemas que estão dificultando o sucesso de sua equipe. Será que eles precisam de mais leads? Os produtos podem ser fracos ou direcionados aos mercados errados.

Você pode ser uma empresa jovem com expectativas de vendas totalmente equivocadas ou pode estar se direcionando a um mercado trabalhoso e difícil. Alguns de seus líderes ou gerentes de vendas estão mais atrapalhando do que ajudando com seu estilo de gestão. O VP de vendas pode ter pirado e contratado um punhado de pessoas aleatórias para atuar em um sistema desorganizado (acontece), e você precisa reconstruir o sistema antes mesmo de a geração de leads poder fazer alguma diferença.

### Não faça suposições

Além de analisar as áreas da geração de leads, especialização e gestão de vendas, *converse com seu pessoal, individualmente,* e tente identificar padrões para encontrar a principal causa da perda de colaboradores.

- Não se limite a culpar os vendedores pelo fracasso. Quais são as outras causas do(s) problema(s) sistêmico(s)?
- Mantenha o coaching individual e não permita que os vendedores usem os problemas da equipe como desculpa para desistir.
- Os excelentes representantes que tiveram um excelente gestor (ou até um gestor meramente bom) e uma remuneração justa preferirão ficar.
- As pessoas abandonam os chefes, não as empresas. Quais gestores perdem mais colaboradores e por quê?
- A perda voluntária de pessoal deve ser de 0%.
- A perda geral de pessoal deve ser de 10% ou menos, mas não 0%, porque nenhuma empresa tem um processo perfeito de contratação e coaching.

## ESTUDO DE CASO: ESCALANDO VENDAS DE 2 A 350 REPRESENTANTES NA ZENEFITS

Sam Blond é o VP de vendas da Zenefits. Ele entrou na empresa no dia 1º de janeiro de 2014, quando a Zenefits tinha receita recorrente anual de cerca de US$ 1 milhão e apenas dois vendedores trabalhando em esquema de cotas (executivos de conta). Um ano depois, a empresa já tinha uma receita recorrente anual de US$ 20 milhões e oitenta executivos de conta e, em 2015, receita recorrente anual era de US$ 100 milhões, com 350 executivos de conta.

As seções a seguir mostram algumas coisas que ele aprendeu. Com a palavra, Sam:

### Lição nº 1: um processo claro de senso de propriedade

No começo, o marketing era o responsável por *toda* a geração de leads, tendo de cumprir uma cota de leads para entregar oportunidades qualificadas ao pessoal de vendas. A equipe de representantes de desenvolvimento de vendas, composta em grande parte de pessoal de prospecção outbound, trabalhava para o marketing, não para vendas. Os inbound leads passavam por eles. Os outbound leads eram gerados por eles.

O marketing não era avaliado só pela quantidade de novos leads criados, já que os leads podem ser excelentes ou um lixo, mas pelo número de leads aceitos por vendas. Todo mundo sabia como definir e mensurar sistematicamente esses *leads*.

Todos sabiam, com clareza, quem deveria prestar contas pelo pipeline. Se os leads não fossem suficientes, ninguém precisava perder tempo e energia culpando os outros. Era uma função de força: o marketing não tinha como deixar de produzir as oportunidades e vendas não tinha como deixar de desenvolver uma equipe de representantes capazes de fechar vendas sistematicamente.

Quando vimos que o sistema de prospecção outbound era eficaz e quando escalamos a equipe de representantes de desenvolvimento de vendas para trezentos representantes de prospecção outbound, avançamos para o estágio seguinte. Transferimos o pessoal de prospecção outbound (mas não os representantes de desenvolvimento de vendas encarregados de responder aos inbound leads) para vendas. Essa medida melhorou o trabalho em equipe, a comunicação e o alinhamento entre os representantes de prospecção e seus colegas da equipe de vendas.

### Lição nº 2: três métricas-chave

Nesses estágios de hipercrescimento, concentro-me em:

- *cadastro de receita*: em nosso sistema de plano de saúde, as pessoas cadastradas são chamadas de "vidas". Para mim, o principal fator representante da receita é o "número de vidas" cadastradas mensalmente;
- *metas de contratação*: quando crescemos vinte vezes em um ano e cinco vezes no ano seguinte, a contratação passou a ser um gargalo. Estamos atingindo as metas do funil de contratação?
- *retenção do cliente*: vigiamos a satisfação do cliente como um falcão, porque (a) os clientes mais satisfeitos dão mais indicações, (b) têm menos probabilidade de nos abandonar (*churn*) e (c) têm mais probabilidade de participar do programa de indicações.

As cotas devem ser difíceis, porém viáveis. Gosto que 70% ou mais de meus representantes atinjam a cota.

### Lição nº 3: previsibilidade

Começamos pensando: "Com que rapidez podemos escalar com eficiência contratando bons gerentes e representantes de vendas sem arriscar a qualidade?" O planejamento antecipado de como escalar a contratação, o treinamento e a equipe nos possibilitou atingir as metas.

Sabemos que, para atingir X de receita, precisamos contratar Y vendedores, 0,8Y representantes de desenvolvimento de vendas e Z representantes de apoio à implantação. Apesar de ser um pouco sazonal, nosso negócio é bastante previsível, uma vez que a máquina está em pleno funcionamento. Sabemos no que estamos investindo e o que estamos produzindo.

### Lição nº 4: automação da força de vendas

A Salesforce é a espinha dorsal de nossa equipe de vendas e usamos muito essa ferramenta, bem como diversos outros aplicativos de vendas, marketing e dados. Contratamos duas pessoas para trabalhar exclusivamente na Salesforce: um "arquiteto" e um administrador de sistema que trabalhou no departamento de operações de vendas.

Só lastimamos ter esperado tanto antes de contratar uma pessoa de operações de vendas. Deveríamos ter começado quando tínhamos entre quarenta a cinquenta colaboradores. Só me dei conta de tudo que um colaborador fantástico de operações de vendas era capaz de fazer quando finalmente contratamos um. Nunca mais precisei me preocupar com nossos sistemas... a Salesforce, nossos sistemas telefônicos, todos os aplicativos. A coisa simplesmente passou a funcionar. E finalmente tínhamos uma pessoa que se responsabilizava por isso.

### Lição nº 5: contratação

Os currículos mentem. Quero saber quanto dinheiro um vendedor experiente ganhou. A declaração de imposto de renda – pelo menos com os vendedores que trabalham em esquema de cotas – não mente.

Não contratamos só pessoas com formação e experiência em RH. Afinal, as pessoas podem aprender sobre o mercado e temos um programa de treinamento e certificação para isso. Contratamos pessoas de startups, em que a cultura é mais importante. À medida que crescíamos, tivemos de diversificar os tipos de pessoas que contratávamos e adaptar nosso treinamento.

Temos algumas vantagens: tivemos muito sucesso na contratação, podemos nos dar ao luxo de pagar muito bem as pessoas e, com isso, podemos atrair os melhores talentos. Também conquistamos excelente reputação e temos conseguindo recrutar muitos dos melhores representantes de outras empresas.

### Lição nº 6: treinamento

Também me arrependo de termos esperado tanto para criar um sistema estruturado de integração (*onboarding*) e treinamento. Enquanto escalávamos de dois para oitenta representantes no primeiro ano, mais ou menos na metade do ano as taxas de fechamento de vendas despencaram. Um sério investimento em treinamento resolveu o problema.

Sei que muitas empresas conseguem contratar um excelente pessoal e ensiná-los, na prática, a vender e fechar negócios. Com nossas taxas de crescimento, não tínhamos como fazer isso. Tivemos de contratar, para essas funções em esquema de cotas, pessoas que já tinham vendido antes.

Quando tínhamos apenas uma pequena equipe, a aprendizagem comunitária era eficaz. Novos representantes de vendas entravam na equipe, recebiam um laptop e um celular e eram informados de que deveriam descobrir o que fazer com os colegas. Mas, à medida que crescíamos, passamos a precisar de alguém responsável pelo treinamento, com um programa previsível.

Passamos a submeter os novos contratados a um programa de quatro semanas de treinamento em sala de aula e exames de certificação tanto do conhecimento interno quanto de licenças de planos de saúde. Os representantes não podem receber telefonemas enquanto não passam nas provas.

Hoje em dia, eis o que costumo dizer às outras empresas: dá para improvisar até ter uns dez representantes. Se você estiver contratando mais de um representante por mês, implante um verdadeiro sistema de treinamento e aloque um responsável pelo processo.

### Lição nº 7: especialização

Somos verdadeiros fanáticos por especialização da função de vendas, pois ela possibilita que todos sejam mais eficientes. Nem toda empresa tem as margens necessárias para bancar a especialização. Se você não tiver, seja criativo e dê um jeito de encontrar outras maneiras de ajudar seus representantes a focar, como reservar um tempo na agenda deles a ser alocado em tarefas especializadas.

A receita de uma equipe não é apenas a soma dos resultados de seus vendedores trabalhando em esquema de cotas. Não temos medo de investir em uma expressiva contratação de pessoal para trabalhar sem se preocupar com cotas e se dedicar aos vários fatores dos quais a equipe de vendas precisa para operar a pleno vapor. Treinamento e operações de vendas não são custos. Sem eles, nosso sistema desaba.

### Lição nº 8: estrutura de gestão

Todo gestor de representantes de fechamento de vendas deveria ter entre oito e dez subordinados diretos. Promovemos internamente quando possível e se for a melhor opção, mas não forçamos a barra. As pessoas ainda têm de fazer por merecer a promoção. Tomamos o cuidado de definir expectativas realistas no que se refere à promoção.

### Lição nº 9: vá em frente e duplique

No início de 2014, tive uma reunião com Parker, nosso presidente-executivo, para planejar como atingiríamos a meta de vendas para 2014, que seria de US$ 10 milhões. Estávamos obtendo leads previsíveis e a equipe estava batendo as metas na ocasião.

Parker perguntou: "O que seria necessário fazer para chegar a US$ 20 milhões este ano?" Eu respondi: "Precisaríamos do dobro de representantes de desenvolvimento de vendas e vendedores". Ele disse: "Por que não fazemos isso?"

"Certo..."

Desse modo, dobramos a meta de receita de 2014 para US$ 20 milhões. E acabamos batendo a meta.

É fácil pensar que você já está se empenhando ao máximo. E definir do nada metas hiperagressivas pode levar sua equipe a ficar muito abaixo delas. Mas você pode se surpreender ao ver até onde é capaz de ir se apostar todas as fichas no que já está dando certo.

> Você pode se surpreender ao ver até onde é capaz de ir se apostar todas as fichas no que já está dando certo.

## O CONSELHO DE JASON PARA OS PRESIDENTES-EXECUTIVOS: COLOQUE OS LÍDERES DE OUTRAS ÁREAS QUE NÃO SEJAM A DE VENDAS EM PLANOS DE REMUNERAÇÃO VARIÁVEL

Como cada um dos colaboradores capazes de afetar consideravelmente a receita poderia ter um componente de receita variável em seus planos de remuneração?

Sei que todos nós concordamos que todo o pessoal de vendas precisa ser comissionado e ter uma estrutura de remuneração altamente variável. O que quero dizer é que *todas* as pessoas que afetam consideravelmente o alcance de metas deveriam ter alguma remuneração variável.

- O VP de produto deveria ser incentivado a incluir as funcionalidades certas, não só a fazer um excelente produto, mas também a atingir as metas anuais. Que tal um componente variável de 15% em dinheiro e um bônus de 15% por superar as metas e também, quem sabe, alguma perda financeira se não atingir as metas?
- O VP de marketing inquestionavelmente deveria ter seu plano de remuneração atrelado aos leads ou às cotas de oportunidade que possibilitam cumprir as metas anuais. Que tal um componente variável de uns 20% em dinheiro? Se os leads não estiverem lá, o VP de marketing não atinge a meta. Mas, se o plano for cumprido, ele fica com uma parte da receita adicional.
- O VP de sucesso do cliente deveria ter seu plano de remuneração atrelado ao alcance das metas de upsell, de retenção do cliente ou metas de perda líquida negativa de clientes (*negative net churn*). Que tal um componente variável de 30% ou mais? Veja como ele se empenha muito mais correndo atrás dos clientes perdidos quando você lhe acena com um saco de dinheiro do outro lado da linha de chegada.
- O VP e seus diretores de engenharia precisam criar os fatores dos quais precisamos para atingir as metas este ano. Que tal um plano de remuneração variável de uns 10%, 15% ou 20%?
- O controller supera as metas de cobranças e você acaba com US$ 300 mil a mais no banco? Que tal lhe dar um bônus?

"Ah, mas para que tudo isso? O diretor de engenharia não precisa de uma remuneração variável", você diz. "Estamos todos no mesmo barco. Ele já tem opções sobre as ações da empresa."

Pode até ser.

> A receita é uma meta concreta da equipe que todo mundo pode e deve apoiar.

Mas, no mínimo, até para o pessoal de áreas que não sejam vendas, a receita é uma meta concreta da equipe que todos podem e devem apoiar. Todo mundo no fundo entende a ideia do pagamento pelo desempenho mesmo sem nunca ter pegado no telefone para tentar vender alguma coisa. Batemos juntos as metas do ano, eles ganham um tapinha nas costas e suas ações acabam valendo mais. Excelente. Mas, e se eles pudessem ganhar mais US$ 20 mil? Veja como a atitude das pessoas muda. Pode não mudar a vida de alguns dos colaboradores mais seniores, mas, se a recompensa for zero, além da valorização das ações, você simplesmente não tem como conseguir o mesmo alinhamento com os planos anuais de receita.

Pode ficar mais difícil adiante. Você pode precisar implantar metas secundárias. Mas, por enquanto, sugiro atrelar um plano de bonificação por superar as metas de receitas a todos os novos contratados, em todas as áreas da empresa.

Tenho duas histórias para contar sobre isso.

Outro dia fizemos esse experimento em uma empresa incrível com a qual trabalhei em estreito contato. Incluímos um componente variável ao plano de remuneração de um VP de engenharia. Se não conseguíssemos atingir as metas, o salário dele cairia 10%. Se conseguíssemos atingir exatamente as metas, ele receberia um bônus de 5%. E, se superássemos as metas em 10%, ele ganharia um bônus de 20%.

Fizemos uma reunião com ele para informá-lo das mudanças no plano de remuneração e, uns 15 minutos depois, ele voltou. E tinha mudado completamente o planejamento do produto para 2015.

Agora, você pode até alegar que é um erro se concentrar muito no curto prazo em detrimento do longo prazo. Pode ser, mas, pelo menos, isso cria um alinhamento, abre um canal para o diálogo, para a discussão. Um novo senso de foco compartilhado em realmente, verdadeiramente, bater as metas de 2015.

Tive, pessoalmente, uma experiência parecida. Durante um ano terrível no qual quase abrimos falência, abri mão de todo meu salário. Trabalhei de graça (apesar de receber opções sobre ações da empresa no lugar) por mais ou menos um ano *depois* que levantamos capital de risco.

E, nas profundezas da grande recessão financeira, fiz algo de que me orgulhei muito. Saí de trás de minha mesa e convenci dois clientes a pagar antecipadamente US$ 600 mil adicionais. Eles não tinham qualquer razão contratual para fazer isso, em um momento em que a casa estava caindo na cabeça de todo mundo. Considerando que nossa taxa líquida de queima de dinheiro (*net burn rate*) era baixa, isso nos garantiu mais nove meses de vida.

Então pedi um bônus de US$ 10 mil. Meu salário era zero, mas eu *precisava* do bônus. Afinal, fui eu que levei o dinheiro à empresa. Eu precisava de um belo e concreto tapinha nas costas. Um tapinha do tipo que só um cheque consegue dar.

Foi uma conversa confusa com os investidores. Você diz que precisa de um bônus de US$ 10 mil, mas está abrindo mão do salário anual de US$ 120 mil? Como assim? Mas eu *precisava* daquilo. Para atrelar meu empenho em atingir as metas, os US$ 600 mil adicionais que consegui levar à empresa quando o mundo estava acabando, com as metas em si. E sua equipe também precisa disso. Pode apostar.

Não só os sujeitos de vendas.

Faça com que eles pensem diretamente em termos de receita e mais portas se abrirão para a receita entrar.

## A VERDADE EQUIVALE A DINHEIRO

Tudo que você estiver fazendo para evitar ou ignorar as verdades dolorosas, para esconder-se de suas fraquezas ou não passar por constrangimentos, dificultará suas tentativas de escalar.

> Tudo o que você estiver fazendo para evitar ou ignorar as verdades dolorosas, para esconder-se de suas fraquezas ou não passar por constrangimentos, dificultará suas tentativas de escalar.

Você e sua empresa devem ser impecavelmente sinceros. Consigo mesmos e com o mercado. Talvez vocês já sejam... ou talvez possam melhorar nesse aspecto.

Para começar, sim, é claro que isso implica eliminar qualquer forma de mentira ou manipulação em toda a comunidade de colaboradores, parceiros e clientes. Tolerância zero, a menos que se trate do primeiro erro idiota cometido por uma pessoa inexperiente que nunca tinha trabalhado em uma empresa antes. E, se você trabalhar para um chefe ou uma empresa mentirosa – que não pense em mudar –, saia correndo.

Mas isso também implica encarar *o desconforto de ser sincero e transparente* com colaboradores, clientes e investidores. Você provavelmente já está fazendo isso... e sempre pode fazer mais.

Como quando aquele projeto de alta visibilidade que você defendeu começa a ir por água abaixo e pode precisar ser reestruturado ou abortado. É *embaraçoso*. Será que você não está tão decidido a ver o sucesso do projeto ou a evitar lidar com o constrangimento a ponto de intencionalmente ignorar os sinais de perigo? O que você está fazendo para detectar problemas embaraçosos desde o começo em uma aquisição, investimento, iniciativa de geração de leads, novos contratados, um novo escritório ou instalação de produção, um novo produto ou sistema de gestão?

> A melhor forma de marketing e vendas é a verdade. Nunca há uma boa razão para mentir para seus clientes ou sua equipe.

Você pode promover a verdade na empresa de muitas outras maneiras. Por exemplo, fazendo avaliações de feedback sinceras (tanto para cima como para baixo) com muito mais frequência do que apenas uma vez por ano. Você pode revelar aos clientes potenciais do ciclo de vendas quais funcionalidades do produto ainda não estão 100%. Conte aos investidores as surpresas desagradáveis de vendas com a mesma frequência com que compartilha as notícias empolgantes. Admita para si mesmo e para sua equipe ou o conselho de administração que você ainda não está pronto para crescer; que aquele importante executivo que você passou seis meses procurando para contratar não está se encaixando na empresa; que os clientes simplesmente não curtiram o produto que você criou; que você não está se sentindo muito seguro sobre seu futuro no trabalho.

Não estamos dizendo que você deva ser sair por aí falando verdades sem pensar duas vezes. Seja o que for, diga de maneira que o ajude *e ajude a pessoa a quem você está contando a verdade*.

A verdade, mesmo se for dolorosa ou inquietante, é melhor para a equipe e os clientes do que a ignorância prazerosa (e temporária), porque a verdade virá à tona mais cedo ou mais tarde de qualquer maneira.

Nossa cultura empresarial nos ensina que, para ter sucesso, não podemos ser nós mesmos. Precisamos aparentar ser mais do que realmente somos e "posicionar as coisas" para conseguir um emprego, fechar um negócio ou levantar fundos. Além disso, não podemos revelar imperfeições ou dúvidas a qualquer pessoa e, se formos totalmente honestos conosco mesmos, com nossa equipe e nossos clientes, colocaremos tudo em risco. Seja forte, mantenha-se no controle, não demonstre qualquer fraqueza. Caso contrário, você corre o risco de perder o negócio.

Isso é *especialmente* válido para o Vale do Silício, onde as pessoas gostam de se gabar aos quatro ventos que estão arrasando, mas choram sozinhas bebendo em casa ou apresentam pipelines de vendas que aparentam estar cheios, porém, na maior parte, não passam de ilusão.

As empresas, e particularmente os líderes de vendas, precisam dar exemplo e só dizer a verdade. Não apenas porque é a coisa certa a fazer, mas também porque essa atitude renderá mais dinheiro.

A diferença entre "práticas duvidosas de negócios/vendas/marketing" e "práticas honestas de negócios/vendas/marketing" pode ser a diferença entre ganhar dinheiro *à custa dos* clientes e ganhar dinheiro *ajudando* os clientes. A primeira opção é um desastre iminente e, a segunda, é sustentável.

A verdade sempre foi importante no mundo dos negócios. A verdade gera confiança e os clientes compram de pessoas (e marcas) nas quais confiam. E, quando se oculta a verdade, intencionalmente ou não, acaba-se pondo em risco a confiança e a transação. Assim como qualquer relacionamento (romântico, de negócios ou de outra natureza) que se fundamente em mentiras tem base fraca e instável, qualquer empresa ou relacionamento de negócios construído sem honestidade corre o risco de entrar em colapso facilmente.

Há alguma conversa difícil que você deveria ter com um parceiro, gestor, investidor ou cliente, mas está postergando? Mesmo se as pessoas se incomodarem, mesmo se algumas o deixarem, a honestidade desenvolverá a confiança e a reputação com as pessoas "certas", aquelas que decidirão ficar com você. E você tirará um enorme peso das costas. A verdade e a confiança ajudam a manter seu pessoal e os clientes engajados apesar dos pesares. Para isso, você precisará revelar-lhes as más notícias assim que elas ocorrerem, em vez de omitir a verdade. Afinal, *você* não preferiria saber das más notícias em vez de ser protegido delas?

> Encarar o desconforto de ser honesto consigo mesmo e com sua equipe o ajuda a identificar e a lidar com pontos fracos antes de ser prejudicado por eles.

Encarar o desconforto de ser honesto consigo mesmo e com sua equipe o ajuda a identificar e a lidar com pontos fracos antes de ser prejudicado por eles. Sua equipe e seus clientes terão mais confiança em você, e você poderá dormir mais tranquilo à noite.

## O TRANSTORNO DO DÉFICIT DE PIPELINES

Se você trabalha em vendas ou lidera uma equipe, como faz para melhorar suas projeções? Elas sempre serão equivocadas se você ou as equipes insistirem em tentar manter uma lista impecável de oportunidades.

Tudo bem, é fácil montar uma longa lista ou relatório com todas as oportunidades de vendas, de negócios ou de parceria – os ativos, os antigos, os possíveis, os desejados.

Qual é a vantagem de ter muitas oportunidades? Se você tem uma longa lista de oportunidades, pode ser empolgante! "É isso aí! Tem muita coisa acontecendo... Quanto potencial!"

Você pode se animar, sentir que está fazendo progresso, o que, por sua vez, aumenta sua confiança e pode ajudá-lo a fechar vendas. Por fim, com um monte de oportunidades, você tem mais possibilidades de chutar no gol.

### O problema de ter muitas oportunidades

O lado negativo de ter um monte de oportunidades é que, ao se manter ocupado trabalhando em sua lista, você até pode achar que está sendo produtivo, mas, na verdade, pode não estar gerando quaisquer resultados concretos.

Além disso, livrar-se do entulho é uma batalha sem fim. A maioria das pessoas tem dificuldade de dar uma parada para retirar da lista todas as oportunidades que não vingaram.

Uma longa lista de oportunidades pode levá-lo a evitar a realidade e ficar apenas *sonhando* em vez de *fazer*. "Tenho todas essas oportunidades de vendas, não é possível que *nada* dê certo." Bem, é muito possível...

Por fim, uma lista longa demais dificulta prestar um excelente atendimento às pessoas que mais precisam. Em outras palavras, é difícil priorizar seu tempo e você pode acabar diluindo-o, de modo uniforme ou aleatório, por toda a lista.

### O desafio: a honestidade brutal

É impossível manter uma lista 100% honesta e precisa de oportunidades, porque (a) as pessoas podem não responder às suas perguntas, (b) elas podem ter medo ou podem não querer ser sinceras e francas e (c) é fácil para você ouvir só o que quer, e não o que foi dito.

Com que frequência você recebe um "não" claro e inequívoco? Quando um cliente potencial atende sua ligação, muitas vezes ele dirá coisas como "mais tarde" ou "me mande mais informações" ou "pode deixar que eu ligo para você".

Pode até ser que eles estejam sendo sinceros, mas acontece muito de respostas como essas serem versões de "não tenho interesse", só que a pessoa é educada demais para dizer não na sua cara ou tem vergonha de fazer isso. Pode ser difícil ser franco, e isso não tem nada a ver com o grau de experiência das pessoas ou o porte da empresa.

E "só estou sendo educado" ou "não quero magoar ninguém" podem ser desculpas para não ser franco. Se você for educado, diga a verdade com cortesia, em vez de omiti-la.

O problema nesse caso é o medo da rejeição. As pessoas querem a aprovação dos outros e odeiam ser rejeitadas. Por isso também não gostam de rejeitar os outros. No entanto, confundimos rejeição com atitude franca, dizendo claramente que não daria certo.

Além disso, às vezes as pessoas realmente não sabem se daria certo e podem ter vergonha de abrir o jogo. Especialmente nas empresas maiores, com processos mais complexos, as pessoas podem simplesmente não saber em que ponto estão no processo de avaliação ou de compra.

Por fim, a verdade pode levar ao fracasso e à rejeição e ainda pode jogar um balde de água fria na empolgação. Se você já teve uma paixão platônica por alguém, mas não teve coragem de ir atrás e buscar saber se o sentimento era mútuo, sabe bem o que estou dizendo. É mais fácil sonhar do que fazer e pode ser mais fácil agarrar-se à esperança do que vê-la morrer diante da realidade do *não*.

> É mais fácil sonhar do que fazer e pode ser mais fácil agarrar-se à esperança do que vê-la morrer diante da realidade do *não*.

**Faça de tudo para descobrir as duras verdades**

O trabalho com seu pessoal, e a lista de oportunidades deles, é encontrar a verdade, as razões para a verdade, e ajudar as pessoas a *avançar* pelo pipeline ou *sair* dele.

Se eles não tiverem interesse em seu produto, descubra as *razões* para isso: o produto não se ajusta às necessidades ou expectativas delas? Elas não enxergam o valor do produto? Não é o momento certo? Você não tem a pessoa certa? Como pode resolver o problema? Faça com que os dois lados tenham mais facilidade de encontrar a verdade para não precisar mais adivinhar.

- Não culpe ou critique: "Tudo bem de um jeito ou de outro".
- Adote uma atitude focada em "só ajudar": faça com que todos se empenhem em conseguir descobrir juntos se há ou não compatibilidade e, se for o caso, que todos possam avançar para a etapa seguinte.
- Ajude-os a ser francos e diretos dando-lhes uma saída fácil: "Presumo que não é o momento certo/não é de seu interesse/não é prioridade/não é compatível com sua empresa... a não ser que você discorde de mim".
- Faça as perguntas difíceis de um jeito amigável.
- Se a pessoa achar que você está sendo agressivo, ela assumirá uma atitude defensiva, o que impede a verdade.

**Quatro exemplos de perguntas agressivas ou curiosas**

1. Agressivo: "Então, você já conseguiu uma resposta do presidente-executivo?"
   Cooperativo: "Como eu posso ajudar a fecharmos isso até o fim do mês?"
2. Agressivo: "É uma prioridade para você?"
   Cooperativo: "O que é mais importante para você neste momento?" ou "Em uma escala de um a dez, até que ponto é importante fazer isso?"
3. Agressivo: "Quem é o responsável por esse tipo de decisão?"
   Curioso/investigativo: "Quem mais costuma se envolver em decisões desse tipo?"

   Qual é a melhor parte sobre a verdade dolorosa (não importa se o tema for amor ou dinheiro)? Você ficará sabendo se a resposta é sim ou não. E poderá sair da negação e ver com clareza o que precisa ser feito em seguida.

## VOCÊ ESTÁ LEVANDO UMA ETERNIDADE PARA FECHAR UM TRANSAÇÃO EMPRESARIAL?

Na época em que eu estava montando a equipe de prospecção outbound da Salesforce, sabia que tinha desvendado o segredo da prospecção depois do quarto mês, quando os resultados decolaram com cinco vezes de incremento. Para mim, estava mais do que claro, mas a Salesforce levou *mais oito meses* para finalmente decidir apostar mais fichas e reforçar os investimentos na equipe. Posso dizer que foram oito meses absolutamente frustrantes! Seria ótimo se eu soubesse o que sei hoje sobre como as decisões de compra complexas são tomadas e o que leva essas decisões a serem tomadas rapidamente ou a se arrastarem.

Você pode estar frustrado com uma situação parecida: as grandes empresas parecem levar uma eternidade (entre 6 e 12 meses ou até mais) para decidir comprar seu serviço "milagroso", do qual, pelo menos em sua cabeça, é claro que eles precisam.

No entanto, se sua empresa estiver nos estágios iniciais, você pode não perceber que ainda está tentando descobrir se você é (a) algo "necessário" ou (b) "algo bom de ter" para essas empresas e precisa dominar um (novo) nicho. Ou só porque um punhado de early adopters comprou seu produto ou serviço, você pode ter expectativas absolutamente infundadas sobre a rapidez com a qual seus compradores convencionais, as grandes empresas, podem tomar decisões.

*Lembre*: as grandes empresas normalmente tomam decisões *em grupo*, são *avessas ao risco* e podem ser muito *complexas*. Um número maior de pessoas envolvidas equivale a decisões mais demoradas. Ao comprar algo novo ou importante, uma grande empresa pode levar entre seis e nove meses para fechar a compra, considerando que o processo de compra envolva mais pessoas, seja mais complexo, abranja mais sistemas e equipes afetadas, além de menos tolerância ao risco. Tudo isso faz com que seja mais difícil para esses gigantes comprarem.

Desse modo, ao vender a eles, uma das coisas que você precisa fazer não é "vender", mas *ajudá-los a comprar*. As implicações disso são que, muitas vezes, você precisa ajudar a pessoa que quer seu produto ou serviço a vender a ideia internamente aos colegas e chefe(s).

> **Uma das coisas que você precisa fazer não é "vender", mas ajudá-los a comprar.**

Até pode acontecer de você deparar com um early adopter ou um presidente-executivo visionário capaz de acelerar a compra... mas esteja preparado para um processo mais arrastado do que você gostaria que fosse. Fique de olho no cronograma *deles*, não no seu.

Veja cinco dicas para acelerar os ciclos de vendas para grandes empresas.

1. *Encontre um defensor e ajude-o a vender internamente*: quando você conseguir encontrar alguém com influência em uma empresa, em vez de vender para essa pessoa, pense em como ajudá-la a vender para a equipe dela. Sem um defensor, um influenciador ou pelo menos alguém que possa lhe mostrar o caminho das pedras, você não sairá do lugar. Ponha mãos à obra e repasse sua rede de relacionamentos para conseguir descolar indicações para presidentes-executivos e/ou membros de conselho. Se sua rede de relacionamentos for pequena, descubra quem são os altos executivos dos clientes-alvo e pergunte se eles conhecem alguém que possa ter interesse. Suas mensagens precisam atrair esse pessoal sênior e não só os usuários individuais. As preocupações de um diretor de TI são muito diferentes das preocupações de um engenheiro.
2. *Concentre-se nos clientes potenciais que precisam de você e que podem comprar mais rápido*: esqueça todas as dicas e truques para "acelerar os ciclos de vendas"! Convencer um cliente potencial a acelerar um processo decisório é como tentar acelerar um engarrafamento. A solução é evitar engarrafamentos e processos decisórios arrastados. Concentre-se em encontrar o tipo de cliente potencial que tende a comprar mais rápido, o que tem a ver com o próximo item...
3. *Defina com clareza o "perfil do cliente ideal"* e identifique as diferenças entre empresas que compram e empresas que só olham. Atualize sua matriz de nichos e encontre as diferenças entre as pessoas que compram e aquelas que só "enrolam". Seja *específico*. Não caia na armadilha de acreditar que "todo mundo quer isso" e de diluir sua energia tentando vender a um número grande demais de tipos de clientes.
4. *Os clientes potenciais confusos dizem "não"*. Toda sua elaborada mensagem para impressionar professores ou investidores parece uma

grande bobagem no mundo real. Se um cliente potencial não souber ao certo o que você faz ou como pode ajudá-lo, ele dirá não... mesmo se você souber que ele precisa do produto. Os clientes potenciais precisam entender o que você está dizendo e a melhor maneira não é impressioná-los, mas *manter a coisa simples*. Você pode precisar conduzir uma nova bateria de entrevistas para ajudar a renovar sua mensagem.

5. *Não se limite a contar: mostre.* Por que eles deveriam acreditar em você e em suas alegações? Quanto menos você tiver de explicar, quanto mais provas puder mostrar, melhor. Especialmente nas grandes empresas, as pessoas tendem a querer ver muitas "provas sociais" ou, em outras palavras, querem saber que outras empresas similares estão obtendo resultados. As pessoas de grandes empresas não só são avessas ao risco como também são bombardeadas por empresas alegando oferecer todos os benefícios do planeta, sendo que muitas delas nunca cumprem as promessas. Algumas sugestões:

- Estudos de caso comprovam que você cumpre o que promete: detalhes sobre como você ajudou a empresa X a crescer de US$ 10 milhões para US$ 50 milhões em dois anos são mais concretos do que dizer "Nós podemos ajudá-lo a crescer 500% em 12 meses".
- Recomendações, especialmente se alguém da rede de relacionamentos da pessoa conhece seus produtos ou serviços.
- Você tem como lhes oferecer uma amostra grátis para provar suas alegações, em vez de forçá-los a comprar com base em uma suposição.
- Comece o argumento de vendas com um demo ou com painéis de controle para mostrar as vantagens que eles obterão com seu produto, em lugar de contar uma história interminável sobre a empresa.
- Você tem algum demo para apresentar, algo para mostrar, uma história para contar, um diagrama para esboçar, um vídeo para passar?
- Você tem como possibilitar que eles usem seu produto na prática, digamos, com um piloto ou uma amostra grátis? Pode ser uma faca de dois gumes. Se você fizer isso, não presuma que eles simplesmente captarão a ideia. Defina com clareza como seria um piloto de sucesso e as etapas necessárias para chegar lá antes de começar.

# CINCO INDICADORES-CHAVE DE VENDAS (COM UMA SURPRESINHA)

por Fred Shilmover
Presidente-executivo da InsightSquared

Use os cinco indicadores clássicos abaixo, mas os use com mais ponderação do que tem feito até hoje.

1. *Número de oportunidades em aberto (total e por representante)*: calcule o número total de oportunidades em aberto nas quais cada representante está trabalhando em *qualquer momento determinado* e saiba quantas novas oportunidades no total eles deveriam estar obtendo por mês – nem muito nem pouco.

   *O que fazer com isso*: seus representantes devem receber um fluxo suficiente de novas oportunidades, para ter um número constante delas no pipeline para trabalhar, (a) que sejam suficientes para bater a meta, mas (b) sem sobrecarregá-los a ponto de não conseguirem dar conta de tudo.

   Um número comum para um representante de SaaS que trabalhe com transações no valor de US$ 10 mil a US$ 50 mil fazer malabarismos é entre 25 e 30 oportunidades. Seu número pode ou não diferir disso. Para definir o seu, dê uma espiada em sua história. Com quantas oportunidades seus melhores representantes fazem malabarismos? Esse número varia muito de acordo com o segmento, tipo de cliente ou tamanho médio das transações? Quando o número foi alto demais?

   Essa medida também possibilita saber se você precisa aumentar muito o número de oportunidades em aberto (intensificando a geração de leads) ou se a equipe está sobrecarregada (e você precisa contratar mais vendedores).

2. *Número de oportunidades fechadas (total e por representante)*: calcule o número total de oportunidades fechadas, incluindo tanto as que vingaram quanto as perdidas.

   *O que fazer com isso*: seus representantes devem fechar um determinado número de propostas de vendas por mês (independentemente de as oportunidades vingarem ou serem perdidas). É uma espécie de "taxa de produção".

Se eles não tiverem um número suficiente de oportunidades totais, procure saber: eles estão fazendo poucas propostas? Não estão fechando com eficácia? O pipeline deles está cheio de "esperanças" que nunca levam a lugar algum? Eles não estão atualizando o sistema de vendas?

> **Não é bom ter altas taxas de ganho e não é ruim ter baixas taxas de ganho.**

3. *Tamanho das transações*: calcule o valor médio das transações fechadas com sucesso.

   *O que fazer com isso*: conhecer essa métrica facilita identificar oportunidades que destoem do tamanho normal das transações (digamos, três vezes maiores do que a média) e marcá-las para receber uma atenção especial dos representantes. Além disso, se a tendência mostrar um aumento no número de transações pequenas fechadas com sucesso, alguns representantes podem estar focando os peixes pequenos, ou, ainda, eles podem estar aumentando os descontos.

   Se você notar uma nova tendência no tamanho médio de transações, é interessante analisar seu mix de pipeline ou práticas de desconto para descobrir as causas.

4. *Taxa de sucesso*: calcule o número de oportunidades fechadas, em um período de fechamento específico, que renderam vendas (*oportunidades fechadas com sucesso*)/(*total de oportunidades fechadas: com sucesso ou perdidas*). Isso só faz sentido se você notar uma tendência, usar o cálculo para conduzir testes A/B em representantes com segmentos semelhantes ou comparar o número com empresas similares à sua.

   *O que fazer com isso*: não é bom ter "altas" taxas de ganho e não é ruim ter "baixas" taxas de ganho. De uma forma ou de outra, você terá oportunidade de melhorar o sistema de vendas, identificando áreas que vão bem e áreas problemáticas. Por exemplo, se a taxa de sucesso for alta, os preços podem estar baixos demais!

   O jeito mais simples de começar a aumentar a taxa de sucesso de sua equipe é encontrar um ou dois pontos mais problemáticos de seu processo e analisar *tanto* "dentro" (por exemplo, um processo de demo melhor) *quanto* "fora" da equipe (por exemplo, uma amostra grátis mais fácil ou um esquema de preços mais simples)...

Se você estiver escalando sua equipe de vendas, é comum ver uma queda das taxas de sucesso. O problema se deve aos novos contratados? A qualidade de leads ou a qualidade da gestão mudou de alguma forma? Ou isso aconteceu devido a mudanças na embalagem, no esquema de preços ou no site? Você precisa investigar para descobrir exatamente onde as oportunidades estão sendo perdidas, para encontrar a causa do problema

> Não presuma, investigue.

Analise o funil de vendas e conheça as conversões em todas as etapas até o fechamento bem-sucedido de uma oportunidade. Se a maioria dos representantes está tropeçando na mesma área, não os culpe. O problema pode estar fora do controle deles. Nomeie um investigador para descobrir o que realmente está acontecendo.

Se alguns representantes específicos estiverem repetidamente apresentando taxas de sucesso muito mais altas ou mais baixas, não tire conclusões precipitadas e não saia por aí distribuindo críticas ou elogios. Comece analisando os dados deles para identificar as razões e aprender com isso. Um representante de vendas com altas taxas de sucesso repetidas pode ser talentoso em vendas ou talentoso em coagir os clientes ou em escolher só os melhores clientes potenciais.

Não presuma, investigue. Analise as taxas de sucesso com outros dados para ver a história toda. Por exemplo, as taxas de sucesso de leads resultantes da propaganda boca a boca (sementes) devem ser muito mais altas do que de leads gerados pelo marketing (redes) ou pela prospecção outbound (lanças).

5. *Ciclo de vendas*: mensure a duração ou o tempo médio (normalmente em dias) que a equipe leva para fechar uma venda e, de preferência, quanto tempo as oportunidades passam em cada estágio de venda.

    *O que fazer com isso*: o melhor objetivo para utilizar essa métrica não é verificar sua velocidade, mas saber se está tudo certo com as transações atuais ou se elas não vão bem das pernas. Uma oportunidade passou três vezes mais tempo do que a média no mesmo estágio? Isso não é legal. Assinale o evento com uma bandeira vermelha!

Mais rápido nem sempre é melhor. Concentre-se em descobrir quais são os tempos "certos" para gerar clientes e transações fechadas. Por exemplo, às vezes os clientes avançam rápido demais e se apressam para fechar uma transação que acaba dando com os burros n'água, porque eles não fizeram a lição de casa.

*A ideia é*: em vez de ficar avaliando essas métricas em termos de altas/baixas ou boas/ruins, use-as para investigar os sistemas de vendas e descobrir quais fatores os afetam mais.

# CAPÍTULO 14
# SÓ PARA STARTUPS

*As startups são uma raça especial.*

## TODA EMPRESA DE TECNOLOGIA DEVERIA PRESTAR SERVIÇOS

Muitas empresas, em especial novas empresas de tecnologia, têm medo de montar uma equipe de serviços profissionais (ou fazer *qualquer coisa* manualmente), porque "não seria escalável". Mas não dá para escalar algo que ainda não está funcionando. E não existe uma maneira melhor de saber o que precisa ser feito para satisfazer os clientes do que trabalhar lado a lado com eles.

Especialmente se você estiver fazendo o SaaS pela primeira vez (ou até pela segunda vez), a ideia toda de cobrar por "serviços" pode parecer uma heresia. Posso dizer que foi o que pensei na EchoSign.

- Se seu produto é tão fácil de usar que você mal precisa de vendedores, por que diabos precisaria cobrar pela implantação? Pelo suporte técnico? Pelo treinamento e engajamento?
- Não é um pouco inapropriado cobrar por serviços? Seu produto não fica parecendo obsoleto, desajeitado, deselegante ou complexo?
- A receita proveniente de serviços não é um desperdício? Por exemplo, esse tipo de receita não é recorrente e não gera uma verdadeira receita recorrente anual. Será que essa receita realmente conta? Afinal, somos uma empresa de SaaS.

Pode ser. Talvez para 15% das pessoas do mundo, abrangendo superengenheiros ou early adopters, pode não fazer qualquer sentido cobrar por serviços.

Para começar, presumimos que tenha acertado em cheio na oferta de produto (provavelmente não é o caso, pelo menos não tanto quanto você acredita). Os serviços colocam seu pessoal cara a cara com os clientes e podem ser a melhor maneira de conhecer em detalhes quais clientes acham que é fácil obter valor de seu produto e quais acham difícil.

Tudo bem, então você tem o produto perfeito e está fechando transações cada vez maiores. Falemos de dinheiro.

O problema é que a grande maioria dos contratos de seis dígitos, praticamente todos os contratos de sete dígitos e um punhado de contratos de cinco dígitos *sempre* incluem um componente de serviços.

E os serviços quase sempre parecem compor, em média, 15% a 20% do valor anual do contrato.

Lembro como foi confuso para mim, na primeira vez que deparei com esse problema, em um dos primeiros contratos de cerca de US$ 80 mil ou US$ 90 mil (ainda na faixa dos cinco dígitos) na EchoSign. Passamos por uma negociação brutal para definir o preço. E, no fim, o cliente nos enviou um cronograma de serviços. Depois de perdermos feio na definição do preço do contrato anual, o cronograma de serviços que o cliente elaborou (sem eu nem chegar a pedir) nos *garantiu* US$ 20 mil adicionais por ano, presumindo um preço dos serviços de US$ 250 por hora. Só entendi o que estava acontecendo quando assumi o cargo de VP de uma empresa de tecnologia da *Fortune 500*. Mas a resposta, ao que parece, passa a ser simples quando você capta a ideia.

Para começar, os clientes de médio e grande porte *sempre precisam fazer a gestão da mudanças quando contratam um novo fornecedor*. E os compradores não apenas sabem que há um custo associado a isso (um custo mais *soft* do que *hard*)... como querem minimizar ao máximo a gestão de mudanças que precisarão fazer por conta própria. Se você puder dar o treinamento para eles por alguns trocados, poupando-lhes um bocado de tempo, eles acharão que é um negócio da China.

> **Os compradores querem minimizar ao máximo a gestão da mudança que eles precisarão fazer por conta própria.**

Em segundo lugar, os clientes de médio e grande porte geralmente *não têm uma pessoa para dar conta da implantação internamente*. Assim, mesmo se você não estivesse poupando dinheiro ao cliente – ajudando na implantação, no *roll-out*, no suporte técnico e assim por diante –, eles provavelmente não teriam ninguém para fazer isso internamente de um jeito ou de outro. Você fará uma parte, uma grande parte ou tudo para eles. Eles não acharão ruim se tiverem de pagar por isso, pelo menos se forem uma grande corporação.

E, ainda mais importante, *é assim que os negócios são feitos e é assim que o orçamento funciona*. Quando grande parte das empresas maiores inclui um novo fornecedor em seu sistema de ERP, elas normalmente incluem um ou dois novos itens de orçamento ao lado do preço do contrato. Na maioria dos casos, essas empresas incluirão um item adicional para o serviço e a implantação. E, às vezes, também um item adicional para *add-ons* necessários para a boa implantação (por exemplo, a EchoSign para ajudar a implantar a Salesforce). Esses dois itens normalmente recebem uma verba entre 15% e 20% do valor do contrato. Desse modo...

- Você provavelmente não conseguirá cobrar 15% a 20% adicionais por serviços, implantação e treinamento para um produto de US$ 99 ao mês. Bem, até poderia, mas provavelmente não seria rentável e não valeria a pena.
- No entanto, assim que a venda atingir a casa dos cinco dígitos, analise a possibilidade de cobrar entre 15% e 20% mais pelos serviços. O cliente provavelmente aceitará.
- E planeje cobrar e entregar serviços adicionais em transações de US$ 50 mil ou mais. Os clientes não reclamarão de ter de pagar e, inclusive, *esperarão* ter de abrir a carteira.

Se você não cobrar, estará apenas jogando dinheiro fora, pois terá de fazer o trabalho de qualquer maneira. E o cliente ainda pode achar que você é amador, que não é um fornecedor sério.

É importante observar que essa receita adicional por serviços ainda "conta" como receita recorrente se for inferior a mais ou menos 25% de suas receitas. Não digo literalmente (já que essa receita não é recorrente), mas o que quero dizer é que o mercado financeiro e os investidores de risco, empresas adquirentes e todo o resto continuarão considerando sua empresa como sendo 100% de SaaS se menos de 25% de suas receitas não forem recorrentes. E você garantirá o mesmo múltiplo de receita recorrente anual do SaaS sobre essas receitas adicionais por serviços: o mesmo múltiplo, sem qualquer trabalho adicional, entre 10% e 25% mais receita e um caixa adicional, não diluído, entrando em sua empresa.

Não jogue fora a receita de serviços.

## NO QUE JASON COSTUMA INVESTIR E O QUE VOCÊ PRECISA FAZER PARA LEVANTAR FUNDOS A FIM DE GANHAR ESCALA?

Quando invisto meu próprio dinheiro, procuro por três fatores para decidir em quais empresas alocar o capital de risco: excelentes empreendedores, fatores econômicos acima da média (a facilidade que eles têm de ganhar dinheiro) e um mercado que possa ser interessante daqui um ou dois anos.

1. *Excelentes empreendedores:* considerando que já fundei uma empresa de SaaS, procuro investir em empreendedores que são melhores do que eu fui. Eles podem não saber tudo que sei hoje, mas são melhores na idade deles do que eu era?
2. *Fatores econômicos acima da média*: procuro empresas que usem melhor os fatores econômicos do que usei na EchoSign. Se você vender algo por US$ 1 mil, mas puder cobrar US$ 10 mil pelo mesmo trabalho, sua vida poderia ser dez vezes mais fácil.

> Se você vender algo por US$ 1 mil, mas puder cobrar US$ 10 mil pelo mesmo trabalho, sua vida poderia ser 10x mais fácil.

3. *Um mercado interessante*: procuro um produto pelo menos vagamente posicionado em um bom mercado. Os mercados mudam, mas procuro bancar uma empresa que atue em um espaço com possibilidade de atrair outros investidores mais adiante.

### É ao mesmo tempo mais fácil e mais difícil

As melhores startups de SaaS, como a Zenefits, a Slack ou a TOPdesk, são capazes de crescer mais rápido do que nunca quando acertam. O problema é que atingir a compatibilidade entre produto e mercado nunca foi tão difícil. Hoje em dia o ruído é maior, com dezenas de empresas competindo pelo mesmo espaço, e as expectativas do usuário são mais altas. As grandes ideias, que já costumavam ser vendidas a preço de banana, hoje chegam a valer ainda menos.

### Pense grande

Os investidores de risco profissionais precisam sair com US$ 1 bilhão no bolso para que seu investimento tenha sucesso. Assim, só se interessam por sujeitos que estejam pelo menos tentando construir algo que valerá bilhões. Os investidores anjos e os investidores voltados só a inovações em estágio superinicial têm objetivos mais amplos, mas os maiores investidores de risco precisam investir em pessoas absolutamente insanas com ideias aparentemente insanas que só poderão fazer sentido no futuro. O conceito do Airbnb parecia uma loucura total no começo, mas, hoje, é um grande sucesso.

### Quais fatores podem atrair investidores a sua empresa?

O jeito mais simples de responder a essa pergunta é usando uma matriz do tipo 2 × 2: tração e equipe. Muitos empreendedores cometem o erro de não perceber que nenhuma equipe *ou* nenhuma tração equivalem a nenhuma verificação. Eles acham que podem levantar fundos tendo só um ou o outro. Se você ainda não tiver clientes no SaaS, não passe o chapéu para os investidores de risco, nem mesmo para os investidores anjos mais sofisticados. Pode esquecer, eles não abrirão a carteira. Você precisa de alguma prova social na equipe ou algum plano para fazer isso acontecer.

### As startups podem crescer sem financiamento?

Para crescer sem financiamento, você normalmente tem de se concentrar primeiro na base da pirâmide do mercado e crescer a partir daí. Comece focando pequenas transações e vá subindo para o nível das grandes corporações, a fatia mais lucrativa do SaaS.

> Comece focando pequenas transações e vá subindo para o nível das grandes corporações, a fatia mais lucrativa do SaaS.

Se conseguir fechar repetidamente transações de seis, sete ou oito dígitos, terá um negócio bastante rentável. Mas você precisa de uma equipe de vendas profissional. Precisa de uma boa marca, um site elegante e bons materiais. Precisa de uma equipe de desenvolvimento capaz de atender pedidos adicionais, pessoas atuando em serviços e pessoal especializado na área de sucesso do cliente. Precisa investir para, por exemplo, pagar um salário de seis dígitos para algumas pessoas. É meio difícil fazer tudo isso sem um financiamento de milhões.

Se quiser fazer isso sem qualquer capital (ou com um capital mínimo), quase sempre terá de subir aos poucos. No entanto, não é preciso restringir-se a pequenas transações para sempre e pode partir para os peixes maiores. A Box começou com um produto *freemium* e hoje o *freemium* constitui menos de 1% da receita da empresa. Mas quase sempre será praticamente impossível fazer isso sem capital se você tiver clientes verdadeiramente corporativos, porque precisará de um exército de colaboradores.

### Conselhos para pessoas que querem que eu invista

Vá para o site SaaStr.com para saber as últimas notícias sobre meus financiamentos e como entrar em contato comigo. Envie o e-mail mais detalhado que conseguir elaborar, incluindo um arquivo de PowerPoint, todas as métricas e por que você acha que seu produto é espetacular.

Eu converso com, no máximo, um empreendedor por semana, mas leio quase tudo. E sou capaz de processar muita coisa off-line, porque já fiz isso antes, então o segredo não é tentar me impressionar com uma linha de assunto instigante... e não adianta me mandar um link para eu fazer o download de algum arquivo nem um teaser.

### As principais métricas para uma startup

Muitas pessoas que atuam no SaaS se importam mais com as métricas do que eu. Aprendi que muitas dessas métricas não fazem muita diferença no começo. Não me importo muito com o valor do tempo de vida do cliente (LTV). O custo de aquisição do cliente (CAC) não faz muita diferença para mim, porque, se você tiver uma boa startup, essa métrica sempre será baixa no começo e deve ir subindo depois.

Se você tiver clientes verdadeiramente corporativos, eles devem durar entre cinco e sete anos mais ou menos. Se você vender para várias pequenas empresas pagando no cartão de crédito, o *churn* desses clientes será de 3% a 4% ao mês. Pode não parecer muito, mas um *churn* de 4% ao mês equivale a perder 48% dos clientes em um ano.

Tudo o que eu preciso saber é:

**1.** Quanto seu faturamento está crescendo?
**2.** Quanto dinheiro você está queimando?

Com essas duas métricas, tenho como conhecer toda sua história. Eu só procuro uma coisa: uma startup que cresça pelo menos 15% de um mês ao outro, sem perder muito caixa depois de atingir receitas de US$ 1 milhão. Se sua taxa de queima de dinheiro (*burn rate*) for tolerável, se você puder crescer 15% ou mais, se tiver US$ 1 milhão em receitas e empreendedores espetaculares e ainda atuar em um excelente mercado, você provavelmente receberá um cheque meu. Empreendedores melhores do que eu e a capacidade de aumentar a receita recorrente anual de US$ 1 milhão para US$ 10 milhões em cinco trimestres ou menos... isso chama a minha atenção. Tirando isso, não ligo muito para o que seu produto de SaaS faz.

As Slacks, as Zenefits e as TOPdesks da vida conseguiram essa façanha em cinco trimestres ou menos. As melhores empresas dão um jeito. E não é só porque seus empreendedores são melhores (na verdade, eles nem são tão melhores assim), mas porque *todos* os mercados continuam crescendo. A proporção da verba do diretor de TI alocada ao SaaS nunca foi tão alta e não para de crescer. E, se 1% a mais dessa verba passar a ser alocado ao SaaS, um mercado desse tamanho é capaz de financiar muitas startups de bilhões de dólares.

> Você é capaz de aumentar a receita recorrente anual de US$ 1 milhão para US$ 10 milhões em cinco trimestres ou menos?

## COMO DEVE SER O EFETIVO DE UMA EMPRESA DE SAAS COM CEM COLABORADORES

As empresas em estágio inicial (menos de US$ 2 milhões) costumam ficar um pouco chocadas com o número de pessoas e funções de que precisarão para atingir, e suplantar, a marca dos US$ 10 milhões. O SaaS requer muitas funções além da engenharia, especialmente se for impulsionado por vendas: prospecção outbound, representantes de desenvolvimento de vendas, inbound marketing, vendas em campo, marketing, sucesso do cliente, suporte técnico, uma gestão de produto mais complexa e por aí vai. Em geral, a maioria dos fundadores precisa contratar por volta de duas vezes mais pessoas do que planejaram. Vejamos como isso funciona em detalhes.

Digamos que você tenha uma receita recorrente anual de US$ 10 milhões e possa contar com um financiamento decente. Nessa situação, você provavelmente terá cem colaboradores ou pelo menos isso quando chegar a uma receita recorrente anual de US$ 15 milhões. Como será se você trabalhar com um modelo impulsionado por vendas? Se você não tiver uma "aversão às vendas" e não se limitar a esperar de braços cruzados os leads chegarem organicamente, mas se investir ativamente no desenvolvimento mais rápido de leads e de vendas?

Suponhamos que as vendas estejam crescendo 100% ao ano e você queira bater, digamos, a meta de US$ 20 milhões de receita recorrente anual no ano seguinte.

> Não use essas orientações como um plano de contratação. O objetivo aqui é ajudá-lo a entender as possibilidades do efetivo de pessoal, e não dizer quem e quantas pessoas você deve contratar.

Do lado de vendas, necessitaremos de um efetivo de cerca de quarenta pessoas com uma ARR de US$ 10 milhões (para crescer 100% no ano seguinte):

- um VP de vendas e provavelmente um VP ou diretor de operações de vendas e pelo menos um analista reportando-se a ele (um efetivo de três pessoas). Digamos, vinte representantes de vendas para atingir a meta de US$ 20 milhões de ARR, porque estaremos acrescentando US$ 10 milhões ao ARR no ano seguinte e ainda mais até o fim do ano. Na verdade, é interessante ter mais do que isso em meados do ano, considerando que estaremos incluindo tantos novos contratos/ARR líquida. Faça um orçamento para 25 no total;
- pelo menos oito representantes de desenvolvimento de vendas para cuidar da geração de leads, prospecção outbound e para responder aos inbound leads. Cada caso é um caso, mas uma proporção de 1:3 funciona bem para propósitos de modelagem. *Muitas empresas já têm*

*essa equipe atuando no marketing, de modo que o marketing pode ser o único responsável por uma cota de geração de leads;*
- provavelmente três a quatro diretores de vendas para gerenciar os 25 representantes (oito representantes por diretor é uma proporção padrão que costuma dar muito certo);
- nem entrarei em detalhes para pequenas empresas ou corporações, equipes internas ou equipes de campo. Com um ARR de US$ 10 milhões, provavelmente será interessante ter duas ou três pessoas em vendas de campo para grandes transações.

Na área de sucesso do cliente, provavelmente será necessário um efetivo de uns vinte colaboradores.

- Suponha uma ARR de US$ 1,5 milhão por gestor de sucesso do cliente. Então, precisaremos de cerca de 15 gestores de sucesso do cliente para atingir a meta do próximo ano, embora possamos contratar mais alguns para o fim do ano, de modo que podemos pensar em 15 por enquanto.
- Um VP para gerenciar esse pessoal, dois administradores para gerenciar metade dos gestores de sucesso do cliente cada e provavelmente um analista para ajudar na análise de dados e assim por diante (quatro).

No marketing, isso pode variar com base nos fornecedores externos, mas penso em algo entre quatro e oito colaboradores:

- VP de marketing;
- diretor de geração de demanda;
- diretor de marketing de campo (eventos etc.);
- marketing de conteúdo;
- marketing de produto;
- provavelmente representantes de qualificação de leads do próprio marketing para cuidar dos leads qualificados pelo marketing (dois a três).

No suporte técnico, é interessante ter um serviço 24 horas por dia e sete dias por semana neste ponto, incluindo atendimento por telefone. Suponhamos que você precise de um efetivo de no mínimo cinco pessoas, de preferência seis.

Tudo bem, então chegamos a umas setenta pessoas sem um único engenheiro! Agora, passemos para a divisão de produtos e engenharia.

No produto, precisaremos de pelo menos quatro colaboradores e até esse número não é muito:

- um VP de produto para gerenciar a coisa toda;
- dois a três gerentes de produto para administrar os segmentos do produto, integrações, lançamentos, e assim por diante.

Em operações de desenvolvimento ou operações técnicas (*techops*), provavelmente precisaremos de uns três a quatro sujeitos só para garantir uma cobertura 24 horas por dia e sete dias por semana. Quatro seria muito melhor do que três. É exaustivo ficar de prontidão. Pode ser melhor ter entre seis e sete.

Na engenharia, penso que, em geral, necessitaremos de umas vinte pessoas. São duas "equipes de pizza", mais alguns engenheiros, para lidar com todas as coisas malucas da próxima geração e alguns para se concentrarem em consertar as coisas, o *back-end* e assim por diante. Queremos dois designers para trabalhar com a equipe de *front-end* nesse ponto.

Finalmente, teremos de contar com analistas de garantia de qualidade, provavelmente pelo menos oito engenheiros de garantia de qualidade e um gestor. Você pode usar a RainforestQA ou algum outro recurso para preencher seu efetivo mas, caso contrário, na melhor das hipóteses presuma uma cobertura de 1:2. Assim, com vinte engenheiros escrevendo o código, precisaremos de oito pessoas, no mínimo, na equipe de garantia de qualidade quando as coisas estiverem a pleno vapor, mais um chefe para a equipe.

Isso totaliza cerca de quarenta colaboradores de produto e engenharia que você desejará ter quando tiver uma ARR de mais ou menos US$ 10 milhões. Ou 110 no total, fora as pessoas das quais você precisará em administração, finanças e assim por diante.

Sei que passei dos cem nessa conta... Então, vá reduzindo proporcionalmente a partir daí. Mas necessitará desses colaboradores adicionais para atingir as metas de crescimento.

Observe que tenho muito mais pessoas em vendas, marketing e sucesso do cliente do que o modelo típico de empresas de capital aberto (cerca de 30% em vendas e marketing por receita). Mas isso costuma acontecer porque, nesse ponto, essas empresas demoram mais a crescer em termos percentuais do que você, têm cotas maiores e/ou não investem com tanta agressividade no sucesso do cliente.

Em outras palavras, presuma que a maior parte do quadro de funcionários em um negócio de SaaS com uma ARR de US$ 10 milhões não está criando o produto, mas ajudando a vender, promover e dar suporte técnico ao produto.

> **Presuma que a maior parte do quadro de funcionários em um negócio de SaaS com uma ARR de US$ 10 milhões não está criando o produto, mas ajudando a vender, promover e dar suporte técnico ao produto.**

# PARTE IV

# DOBRE O TAMANHO DE SUAS TRANSAÇÕES

**A dura verdade:** É difícil construir uma grande empresa com pequenas transações.

CAPÍTULO 15

# CÁLCULOS PARA DEFINIR O TAMANHO DE SUAS TRANSAÇÕES

Faça de tudo para buscar clientes maiores assim que puder. Veja as razões para isso.

## O QUE JASON APRENDEU: VOCÊ PRECISA DE 50 MILHÕES DE USUÁRIOS PARA O FREEMIUM FUNCIONAR

Depois de ter passado mais de seis anos desenvolvendo o maior serviço de assinatura eletrônica freemium da web na EchoSign, aprendi uma importante lição: quase todo mundo erra nas projeções de quanta receita é possível gerar com um produto grátis e quantos usuários optarão por fazer o upgrade para uma versão paga. É tentador acreditar no conto de fadas de que distribuir coisas de graça gerará grandes ondas de fãs inbound que poderão ser convertidos em clientes pagantes a uma taxa elevada.

Mas, em nove de cada dez vezes, é melhor não esperar que um modelo freemium gere a maior parte de sua receita. Especialmente se você planejar crescer bastante. Pense que o primeiro mundo simplesmente não tem empresas suficientes para chegar a um negócio de US$ 100 milhões usando o modelo freemium com muita frequência.

Façamos os cálculos.

- Suponha que você possa ganhar US$ 10 ao mês por usuário pago (muitas vezes isso não será possível).
- Para ter um negócio de US$ 100 milhões, você necessitará de quase 1 milhão de usuários pagos.
- Para fins de simplicidade, suponha uma taxa de conversão de 2% de usuários ativos em clientes pagantes. Você precisaria de 50 milhões de

usuários ativos. Não usuários de faz de conta ou usuários que se cadastram mas nunca voltam, nem usuários que usam seu produto uma vez por ano, mas sim 50 milhões de usuários ativos, empolgados e engajados que usam seu produto regularmente. É extremamente difícil chegar a isso, mas pode acontecer. O Facebook tem 1 bilhão. O Twitter passou desse número, e o Pinterest pode até ter chegado a isso, mas, no mercado de pequenos escritórios ou homeoffices, ou de pequenas e médias empresas, é raríssimo chegar a 1 milhão de clientes pagantes. Poucas empresas têm 1 milhão de clientes corporativos ou 50 milhões de usuários ativos, à exceção de empresas como a Intuit, a Microsoft, a Adobe e o PayPal. Mesmo se estiver tentando criar um negócio de US$ 10 milhões, você ainda precisará de 5 milhões de usuários gratuitos ativos (não usuários totais). O que também não é nada fácil.

Isso quer dizer que é impossível criar um negócio de US$ 100 milhões com o modelo freemium? De jeito nenhum. É possível criar, desenvolver e propagar o negócio.

Por exemplo, na EchoSign, o freemium puro (isto é, um sistema sem intervenção humana, no qual as pessoas começam com a versão gratuita e elas mesmas compram algum tipo de upgrade) nunca excedeu 40% de nossa receita. Quando ultrapassamos os primeiros US$ 10 milhões em ARR, as vendas freemium começaram a cair e nunca excederam um terço da receita.

Outro bom exemplo é o Box. O Box ultrapassou os US$ 100 milhões em receita, mas se "inclinou" de um produto em grande parte freemium a um foco empresarial voltado a fechar transações de assinatura anual de seis e sete dígitos. Hoje em dia, o freemium representa uma pequena proporção da receita da empresa. O modelo continua gerando receitas, mas não o suficiente para atingir os US$ 100 milhões.

O DropBox ultrapassou os US$ 100 milhões com o freemium, mas tem mais de 500 milhões de usuários que provam que você terá de contar com milhões de pessoas usando ativamente seu produto para escalar o modelo freemium para o patamar dos nove dígitos. Uma exceção que confirma a regra. E, o mais importante, o crescimento do DropBox se baseia nos consumidores, não em empresas.

> O freemium por si só tem seus limites, mas ajuda a desenvolver sua marca.

O freemium pode expor a empresa ou marca a milhões de pessoas, o que gera leads. Alguns ruins, alguns qualificados, sendo que muitos deles devem buscar um vendedor. Essas pessoas já usaram o produto, gostaram e estão quase prontas para comprar... e só precisam esclarecer uma ou duas dúvidas antes de bater o martelo.

Um freemium puro e automatizado – que você pode colocar em um site e esperar o dinheiro entrar automaticamente – é uma ideia maravilhosa... quando funciona. No entanto, é muito mais difícil de fazer do que você imagina, especialmente se você nunca o fez.

Receber uma pomposa oferta de aquisição, sozinho? Até pode acontecer, mas é extremamente improvável. A questão é: não acredite no sonho de que oferecer alguma coisa de graça criará uma curva de crescimento mágica. O freemium não passa de um ponto de partida. Você terá de usá-lo como uma plataforma de lançamento e partir daí, incluindo mais camadas em seu esquema de preços e ajudando as empresas maiores a comprar pacotes maiores.

## COMECE COM PEQUENAS TRANSAÇÕES E CRESÇA COM AS GRANDES TRANSAÇÕES

Qual é o jeito mais rápido de chegar aos US$ 5 milhões em receita? Fechando 1 milhão de pedidos a US$ 5 cada, fechando 100 pedidos a US$ 50 mil cada ou fechando dez pedidos a US$ 500 mil cada?

Você pode gerar milhões de dólares sem precisar de milhões de usuários.

Na Parte I, "Garanta seu nicho", falamos da Avanoo, a empresa de treinamento corporativo de funcionários que passou de alguns milhares de dólares em receitas para US$ 5 milhões em pouco mais de um ano.

Ela não conseguiria essa façanha – pelo menos não tão rápido – se tivesse ficado com o primeiro preço, vendendo cursos aos consumidores no esquema "dê seu preço" por uma média de US$ 5 cada.

Mas agora, fechando transações de mais de US$ 50 mil (e a caminho de vender ofertas de seis e sete dígitos), a Avanoo pode aumentar a receita muito, muito mais rápido. Hoje ela vende para empresas que conseguem pagar bem (empresas da *Fortune 2000*), que têm uma necessidade clara e clientes que podem indicar. É só uma questão de tempo antes de aumentar de novo o tamanho de suas grandes transações. Naturalmente, só o tempo dirá até que onde poderá aumentar o tamanho das transações, manter a competitividade e crescer rapidamente em um mercado tumultuado.

Se você está tentando crescer em grandes saltos, concentre-se em dobrar o tamanho médio das vendas tanto quanto se empenha em encontrar e fechar o dobro de transações. Ou, se você já tiver uma máquina de geração de leads funcionando sem percalços, pode fazer isso para quadruplicar o crescimento – dobrando o tamanho das transações enquanto dobra o número de leads.

> **Empenhe-se em dobrar o tamanho médio das vendas tanto quanto se empenha em encontrar e fechar o dobro de transações.**

Você pode fazer isso usando uma combinação de geração de leads direcionados, alteração do esquema de preços, criação de pacotes para um público mais sofisticado, lançamento de produtos premium com funcionalidades empresariais, desenvolvimento ponderado de parceiros de canal ou qualquer outro recurso. Isso não acontece da noite para o dia, mas você pode tomar medidas concretas para chegar lá.

De qualquer maneira, comece com a pergunta: "Quais condições teriam de existir para fechar transações dez vezes maiores do que estamos fechando hoje?"

Muitos empreendedores, especialmente os de primeira viagem, acham que as pessoas estarão dispostas a pagar muito pouco. Também é fácil para executivos experientes cair na rotina com uma divisão ou equipe, devido à inércia ou ao hábito. Tente romper essas limitações e se sair com maneiras de dobrar ou triplicar a receita por cliente respondendo as perguntas a seguir:

- O que precisaríamos fazer para aumentar dez vezes nossa receita?
- O que precisaríamos fazer para aumentar dez vezes o tamanho das maiores vendas?
- Como poderíamos encontrar e trabalhar com clientes para quem a nossa solução valeria dez vezes o preço que estamos cobrando atualmente?

Isso funciona para empresas em estágio inicial com dificuldade de atingir uma taxa de execução de US$ 1 milhão – empresas que precisam dar uma parada e repensar sua estratégia porque estão se voltando a clientes de US$ 500 ou US$ 1 mil, mas não estão fazendo as contas do funil e não estão se tocando de que podem precisar de centenas ou milhares desses clientes para bater suas metas de receita!

Isso funciona para empresas tão obcecadas em "conquistar novos clientes" que tiraram os olhos do "crescimento da receita", sem perceber que são duas coisas diferentes.

Tirando o 0,1% dos apps mais vendidos na Apple App Store, a maioria das empresas tem dificuldade de promover e fechar um grande número de pequenas transações. Como você poderia ser mais ambicioso? Por exemplo:

- *Produtos de SaaS*: quais tipos de funcionalidades de gerenciamento seriam necessárias para vender pacotes de 50, 500 ou 5 mil usuários?
- *Produtos freemium ou baratos*: de que as empresas precisam tanto que estariam dispostas a pagar por uma assinatura anual de cinco, seis ou sete dígitos? Ou que tipos de parceiros de canal e de distribuição teriam um grande público faminto por seu produto?
- *Apps de smartphone*: você consegue pensar em um jeito de vender pacotes em grandes quantidades a empresas? Ou revender a tecnologia ou sua expertise diferenciada a alguma empresa?
- *Livros, programas on-line ou workshops*: você consegue pensar em parceiros que possam ajudar a vender em grandes quantidades? Como esses pedidos poderiam levar a um contrato de consultoria ou serviços de cinco dígitos, e depois a seis dígitos e, em seguida, a sete dígitos?
- *Jeans ou camisetas*: que tipos de empresa comprariam jeans ou camisetas em grandes quantidades ou dariam um excelente canal para vender com lucro muitos jeans ou camisetas para você? (Para cada sucesso de camisetas do tipo "Threadless", há provavelmente cinquenta outras empresas tentando vender com lucro camisetas individuais e outros pequenos itens diretamente ao consumidor.)

## O que mais amamos e odiamos nas pequenas transações

Não importa se o que se quer é vender software, produtos ou serviços: quando a maioria das pessoas abre um negócio, elas naturalmente querem conquistar quaisquer clientes que puderem. Isso normalmente implica transações menores, pelos quais os clientes muitas vezes pagam entre nada e alguns poucos milhares de dólares. "Pequeno" é um *excelente* lugar para começar, porque é mais fácil ganhar ímpeto e ajustar-se à medida que avança. Além disso, com pequenos clientes você tem a oportunidade de receber feedback valioso, montar estudos de caso e investigar os efeitos sobre a comunidade.

E as empresas menores podem ser mais desorganizadas ou menos certas de seu planejamento. Não raro elas só estão tentando sobreviver e não crescer, não podem se dar ao luxo de pagar muito, não têm condições de pagar à vista, podem comprar por impulso ou não ter tempo, pessoas ou dinheiro necessário para levar o processo até o fim.

Não temos nada contra as empresas menores – elas são maravilhosas e constituem a espinha dorsal de nossa economia. Mas não pense que você poderá construir um grande negócio com pequenas transações ou pequenos clientes.

> Não pense que você poderá construir um grande negócio com pequenas transações ou pequenos clientes.

### O que mais amamos nas grandes transações

Uma vez que você comece a avançar, uma das melhores maneiras de dobrar seu crescimento sem ter de dedicar mais tempo ao trabalho é fechando transações maiores.

Com transações maiores, você (a) ganha muito mais dinheiro, (b) pode empenhar-se menos e (c) pode ajudar os clientes a ter mais sucesso. Se você estiver vendendo a seu perfil ideal de cliente, fechar uma transação de US$ 100 mil não deve dar muito mais trabalho do que fechar uma de US$ 10 mil, e pode nem levar mais tempo. Então, se exigir duas ou três vezes mais tempo e esforços, mas se ganhar dez vezes mais receita, e se os clientes receberem dez vezes mais valor, valerá muito a pena!

Não tenha medo de aumentar os preços ao vender para empresas maiores com necessidades maiores. Transações maiores podem levar mais tempo para serem fechadas, mas vale muito a pena esperar.

O tamanho da transação não determina a duração do ciclo de vendas, que é afetada por fatores como:

- clareza na definição de um nicho, especialmente para se transformar em uma necessidade e não em mero "algo bom de ter" para os executivos;

- o número de pessoas envolvidas em uma decisão de compra (nas grandes empresas mais pessoas são envolvidas, as decisões são mais complexas e levam mais tempo);
- venda com base no valor, não no preço, e com vantagens especiais que os clientes não conseguem obter em outros lugares;
- sua capacidade de mostrar provas convincentes dos resultados.

Além disso, as transações maiores podem levar a resultados melhores para os clientes.

- *Melhor atendimento*: você pode concentrar seu pessoal de atendimento ao cliente/sucesso do cliente em um número menor de clientes, garantindo que eles obtenham o máximo valor pelo produto.
- *Maior comprometimento*: a não ser que você esteja vendendo para pessoas que não são compatíveis com seu produto ou não estão prontas para ele, transações maiores devem levar a empresas que possuam mais *necessidade*, *comprometimento* e *recursos* para tirar o máximo do produto.
- *Mais pagamentos à vista*: trabalhar com transações maiores em geral implica trabalhar com empresas que têm caixa disponível ou um bom financiamento para *pagar à vista por contratos de um a três anos*, um fator importantíssimo para promover o crescimento dos negócios!

### O melhor dos dois mundos

Deixemos claro: não estamos dizendo para você abrir mão das pequenas transações. Use as pequenas transações para começar, valorize e idolatre esses clientes... mas não pense pequeno e não se *limite* às pequenas transações. Antes da internet, as empresas acabaram se concentrando em muitos clientes pequenos e transacionais ou em grandes clientes e grandes transações. Agora, as empresas podem misturar esses dois grupos de maneira cooperativa, criando uma base composta de pequenos, médios e grandes clientes. O segredo está em focar um dos grupos com seu negócio principal e, ao mesmo tempo, manter o(s) outro(s) como negócios complementares.

# CAPÍTULO 16

# NEM GRANDE DEMAIS NEM PEQUENO EM EXCESSO

As pequenas transações podem afundar sua empresa, mas as grandes também. Mark Suster categorizou os clientes em três tipos de animais – coelhos, cervos e elefantes – e colocou a seguinte metáfora: "A maioria das startups deve se dedicar a caçar cervos". Para as empresas em estágio inicial, ele recomendou que se concentrassem nos cervos (transações de bom tamanho) e evitassem os coelhos (pequenos demais) e os elefantes (as maiores empresas e as maiores transações, para quem é difícil vender e atender, que são muito exigentes e difíceis de levar ao sucesso).

Mark escreveu: "É tentador, em muitos aspectos, ser um caçador de elefantes. Se você conseguir matar um elefante, poderá comer carne por um bom tempo. Mas é difícil pegar os elefantes e são necessárias equipes inteiras para abatê-los. Eles requerem ferramentas especiais. Se você não conseguir, pode acabar morrendo de fome. E, se conseguir pegar um, pode ver-se em uma situação ainda pior. Evite os elefantes nos estágios iniciais".

Davi enfrentou Golias, mas nossa vida não é um mito. Saiba com clareza quais são as maiores transações e empresas que:

1. você pode fechar;
2. você pode ajudar a atingir um grande sucesso;
3. não tornarão sua vida um inferno com novas exigências de produtos ou expectativas de altos níveis de atendimento que possam tirar sua empresa do caminho.

## QUANDO VOCÊ NÃO TEM COMO TRANSFORMAR AS PEQUENAS TRANSAÇÕES EM GRANDES

Se você estiver fazendo um monte de pequenas transações com grandes empresas, mas não estiver conseguindo transformar nenhuma delas em oportunidades maiores, tem alguma coisa errada. Você pode estar vendendo a preços baixos demais; seus clientes podem não precisar de seu produto ou podem achar que não precisam, porque você não explicou direito; ou você pode ser impaciente demais e abrir o forno antes de o bolo estar assado.

Para descobrir como melhorar essa situação, pode ser suficiente reunir os vendedores em uma sala para conversar sobre os fracassos e os sucessos em transformar pequenas transações em transações maiores e traçar um novo plano. Por exemplo, você pode estar se apressando demais para implantar o piloto ou a amostra em empresas maiores. Pode ser melhor dar uma segurada e garantir a adesão de mais executivos antes de lançar uma amostra grátis ou piloto pago. Ou você pode estar presumindo que pequenas transações em grandes empresas fazem grande diferença. Se uma pessoa da IBM compra uma licença ou cinco produtos, é pouco provável que o VP dessa pessoa fique sabendo ou se importe com isso.

Você não pode presumir que, só porque as pessoas estão usando seu produto em um departamento de uma empresa, outras pessoas automaticamente ficarão sabendo. Esperar que as pessoas saibam de seu produto por conta própria pode levar muito tempo... ou pode nunca acontecer. Não tenha medo de pegar o touro pelos chifres, pedir indicações sistemática e explicitamente e, quando as indicações não vingarem, voltar à prospecção outbound diretamente aos executivos seniores de outras divisões. Ser paciente e ser passivo são duas coisas muito diferentes.

> Ser paciente e ser passivo são duas coisas muito diferentes.

### Ignore nosso conselho

Se você vir algum problema em tentar fechar transações maiores, não tenha medo de ignorar tudo o que dissemos nesta sessão ou neste livro inteiro. Não faça alguma coisa só porque dissemos ou porque seu irmão mais velho, algum investidor ou um figurão como Marc Benioff falou. O que Zuck faz só funciona para o Zuck. Seja um pensador independente, pegando as ideias e adaptando-as a sua situação específica. Ora, se você fecha pequenas transações para pequenos clientes transacionais e está dando certo, para que mexer em time que está ganhando? Ou você pode ter experiência só com pequenas transações ou vendendo diretamente aos consumidores. Use seus pontos fortes: faça mais do que já está dando certo.

É *muito* mais fácil apostar mais fichas em algo que já está funcionando do que pôr algo novo para funcionar.

## SE VOCÊ TIVER CLIENTES DE TODOS OS TAMANHOS

Um dia conversei com um empreendedor, um presidente-executivo fantástico, que estava gerando alguns milhões de dólares em ARR para sua empresa, a qual crescia rapidamente. A composição de clientes da empresa podia ser dividida mais ou menos em três categorias:

1. grandes clientes (empresas da *Fortune 500 / Global 2000*) – não muitos, mas todos pagando bem;
2. pequenas e médias empresas, sendo que cada uma pagava valores de quatro ou cinco dígitos por ano;
3. um grande grupo de empresas muito pequenas, sendo que cada uma pagava muito pouco, mas, juntando tudo, o valor total era considerável.

Ele me perguntou onde eu achava que ele deveria apostar suas fichas. De um lado, os maiores clientes deles eram importantíssimos e estavam gerando transações de seis dígitos. De outro, esses clientes não geravam o maior filão da receita e davam muito trabalho.

Ele me mostrou sua lista de clientes, classificados por receita. Seu maior cliente, uma líder da *Fortune 500*, pagava US$ 100 mil ao ano. Eu disse que tinha certeza de que, considerando a importância do problema que a empresa dele estava resolvendo e o impacto da solução em toda a empresa, esse maior cliente poderia pagar pelo menos US$ 300 mil ao ano. O presidente-executivo concordou. "Incrível! Na verdade, foi exatamente isso que eles nos disseram outro dia... que valíamos US$ 300 mil!"

E *voilà*! Este sou eu, o Sr. Clarividente!

Na verdade, não foi tão difícil assim. *Porque o que ele tinha na empresa de SaaS dele é algo que você também pode ter na sua: um aplicativo*

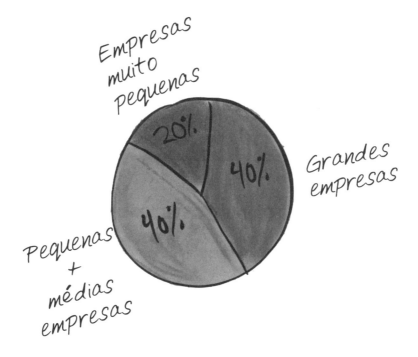

Figura 16.1: Qual proporção de sua receita provém de diferentes segmentos de clientes?

*que pode ser utilizado por empresas de todos os portes.* E, se você tiver isso, pode ser interessante decidir se quer vender uma *ferramenta*... ou uma *solução*.

Nem sempre é claro qual caminho a percorrer. E a razão 40/40/20 da Figura 16.1 é surpreendentemente comum. É basicamente o que tínhamos na EchoSign. E também é basicamente o que a WebEx e a Salesforce tinham, nos primeiros anos. E muitos apps que podem ser utilizados por empresas de todos os portes têm essa proporção.

Mas, uma vez que você chegue à marca de US$ 1 milhão em ARR, terá de fazer uma aposta básica. Qual segmento você deve priorizar no marketing? Em que segmento sua equipe de vendas deve concentrar-se?

Se você tiver vários segmentos com 10% ou mais de receita, precisará atender todos eles de alguma maneira. Se deixar que atrofiem, pode se arrepender quando, 12, 24 ou 30 meses depois, você se vir tentando encontrar uma camada na qual possa fazer com que seu negócio cresça mais 10%!

> Se você tiver vários segmentos com 10% ou mais de receita, precisará atender todos eles de alguma maneira. Mas um segmento precisa ser priorizado.

Mas um segmento precisa ser priorizado. E, à medida que você vê essa segmentação se desenvolver, mais cedo ou mais tarde terá de tomar essa decisão. Minha abordagem é principalmente como a do DropBox, voltada ao mercado de massa de usuários menores para cobrir a mais ampla área possível? Ou ela é principalmente como a do Box, que busca crescimento da receita com transações maiores? Será que minha abordagem é mais parecida com a da HubSpot (médias), do MailChimp (pequenas) ou sou mais o estilo da Marketo (grandes)? Nesse ponto, você pode escolher qualquer um desses caminhos. No fim das contas, penso que dois importantes fatores devem ser levados em consideração.

1. *Saiba que você pode ganhar de três a vinte vezes mais receita gerada por um dado cliente corporativo se vender uma solução, não uma ferramenta.* Com base em minha experiência como VP de uma empresa da *Fortune 500*, posso dizer que, naquela posição, era quase impossível para mim pagar US$ 100 mil por uma ferramenta da web. A proposta é enviada à área de compras e, terminado o processo, é difícil convencer alguém a pagar mais de US$ 20 mil por uma ferramenta. A corporação nunca tem verba sobrando para pagar um preço de seis dígitos por uma ferramenta só para deixar os colaboradores mais felizes (infelizmente). Mas e para uma solução? E a proposta de resolver meu problema de faturamento? E a proposta de melhorar o sucesso do cliente? E o CPQ? Aí a coisa muda de figura. Você pode conseguir uma verba de até US$ 20 milhões para resolver todo um problema de *core enterprise business*. Vinte milhões é o que a Salesforce cobra de muitos clientes de grande porte.

O que quero dizer com isso é que (em termos relativos) é "fácil" fechar um contrato de seis dígitos com empresas maiores se você resolver um problema concreto e doloroso de um processo de negócios. Costuma ser muito dispendioso resolver esse tipo de problema em grandes empresas. Se eu for um VP de uma empresa da *Fortune 500*, precisarei pagar entre US$ 200 mil e US$ 500 mil de pessoal só para fazer qualquer coisa... e ainda por cima levará uma eternidade. Se você resolver um grande problema para mim e eu tiver um orçamento de

US$ 20 milhões, gastarei só entre 1% e 2% disso para resolver meu problema. Fácil. Mas comprar outra ferramenta? Isso não está em minha lista. A verba para outra ferramenta será mero erro de arredondamento. Tudo bem ter um valor anual de contrato de US$ 5 mil e talvez até dê para passar US$ 10 mil ou até US$ 15 mil para uma ferramenta. Mais do que isso, nem venha perder meu tempo. Sou um VP corporativo e tenho problemas de verdade para resolver.

2. *Você precisará de muito mais pessoas e processos (e funcionalidades e desenvolvimento de software) para fornecer uma verdadeira solução.* Você não pode vender, entregar, implantar e dar suporte técnico a uma solução da mesma forma como faria para uma ferramenta, mesmo se a ideia for tentar resolver basicamente o mesmo processo de negócios. Você provavelmente necessitará de arquitetos de solução. Pode ter de viajar até o local do cliente. Pode precisar de gerentes de conta e uma equipe exclusiva de serviços profissionais e gestores sofisticados de sucesso do cliente. Pode precisar de uma abordagem mais sofisticada para *techops* (operações técnicas) e *netops* (operações de rede), recuperação de desastres e segurança de nível empresarial. Pode precisar de um diretor de TI para falar com o diretor de TI deles. E pode precisar de mais vendedores e vendedores mais caros. O DropBox, na verdade, não precisou de ninguém em vendas até atingir US$ 100 milhões em receitas, quando então decidiu incluir uma área de vendas de soluções. Mas o Box investiu mais desde o começo e, apesar de ter demorado um pouco para atingir a marca dos US$ 100 milhões, chegou antes ao primeiro milionésimo cliente.

Veja um exemplo da diferença: a EchoSign é uma ferramenta que possibilita ao usuário assinar um contrato na internet e também é vendida como uma solução bastante sofisticada para automatizar completamente o processo de criação, assinatura, roteamento e gestão de milhões de contratos compostos de milhares de documentos dinâmicos, automatizando centenas de processos de negócios para uma empresa inteira. Os dois produtos têm em comum um conjunto básico de funcionalidades, mas têm um conjunto bastante diferente de recursos de ponta e suporte técnico. O primeiro vale cerca de US$ 15 por mês. O segundo pode chegar a valer US$ 1 milhão por ano.

Se você tiver um bom mix de clientes, não estou dizendo qual caminho deve tomar, mas posso dizer o que os cálculos dizem: é mais fácil chegar a uma ARR de US$ 100 milhões e a uma IPO (oferta pública inicial de ações) com clientes corporativos capazes de pagar US$ 100 mil ou mais por vez. Afinal, você só precisaria de mil desses clientes para atingir uma ARR de US$ 100 milhões. Para chegar a níveis de preço de seis e sete dígitos, você necessitará vender uma solução para um grande problema, não só uma ferramenta.

> É mais fácil chegar a uma ARR de US$ 100 milhões e a uma IPO com clientes corporativos capazes de pagar US$ 100 mil ou mais por vez.

*Não tenha medo da solução.* Não tenha medo da equipe de serviços profissionais, do arquiteto de soluções ou do engenheiro de vendas. No fundo, todo mundo preferiria ficar sentado diante do iPad só vendo os clientes entrarem sem precisar de nenhuma interação humana. Se você conseguir atrair 1 milhão de clientes pagantes desse jeito, provavelmente é esse mesmo o caminho a seguir. Porém, não importa o que você decida fazer, não gaste tempo e dinheiro para fornecer uma solução cobrando um preço baixo demais por ela. Isso seria o beijo da morte.

# CAPÍTULO 17
# VÁ ATRÁS DOS PEIXES GRANDES

Você já tem um sucesso nas mãos? Então pode ser a hora de se forçar a investir em vendedores, na estrutura de preços e ir atrás de clientes maiores e mais complexos.

### SE VOCÊ NÃO QUISER VENDEDORES...

Muita gente gostaria de evitar contratar vendedores. Eles se perguntam: "Será que eu preciso mesmo de vendedores? O Slack e a Atlassian não têm nenhum vendedor (ainda). Será que eu não poderia simplesmente seguir o modelo da Basecamp? Será que eu não posso simplesmente ter diretores de satisfação do cliente, deixando os clientes tão satisfeitos que eles continuarão indicando novos clientes e as pessoas simplesmente comprarão meu produto sem eu ter de fazer nada para 'vender'?" Bem, talvez você até possa. Isso lhe daria mais poder. Se seu empreendimento tiver impulso suficiente para você continuar batendo as metas de receita sem ter uma equipe de vendas de verdade, então, por definição, você não precisa de uma equipe de vendas... Mas provavelmente será interessante ter uma. Suas metas podem ser baixas demais.

Muitos empreendedores que não geriram o lado da receita de um negócio podem ser contra vendas. Se eles nunca montaram uma equipe de vendas ou nunca trabalharam em uma excelente equipe de vendas, tendem a ver essa função como parte desagradável do negócio.

"Uma equipe de vendas não é só um bando de sujeitos pendurados no telefone tentando convencer as pessoas a comprar coisas das quais na verdade elas não precisam? Se o produto é tão fantástico, não deveria se vender sozinho? Não bastaria ter uns diretores de satisfação do cliente esclarecendo as dúvidas dos clientes e removendo os obstáculos?"

Há quem consiga. Mas seria a melhor opção para você?

O "problema" de depender de diretores de satisfação do cliente inclui três aspectos. Para começar: o que funciona na base do mercado pode não funcionar à medida que você sobe no mercado. Modelos de self-service (e "quase self-service") podem dar muito certo com diretores de satisfação do cliente cujo objetivo, em parte, é atuar como um superatendimento ao cliente ou, em outras palavras, não apenas reagir, mas também se adiantar às necessidades dos clientes. Não apenas responder às solicitações de suporte técnico, mas também fazer de tudo para que os clientes fiquem satisfeitos com o produto e se mantenham fieis a ele. É uma excelente estratégia para a base do mercado.

> O que funciona na base do mercado pode não funcionar quando você sobe no mercado.

Pode até funcionar com níveis de preço um pouco mais altos de, digamos, US$ 99 a US$ 299 ao mês ou até um contrato anual de uns US$ 5 mil. Mas, acima disso, os clientes potenciais, ou pelo menos alguns deles, querem conversar com um vendedor de verdade. Um diretor de satisfação do cliente pode até fazer um trabalho decente, mas, no fim, se um cliente quiser falar com o departamento de vendas, o melhor será ele poder falar com um vendedor, especialmente se quiser sua ajuda para vender seu produto para os executivos dele!

Em segundo lugar, e talvez o mais importante, os diretores de satisfação do cliente são excelentes "intermediários". Mas não abrem nem fecham vendas. Os intermediários são pessoas inteligentes e envolventes que adoram o produto, mas não têm muita experiência em vendas. Eles não sabem como pegar no telefone ou enviar um e-mail para fazer a prospecção ou realizar uma venda. A atitude deles é: "Quando eu estiver conversando com alguém, menciono um produto que a pessoa poderia comprar e, se o cliente quiser ou precisar do produto, ele simplesmente compra". Eles não sabem, não se sentem bem e não têm prática em fechar uma venda. Não é fácil pedir dinheiro se você não está acostumado a fazer isso. Os profissionais especializados em vendas fazem isso muito melhor do que os amadores. Os "amadores" (as pessoas que não têm experiência ou treinamento formal em vendas) não sabem fechar vendas. Eles ficam esperando de braços cruzados na esperança de a venda se fechar por conta própria. Pode até acontecer. Mas você verá que, quando tiver uma pessoa que sabe fechar vendas fazendo a interface com um cliente potencial, um número muito maior de transações será fechado e isso acontecerá mais rápido.

Em terceiro lugar: você ganhará muito mais dinheiro com uma equipe de vendas de verdade. É só fazer as contas. Como já vimos, um maior número de transações são abertas e fechadas com profissionais de vendas treinados trabalhando com os clientes potenciais ou existentes. E os profissionais de vendas sabem maximizar a receita por oportunidade, sabem calcular o número máximo de clientes com quem eles podem fechar vendas agora e mais tarde. Eles sabem como convencer um cliente a comprar uma edição mais completa ou um pacote com mais serviços do que o cliente compraria sem orientação. Eles sabem que fechar uma transação maior de cara e cobrar mais, e não menos, pode aumentar a probabilidade de sucesso do cliente mais adiante, porque o cliente mergulha de cabeça desde o começo.

Porque, às vezes, cobrar menos dos clientes implica menos envolvimento da parte deles... e fica mais fácil para eles desistir antes de atingir o objetivo.

Você pode não dar muita bola para isso no começo. Mas fará muita diferença quando tiver uma ARR de US$ 1 milhão ou US$ 2 milhões, porque os leads valem ouro. Se um excelente representante de vendas for capaz de transformar um lead em US$ 40, mas, se um diretor de satisfação do cliente só puder transformar esse lead em US$ 20, e se um representante de vendas puder fechar 50% mais vendas do que um diretor de satisfação do cliente, valerá muito a pena montar uma equipe de vendas. Alocar profissionais de vendas de verdade a esses leads aumenta 300% sua receita por lead, pelo menos no segmento da base de clientes no qual faz sentido ter profissionais de vendas (por exemplo, uma receita recorrente mensal de US$ 99 a US$ 299 ou mais).

Agora, se você ainda estiver em cima do muro por ser muito "focado no cliente" e acreditar que seus clientes são inteligentes e têm condições de resolver todas as dúvidas por conta própria, eu entendo. Pode confiar em mim: você não quer colocar um representante de vendas ao estilo de um vendedor de carros usados para falar com os clientes. Mas um excelente representante de SaaS não vende carros usados. Ele vende um belo e reluzente carro de luxo ou, pelo menos, um carro esportivo novo, metaforicamente falando. O que estou tentando dizer é que os clientes já adoram seu produto. O trabalho do representante de vendas não é mentir, ludibriar, roubar ou convencer o cliente de que aquele calhambeque de vinte anos é um carro vintage. Pelo contrário, ele deve ser um guia confiável, um consultor, ajudando o cliente a percorrer um complexo processo de avaliação e compra para adquirir um produto que renderá excelentes resultados. Ele deve conhecer o cliente, criar laços com ele e agregar valor concreto e real; deve acreditar nisso e cumprir as promessas. Além disso, ele deve ter a confiança necessária para pedir o cheque mais gordo possível!

> O trabalho do representante de vendas deve ser atuar como um guia confiável, um consultor, ajudando o cliente a percorrer um complexo processo de avaliação e compra.

## ACRESCENTE MAIS UMA CAMADA NO TOPO DA ESTRUTURA DE PREÇOS

Tive o privilégio de conhecer muitos empreendedores espetaculares criando negócios self-service na área de SaaS na base do mercado, com uma base de clientes composta de empresas muito pequenas e compradores corporativos individuais trabalhando em empresas um pouco maiores.

Se você tiver como criar uma empresa self-service de SaaS de US$ 100 milhões sem uma equipe de vendas, sem uma equipe de sucesso do cliente, sem webinars, sem ter de sair de sua cidade e todo o resto, vá fundo.

Os pequenos clientes têm muito valor, além de toda receita que podem gerar. Eles podem ser defensores de sua empresa e indicar seu produto a outros clientes. Eles podem dar um valioso feedback sobre o produto e muitas vezes se dispõem a desenvolver ideias para atualizações, códigos, funcionalidades e conteúdos para você. Pode ser prazeroso trabalhar com pequenos clientes e gratificante ajudá-los, e eles podem servir como sementes de transações maiores.

Para gerar leads, sempre ajuda oferecer algumas maneiras gratuitas, fáceis ou econômicas de os clientes potenciais terem o gostinho de experimentar seu produto e conhecerem sua empresa. Pode ser um produto gratuito ou de baixo custo, uma amostra grátis ou um conteúdo gratuito. Nos dois primeiros anos, Aaron derrubou o preço da versão em e-book do Kindle do livro *Predictable Revenue* de US$ 10 para US$ 0,99, para ninguém ter de pensar duas vezes antes de comprar. Valeu a pena perder milhares de dólares em lucros provenientes de vendas do livro para triplicar seu público e ajudá-lo a encontrar clientes para palestras e projetos de consultoria de cinco ou seis dígitos.

> Para gerar leads, sempre ajuda oferecer algumas maneiras gratuitas, fáceis ou econômicas de os clientes potenciais terem o gostinho de experimentar seu produto e conhecerem sua empresa.

Mas, como já vimos, não espere que os pequenos clientes gerem muita *receita*. Como mencionei, por mais que eu tivesse tentado na EchoSign aumentar a porcentagem da receita proveniente do freemium self-service, as leis da matemática e da gravidade restringiram essa porcentagem a um terço da receita – assim como aconteceu ao Box e ao Yammer e a muitos outros empreendimentos que começaram como simples modelos de self-service antes de as empresas descobrirem como dobrar o tamanho das transações (e dobrar mais uma vez... e mais uma vez...).

Se seu produto for 100% focado em consumidores individuais e você *incluir o número mínimo suficiente de funcionalidades para vender para uma equipe*, para aumentar *só um pouquinho* o tamanho dos clientes... a sua receita ou, pelo menos, um segmento dela, poderá crescer entre vinte e trinta vezes. Isso porque o tamanho das transações pode aumentar muito, e esses clientes ficarão muito mais tempo com você.

Praticamente todos os serviços self-service de usuário individual na web têm uma alta taxa de *churn*, de uns 2,5% ao mês, na melhor das hipóteses, até 3,5% ou 4,0% ao mês ou mais, em muitos casos. (Há exceções, mas são raras.) Um *churn* mensal de 4% significa que você terá de substituir metade de toda a base de clientes *todos os anos* só para não retroceder.

Agora crie uma ligeira extensão desse mesmo produto possibilitando uma equipe ou departamento de uma empresa inteira usar o produto

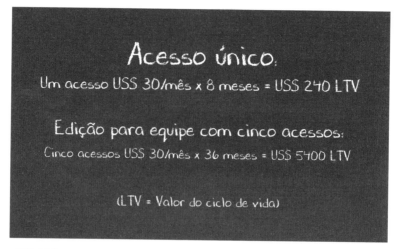

Figura 17.1: Voltar-se a um segmento mais elevado do mercado pode melhorar tanto o sucesso do cliente quanto a receita

em colaboração. Comecemos com cinco usuários, em vez de apenas um usuário individual. Você pode incluir o analytics em nível gerencial. E algum tipo de recurso de colaboração. Não tenho como saber quais seriam as melhores funcionalidades para seu produto, mas pensemos nos recursos mais básicos necessários para levar uma equipe ou grupo a comprar, em vez de apenas um usuário individual. A nova versão pode envolver funcionalidades adicionais de relatórios, gestão, segurança ou controles de configuração.

Você verá que os efeitos sobre o *churn* serão fantásticos. Quando a transação fica um pouquinho maior, o *churn* despenca entre 50% e 80%, para atingir algo como 1% a 1,5% ao mês. E, à medida que você acrescenta usuários, tende a 0%, até ficar negativo: com o tempo, os clientes vão acrescentar mais usuários do que cancelar.

Como o SaaS se multiplica e é uma jogada de longo prazo, em três anos ou mais você terá avançado muito. Aquele usuário individual que cancelou depois de oito meses pode nunca mais voltar. Mas aquela equipe de cinco usuários que comprou seu pacote continuará com você no segundo e no terceiro anos, pagando e talvez até acrescentando usuários.

Começando com aquele produto de US$ 30 ao mês, de repente você saltou de um valor do tempo de vida do cliente de US$ 240 com compras de usuários individuais para um CLTV de US$ 5,4 mil em três anos – a partir do mesmo cliente e do mesmo produto essencial básico – apenas com a funcionalidade adicional necessária para criar uma versão para equipe ou corporativa. Os números melhoram ainda mais à medida que você se volta a equipes um pouco maiores.

E, se você criar um nível mais sofisticado e cobrar US$ 50 ou US$ 100, ou mais, por mês, os números se multiplicarão ainda mais rápido. Mesmo se um cliente não for compatível com esse novo produto, você se beneficiará de um maior valor percebido para o produto de US$ 30.

Por exemplo, oferecer um pacote superior de US$ 10 mil por mês pode fazer com que o preço de sua oferta de US$ 1 mil mensais pareça mais acessível (um princípio psicológico conhecido como ancoragem). A Salesforce começou com um produto de US$ 65 ao mês por usuário e, com o tempo, criou versões de US$ 125 e US$ 250 por mês.

Em conclusão, não estou dizendo que, se estiver trabalhando com um freemium ou um produto self-service, você deveria *saltar imediatamente para o público corporativo.*(Embora eu tenha feito exatamente isso.) O que estou *sugerindo* é que você, pelo menos, cogite incluir uma camada: se o freemium de usuário individual estiver dando certo para você, inclua uma versão para equipe ou corporativa, mesmo se for apenas para uma equipe de cinco pessoas.

> **Pense em incluir uma camada: se o freemium de usuário individual estiver dando certo para você, inclua uma versão para equipe ou corporativa.**

E contrate um representante de vendas – ou, melhor ainda, dois – para efetivamente conversar com esses clientes, tentar fechar negócios e ir além do suporte técnico ao cliente. Se der certo – só aquela pequena funcionalidade adicional, para aquela versão especial –, você poderá aumentar drasticamente a taxa de crescimento. De repente, aquele mesmo cliente, aquele mesmo lead, aquela mesma pessoa que o encontrou em seu site ou app, valerá vinte a trinta vezes mais. Será o mesmo trabalho para atraí-lo a seu site ou app, mas um retorno entre vinte e trinta vezes maior.

## É SEMPRE MUITO CHATO FAZER A PRECIFICAÇÃO

Se você não está conseguindo definir a estrutura de preços, lembre-se de que:

- a precificação é sempre frustrante e nunca é perfeita;
- é mais fácil começar com uma estrutura de preços mais elevada e ir reduzindo do que começar embaixo e aumentar os preços depois.

Muitas vezes – ou sempre – é confuso e frustrante acertar a estrutura de preços. Muitas empresas acabam deixando muita receita para trás ao definir preços baixos demais. Veja a seguir algumas abordagens que podem ser usadas.

### É mais fácil começar com uma estrutura de preços comparativa, do tipo "de baixo para cima"

Para começar, dê uma olhada no que as pessoas estão pagando por produtos similares ao seu, o que lhe dá boa referência das expectativas. Por exemplo, a maioria das empresas de SaaS voltadas ao mercado B2B cobra entre US$ 10 e US$ 60 por mês de um usuário geral. Depois de ver vários serviços por esses preços, os compradores naturalmente passam a esperar serviços similares por valor similar. Você pode cobrar mais, mas terá de ter uma justificativa para isso e usuários com necessidades prementes.

Crie alguns poucos produtos ou pacotes, chute uma estimativa de preços e mande ofertas para clientes potenciais. Não existe uma fórmula secreta nem um sistema mágico de sete passos para isso. Vá ajustando à medida que avança e vá vendo o que funciona. (Humm... pensando bem, funciona do jeito como você aprende na vida real.) Logo você terá os dados dos quais precisa ou uma ideia melhor do que está funcionando e do que requer ajustes. Não há nada de novo nisso. Agora vamos para uma dica que muitos empreendedores de primeira viagem desconhecem...

### Precificação "de cima para baixo" baseada em valor

Se você já tiver uma boa noção de como seu produto ou serviço pode ajudar os clientes, tente fixar os preços de trás para frente: primeiro defina o preço e depois descubra quem precisará de seu produto e dará valor a ele a ponto de topar pagar seu preço. Nesse cenário, seus custos não devem fazer diferença alguma. Se você puder dizer que algo vale US$ 1 milhão para um comprador ideal, e se ele estiver disposto a pagar, que diferença faz se seus custos forem de US$ 100 mil ou US$ 10 mil? Cobre US$ 1 milhão!

> Pode até ser que qualquer um possa usar o que você tem a oferecer, mas quem consideraria seu produto especialmente valioso? Quem precisa dele?

Pode até ser que qualquer um possa usar o que você tem a oferecer, mas quem consideraria seu produto especialmente valioso? Quem precisa dele? Como você pode beneficiar esses clientes? Qual é o preço que você pode justificar com base nesse benefício? Ponderar essas perguntas o ajudará a definir um nicho (de novo)... Comece de trás para frente e defina quem poderia ou deveria ser seus melhores clientes.

Essas ideias podem se aplicar aos usuários gerais de US$ 50 – e quem sabe não seria melhor repensar esse valor e cobrar US$ 125? – e também aos clientes corporativos de US$ 150 mil – e quem sabe você não descobre que, na verdade, deveria cobrar US$ 750 mil?

Essa abordagem só funciona se você for especial e as pessoas acreditarem em seu valor e nos resultados esperados. Qualquer um pode *prometer* qualquer coisa na internet. Como você pode provar que é capaz de cumprir suas promessas para as pessoas acreditarem em você?

Outro benefício dessa abordagem é que, quando imagina que está definindo um preço mais alto, você é forçado a imaginar como entregaria um valor suficiente para justificar esse preço aos clientes. Para muitas pessoas, especialmente se estão começando e não têm uma base de clientes considerável, essa abordagem de precificação "de trás para a frente", baseada em valor, também é útil, mesmo se for usada apenas como um exercício mental para repensar os clientes e o valor que pode ser proporcionado a eles.

### Almeje a simplicidade, não a perfeição

As transações e a precificação para o segmento superior podem ficar complicadas. Uma estrutura de preços complexa pode refletir a receita "à perfeição", pelo menos teoricamente, mas acaba dificultando aos clientes comprar e controlar o que foi e o que não foi entregue. A confusão desacelera as coisas, inclusive quando seu defensor é forçado a explicar a estrutura ao diretor financeiro ou ao tomador de decisão final.

> Uma estrutura de preços complexa dificulta aos clientes comprar e controlar o que foi e o que não foi entregue.

A transação deve ser ao mesmo tempo personalizada e fácil de entender. Faça o que puder para equilibrar os dois. Quando tiver de decidir entre uma estrutura de preços mais simples e uma estrutura de preços "perfeita", opte pelo simples e não tenha medo de perder um pouco de dinheiro para fechar o negócio.

### Não tenha medo de experimentar com os preços

É difícil acertar exatamente a estrutura de preços. E, mesmo quando você acerta, os mercados mudam, você lança novos produtos ou seus concorrentes lançam algo que o força a rever preços ou descontos.

Não deixe que o medo de perder um negócio o impeça de experimentar novas ideias de fixação de preços com os clientes potenciais.

## VOLTANDO-SE ÀS EMPRESAS DA *FORTUNE 1000*

*por Mark Cranney*
Sócio da Andreessen Horowitz

Um dos mitos do SaaS e de muitos apps online é que os produtos são tão bons, tão fáceis de usar e tão rápidos de implantar, que se vendem sozinhos e dispensam vendedores. A essas alturas, espero que tenhamos ajudado a desfazer qualquer ilusão nesse sentido.

Dada a popularidade dos modelos do tipo "experimente antes de comprar" e "freemium-to-premium" no SaaS, fica fácil entender de onde vem esse mito. No entanto, muitas startups "conquistam" os usuários e tentam expandir para mais departamentos de uma grande empresa ou órgão do governo só para descobrir, horrorizadas, que esse mito está muito longe da verdade.

Mas o grosso do dinheiro está aí.

Você precisa aprender a se voltar a empresas com centenas ou milhares de funcionários e vender para elas. Isso requer uma nova habilidade, porque vender a uma empresa como um todo é mais ou menos como levar um projeto de lei para votação no Congresso. O processo decisório em grandes organizações é longo e tortuoso devido a implantação de tecnologias legadas, politicagem interna, soluções internas arraigadas, custo não reembolsável de integrações, controle de contas por fornecedores estabelecidos e todo o tamanho e a escala envolvidos.

Em muitos aspectos, o objetivo de vendas corporativas é *ajudar os clientes a percorrer os próprios processos internos de compra*. Nem o melhor e mais popular produto pode fazer com que os compradores corporativos típicos mudem seu processo de compra.

E, só porque uma empresa de SaaS conquistou um cliente da *Fortune 500/Global 2000*, não significa que ela conseguirá mantê-lo, quanto menos fazer upselling, vendas cruzadas ou vender para mais divisões em diferentes localidades.

Isso pode exigir a contratação de vendedores em outros cantos do país ou do mundo, além de vendedores internos trabalhando na sede. É justamente quando o produto *parece* estar se vendendo sozinho que é crucial reforçar essa equipe de vendas e processo. Parar ou postergar nesse momento pode expor a empresa à concorrência e fazê-la perder a corrida rumo ao primeiro lugar da categoria.

### A verdadeira essência de vendas

Algumas pessoas pensam que o trabalho da força de vendas se limita a convencer os clientes de que o produto tem valor. Para essas pessoas, a ideia toda de vendas é comprar um monte de *ad words*, repetir feito um papagaio a mensagem da empresa ou manipular os clientes, ou, de alguma maneira, convencer clientes potenciais desinteressados a comprar. *Eles estão errados.*

> O verdadeiro propósito dos vendedores é criar valor novo para os clientes.

O verdadeiro propósito dos vendedores é *criar valor novo para os clientes*, especialmente quando trabalham em uma startup ou empresa em crescimento que está se voltando a um novo mercado ou tentando resolver um problema complexo. É por isso que vendas corporativas/SaaS requerem processos e orientações bem-desenvolvidos. Parte das dicas que dou aqui se baseia em minha experiência na Opsware, onde vendíamos automação de data centers antes mesmo de isso ter sido inventado.

Mesmo assim, os princípios permanecem, apesar de os domínios terem mudado. Os empreendedores podem gostar ou não de admitir, mas o novo cliente corporativo e o modo como ele compra é muito parecido com o antigo cliente corporativo e o modo como ele comprava.

Mesmo assim, esse tipo de venda de fato requer que os vendedores experientes tenham mentalidade diferente. Quando eu trabalhava na Opsware, os representantes de vendas voltavam do campo e relatavam: "A empresa XYZ não tem nenhuma verba para automação de data centers". E eu dizia: "Bem, você terá mais uma oportunidade, porque, obviamente, você dormiu nessa parte do treinamento, mas, se ousar voltar do campo e me repetir isso, vai direto para o olho da rua". Porque *é claro* que nenhuma empresa tinha verba para automação de data centers naquela época: *o mercado ainda não tinha sido criado*. Nosso trabalho era bater na porta dos clientes e mostrar uma maneira diferente e melhor de fazer negócios.

Em seguida eu apresentava aos representantes de vendas uma longa lista de iniciativas que precisavam procurar nas empresas, onde a verba para a automação de data centers poderia ser encontrada. Em vez de competir com outros produtos pela mesma verba, nosso produto estaria competindo no mais alto nível estratégico. É isso que eu quero dizer com "criar valor novo para os clientes", ajudando-os a gerir a empresa de novas maneiras que eles não conheciam ou as quais não entendiam antes.

### As três coisas que todo cliente corporativo quer saber

Apesar de o processo de vendas para grandes corporações envolver muitas etapas e estágios, a ideia é responder a três perguntas do cliente: por que comprar, por que comprar de você e por que comprar agora.

*Pergunta nº 1 do cliente*: "Por que comprar?" O jeito mais fácil de ajudar um cliente potencial a responder essa pergunta é identificar iniciativas importantes dele. Toda grande empresa tem iniciativas estratégicas que sempre serão financiadas e que orientam seus investimentos em TI. Uma vez que as equipes de vendas e de marketing descubram quais são essas iniciativas (bem como as competências cruciais das quais o cliente precisa para a iniciativa ter sucesso), elas podem começar a definir sua proposição de valor única.

O segredo aqui é primeiro procurar *entender* e depois procurar *ser entendido*. Ouça primeiro e, só depois, venda. O problema de dizer a um cliente potencial o que você acha que ele precisa antes de saber o que *ele* acha que precisa é:

- você está baseando sua posição em um conjunto conhecido de requisitos de uma ampla base de empresas, e não em oportunidades específicas desconhecidas;
- você acaba se posicionado mais como uma commodity ou como um fornecedor, e não como um parceiro que pode ajudar a transformar o modo como o cliente conduz seus negócios.

*Pergunta nº 2 do cliente*: "Por que comprar de você?" Ninguém sabe mais sobre sua solução do que você, de modo que é você quem deve ajudar seu cliente-alvo a criar uma visão do sucesso. Ao fazer isso, você tenderá a vencer a batalha de definição de critérios, porque você basicamente estará *pré-posicionando e diferenciando* seu produto corporativo/SaaS dos produtos concorrentes. Essa abordagem ajuda a bloquear a concorrência, já que você estará ajudando o cliente potencial a ver o mundo, e o sucesso, por seu ponto de vista.

Assim, o trabalho da equipe de vendas se volta a ajudar um cliente potencial a definir o sucesso em três categorias distintas: (1) critérios de negócios, (2) critérios de arquitetura ou escala e (3) critérios de recursos e funcionais.

Esse também é o melhor momento para preparar suas mensagens, métricas e marketing para se voltar a três públicos: (1) nível corporativo (altos executivos, VPs seniores); (2) nível de grupo de trabalho (VPs, diretores, gerentes); e (3) nível de usuário (grupos de colaboradores individuais e seus supervisores diretos).

Como a maioria das startups – e, por sinal, também das grandes empresas – direciona grande parte de suas mensagens aos públicos de nível 1 ou 3, forçar sua empresa a sempre ver clientes potenciais e existentes através das lentes do nível 3 afeta sua proporção de ganhos/perdas.

Nesse ponto do ciclo de vendas, muitas tarefas precisam ser orientadas pelo responsável pelo projeto, em geral o vendedor. É aqui que eles mostram seu valor: coordenando os recursos, a ação ou a mensagem certa, no nível certo e no momento certo, para determinar o sucesso ou o fracasso. Nesse ponto, os melhores vendedores corporativos são orientadores ou empreendedores garantindo que clientes potenciais tenham suas necessidades satisfeitas, que os recursos sejam reunidos na empresa, que os obstáculos sejam identificados e evitados e que as surpresas sejam eliminadas.

> Os melhores vendedores corporativos são orientadores ou empreendedores, garantindo que os clientes potenciais tenham suas necessidades satisfeitas, que os recursos sejam reunidos na empresa, que os obstáculos sejam identificados e evitados e que as surpresas sejam eliminadas.

Isso é fundamental, porque seu maior concorrente não são apenas outras startups, licenças perpétuas para a utilização de pacotes implantados nas instalações do cliente (*on-premise*), soluções internas ou fornecedores consolidados. É a *inércia*. Vários fatores são necessários para uma grande empresa conseguir decidir e implantar uma nova solução. Nem sempre os vendedores corporativos conseguem atingir a velocidade necessária para fechar uma grande conta e, muitas vezes, eles perdem o negócio mais para a atitude de *"não fazer nada"* e *"não tomar decisão alguma"* do que para um concorrente.

*Pergunta nº 3 do cliente*: "Por que comprar agora?" Uma vez que você tenha eliminado a concorrência e esteja a caminho da validação técnica, precisa transformar a proposição de valor em um *business case* quantificável. Você tem três vantagens ao usar esse tipo de "diagnóstico do investimento" como ferramenta de venda.

1. Mapear e alinhar as funcionalidades do produto, os benefícios operacionais e o valor financeiro com as principais iniciativas estratégicas da empresa. Isso ajuda sua proposta corporativa a competir por verbas com todas as outras iniciativas, programas e projetos propostos.
2. Melhorar a visibilidade no ambiente de operações atual, revelando as ineficiências e os desafios operacionais. Além de mostrar à empresa que você sabe o que é mais importante para eles, com essa abordagem você se isola da pressão de reduzir os preços.
3. Assim, você tem a garantia de que o plano para implantar sua solução se volte primeiro aos objetivos de negócios mais importantes, o que, por sua vez, reduz o tempo para atingir o valor.

Se você não tiver experiência com grandes clientes, precisará de mais recursos voltados para o cliente do que poderia esperar ou querer, como serviços especializados, suporte técnico ao cliente e assim por diante. Especialmente se você começou com o sonho de só fazer vendas self-service. Será bom investir nesses tipos de funções e pessoas quando começar a conseguir manter e expandir esses clientes... e começar a conquistar o melhor recurso de marketing que existe: indicações de clientes satisfeitos.

Apesar de ser ótimo conquistar novos clientes, o melhor lugar para vender alguma coisa é onde você já vendeu essa coisa: acrescentando mais usuários, incluindo serviços ou entrando em outras divisões. Desse modo, não fique tão obcecado em conquistar novos clientes a ponto de se esquecer de investir em seus clientes existentes. Não só investir neles como transformá-los em defensores e referências externas incontestáveis, porque os bons produtos, e até os produtos mais espetaculares, não se vendem sozinhos. Você precisa de defensores para ajudar a vender seus produtos para você.

# PARTE V

# CUMPRA A SUA PENA

**A dura verdade:** Leva muito mais anos do que você gostaria.

C: O que você acha que precisa fazer para chegar ao sucesso.
B: O que você espera que aconteça.
A: A realidade... se você tiver sorte.

# CAPÍTULO 18
# A FRUSTRAÇÃO É INEVITÁVEL

*É quase garantido que quaisquer expectativas que você possa ter sobre o tempo que levará e sobre as dificuldades que precisará enfrentar estarão absolutamente equivocadas. Mas valerá a pena.*

### TEM CERTEZA DE QUE ESTÁ PRONTO PARA ISSO?

Um dia desses fui jantar com o fundador de uma empresa da internet de muito sucesso e ele quis saber quanto tempo eu fiquei na EchoSign. Ao ouvir a resposta, ele concordou com um gesto de cabeça e comentou: "Foi o mesmo tempo para mim. Leva uns sete anos para receber uma boa proposta de aquisição e sair". Isso é verdade para empresas de software/SaaS e é verdade para muitas empresas e até mesmo planos de carreira. Você precisa estar preparado para levar muito mais anos do que esperava para atingir seus grandes objetivos.

Você pode ter ouvido dizer que as empresas de SaaS em geral levam mais tempo do que empresas de internet voltadas ao consumidor para atingir entre US$ 75 milhões e US$ 100 milhões em receitas. Mas nem sempre dá para saber *quanto tempo* a mais.

Vejamos alguns números básicos: suponha que você leve uns dois anos para deslanchar e definir um nicho e comece a crescer 100% ao ano até chegar a uma receita de US$ 50 milhões ou mais (o que, veja bem, não é nada fácil):

- receita do ano 1: US$ 0
- receita do ano 2: US$ 1 milhão
- receita do ano 2: US$ 3 milhões

- receita do ano 3: US$ 6 milhões
- receita do ano 4: US$ 12 milhões
- receita do ano 5: US$ 24 milhões
- receita do ano 6: US$ 48 milhões
- receita do ano 7: US$ 80 milhões

Depois desse sucesso todo, tendo atingido uma ARR de US$ 80 milhões no sétimo ano – você levou sete anos –, está pronto para abrir o capital no ano 8. Se você se der bem, mas sem esse sucesso todo, pode levar uma década. Uma década inteira.

E o que dizer de fusões e aquisições? A dificuldade é que, na maioria das fusões e aquisições de SaaS, a menos que seja algo trivial, o adquirente prefere esperar a empresa atingir alguma escala... Ele quer que você passe de US$ 10 milhões para US$ 20 milhões em receitas recorrentes, pelo menos. Com os números acima, também poderia levar uns cinco ou seis anos para ter uma boa saída. David Ulevitch levou dez anos desde a fundação, passando pelo hipercrescimento e depois à venda da OpenDNS para a Cisco por US$ 635 milhões. E isso não inclui todos os anos anteriores em que se preparou para fundar a OpenDNS.

Atuei em muitos acordos de fusões e aquisições (como comprador, vendedor e consultor) e posso dar o seguinte conselho: nunca conte com a venda de sua empresa. Vender uma empresa, especialmente uma de tecnologia, é arriscado e complicado. É como um casamento, só que dez vezes mais complicado... e, uma vez feito, você nunca mais poderá voltar atrás.

Não há nada de novo nesses cálculos. Todo mundo já falava em uns sete anos para abrir o capital. O problema é que muitos sujeitos que estão abrindo uma startup pela primeira vez ou que vêm do mundo da internet voltada ao consumidor não entendem isso. Nas empresas de internet voltadas ao consumidor, até dá para pensar em termos de 18 a 24 meses, pois os ciclos de negócios são muito mais rápidos: é só criar, tentar vender, girar em torno de um eixo e encontrar um nicho. Em geral, dá para saber logo se o negócio decola ou não. O sucesso pode vir mais rápido, mas há mais risco de saída, já que os modelos não são tão definidos quanto no B2B.

Para uma empresa de SaaS, a coisa é bem diferente. É preciso estar disposto a percorrer o caminho das pedras. Leva mais tempo para montar a equipe, ajustar o produto, garantir um nicho e ver os ciclos de vendas decolarem. Os ciclos de feedback também são mais demorados.

Mesmo se sua empresa for de qualquer outro tipo, essa cronologia ainda parece se aplicar: entre cinco e nove anos para "conseguir", para chegar ao ponto em que você estará ganhando um bom dinheiro com certa estabilidade, sem ter medo de a empresa desaparecer a qualquer momento. Até grandes saltos na vida profissional, na vida pessoal e saltos de renda podem levar esse tempo todo.

A imprensa dá destaque a casos raros como "Johnny tinha 13 anos quando criou um app para iPhone e virou um bilionário da noite para o dia". Histórias como essas são a exceção, não a regra. Quando a Slack levantou US$ 120 milhões em fundos em uma avaliação bilionária, a imprensa alardeou: "De zero a um bilhão em menos de um ano!" Só que ninguém contou que a Slack tinha sido fundada seis anos antes (em 2008) e passou por cinco anos de dificuldades antes do grande salto. E, mesmo depois daquele aumento de valor, a vida da empresa não se transformou em um mar de rosas da noite para o dia. As dificuldades se voltaram ao desafio de acompanhar e sustentar o crescimento.

Você lê essas histórias empolgantes e primeiro fica animado para, depois, sentir-se deprimido: todo mundo está se dando bem menos você (o tal do "comparar e se desesperar"). A mídia adora enaltecer e depois destruir as pessoas, mas raramente conta a história toda, a história equilibrada. A história de verdade é menos dramática e não atrai tantos leitores.

> Você lê essas histórias empolgantes e primeiro fica animado para, depois, sentir-se deprimido: todo mundo está se dando bem menos você (o tal do "comparar e se desesperar").

Você pode até se empolgar com essas histórias de sucesso da noite para o dia, mas não as leve muito a sério. Esteja preparado para trabalhar duro, por mais tempo que possa levar.

### Você precisa de 24 meses só para começar a sair do lugar

Conheço muitos excelentes VPs de vendas e produtos que realmente estão prontos. Para eles, chegou a hora de partir e fundar a própria empresa de SaaS.

Que ótimo! Eu entendo. Seria muito bom se eu pudesse recrutar você para ser VP de uma das minhas empresas, mas eu entendo. Trabalhar para "o cara" pode ser uma excelente maneira de ganhar dinheiro nesse meio-tempo, sustentar a família e ser pago para aprender. Mas nenhuma pessoa verdadeiramente ambiciosa quer passar a vida inteira trabalhando para "o cara". Se você está se perguntando se deveria abrir a própria empresa de SaaS, responda às três perguntas seguir:

*Primeira pergunta: você está preparado para dedicar nada menos que 24 meses para atingir o impulso inicial?* Não 12 meses. Não 18 meses. Mas 24 meses? Dois *anos*? Seis meses não bastam. Doze, também não. Você levará entre 9 e 12 meses só para acertar os ajustes do produto e mais 6 a 12 meses para atingir receitas consideráveis.

Um Instagram, um WhatsApp ou um Pinterest até pode explodir em apenas 12 meses (só que, como vimos, foram anos de desenvolvimento e de tentativa e erro para eles chegarem a seus sucessos "instantâneos"). Você não pode dar-se ao luxo de esperar milagres como esses no negócio de software B2B, serviços ou qualquer outra área na qual esteja pensando em entrar. Você pode se dar ao luxo de dedicar 24 meses só para chegar a alguma coisa e obter um impulso inicial de verdade? Se não, é melhor não entrar nessa. A Slack passou de uma ARR de US$ 0 para US$ 12 milhões em um no (2014). Uau!. Mas a empresa não foi *fundada* no dia 1º de janeiro de 2014.

Dar-se 12 meses para atingir o impulso inicial não funciona. Você desistirá. Em apenas 12 meses, você não terá receita suficiente para se sustentar, se é que terá alguma. A verdade é que a maioria das pessoas no fundo não consegue se comprometer por 24 meses devido a motivos pessoais, financeiros ou outras razões. Faz sentido. No entanto, você não conseguirá ter sucesso no SaaS se não se comprometer a passar 24 meses para atingir o impulso inicial.

> **Você não conseguirá ter sucesso no SaaS se não se comprometer a passar 24 meses para atingir o impulso inicial.**

*Segunda pergunta: você é capaz de comprometer 8.760 horas por ano?* São 24 horas por dia vezes 365 dias. Não estou dizendo que você deva se comprometer a passar 14 horas por dia no escritório... Isso não é realmente necessário (talvez para os jovens da Y Combinator). Mas será que você, *sinceramente*, de verdade, pode se comprometer a pensar obsessivamente, a se preocupar e a se estressar buscando maneiras de fazer o impossível? A cada... momento... que passa?

Você não pensará em nada além de trabalho, mesmo quando estiver brincando com os filhos ou jantando com a família. Esse é o tipo de comprometimento que você precisará ter. Se você não tiver essa capacidade mental, é melhor nem começar.

Tudo no SaaS é insanamente competitivo. O SaaS é extremamente multifacetado e, no começo, você terá de ser o VP de vendas, de sucesso do cliente, de marketing e, provavelmente, também de produto. Os clientes pagantes virão com um drama interminável. Você chegará ao ponto de quase perder as melhores contas de referência. Precisará se comprometer intensamente, dolorosamente, para dar conta de tudo isso.

Mais para frente, até terá uma camada de gordura... quando atingir uma ARR de uns US$ 5 milhões mais ou menos. Sua vida ficará mais fácil em muitos aspectos à medida que você cresce (e ficará mais difícil em outros aspectos). Porém, no SaaS, costuma levar um bom tempo até você chegar a esse ponto, já que não é fácil fazer o motor de receitas recorrentes pegar.

*Terceira pergunta: você dará o salto?* Essa talvez seja a pergunta mais importante. Se você ficar pensando que "é só uma tentativa" e tiver outras opções na manga, a coisa nunca dará certo. "Tentarei por um tempo e, se não funcionar, volto para a Salesforce" ou "Trabalharei em consultoria enquanto vejo se a ideia vinga" ou "Levantarei US$ 500 mil e verei no que dá". Esse tipo de mentalidade nunca dá certo, pelo menos não para startups de alto crescimento. Os melhores empreendedores *dão o salto*. Não por serem malucos e ensandecidamente ousados, mas porque eles veem o risco e decidem ir em frente mesmo assim. Eles sabem que enfrentarão muitas dificuldades – com o financiamento, os clientes, a família –, mas decidem que vão dar um jeito pelo caminho. Eles têm dúvidas. Têm medos. Têm problemas financeiros. Mas enxergam *o futuro* e acreditam no próprio sucesso (que virá mais cedo ou mais tarde). Se você não estiver pronto para dar o salto, não está pronto para abrir uma startup.

### E se você estiver perto?

Tudo bem, mas, e se você não chegou lá, porém está perto? Ainda não tem condições de passar nos testes 1, 2 e 3 acima, mas está quase pronto. Então, faça uma pausa. Não diga não *ainda*. Vá fazer a lição de casa. Conduza vinte entrevistas com clientes. Encontre um sócio espetacular capaz de passar nos três testes e comprometer entre sete e dez anos, além dos mais de 24 meses do começo para atingir o impulso inicial. É quase certo que você não consegue sozinho. Faça as vinte entrevistas, encontre um sócio e veja como será. Até os melhores empreendedores, capazes de ver o futuro, às vezes precisam de ajuda. Eu precisei em minhas duas startups. Vinte entrevistas e um sócio fantástico podem ser as peças que faltam para você realmente vislumbrar o modo de criar sua própria startup de SaaS.

> Até os melhores empreendedores, capazes de ver o futuro, precisam de ajuda.

### Pergunte mais uma vez: tem certeza? Mesmo?

O "empreendedorismo" passou por uma grande mudança nos últimos dez anos. Não, não que esteja mais barato montar uma startup da internet. Isso nem é verdade. Antigamente, quando o software vinha em um disquete ou CD-ROM, era ainda mais barato. Você nem precisava de um servidor para abrir uma Microsoft, Intuit, Borland ou Lotus. Apesar de hoje em dia a distribuição ser muito mais ampla, não se iluda: não é mais barato.

Também não se pode dizer apenas que a web e o setor de tecnologia sejam muito maiores, criando um número muito maior de oportunidades. É verdade, mas, mesmo quando o setor era menor, era possível escalar muito rápido. Ajustando para a inflação, o Lotus 1-2-3 ganhou mais de US$ 100 milhões no primeiro ano e fez sua IPO no segundo ano. Qual empresa de SaaS conseguiu tamanha façanha?

O que mudou foi a *cultura* do empreendedorismo. Dez anos atrás, se você quisesse fundar uma empresa, tinha de ser meio doido, um cientista maluco, um excêntrico desvairado, alguém que não percebia se tocava de que a probabilidade de sucesso era de apenas 0,00001%. Alguém tão inteligente, tão talentoso, tão maluco, que se saía com alguma coisa totalmente inovadora. Os empreendedores eram uma raça à parte. Você poderia até conhecer alguns deles, mas jamais imaginaria *ser* um deles. Dez anos atrás, se você entrasse em uma startup mesmo depois de ela ganhar impulso, ainda estaria correndo um grande risco. Você estaria saindo de um plano de carreira estável e poderia levar um duro golpe. E sem dúvida teria de engolir um grande corte salarial.

Hoje em dia, porém, até um empreendedor pré-impulso é superbadalado. Você pode se sentir um super-herói mesmo se for apenas um aspirante a empreendedor. O risco é baixo, ninguém o culpará se você fracassar e você sempre poderá trabalhar no Facebook/Google/Zynga/Square se não der certo. E por que não entrar em uma startup pós-impulso? Sem nenhuma redução salarial. E seu currículo? Você acaba reforçando-o ao atuar nessa startup superlegal, que está escalando à velocidade da luz, e tudo isso sem correr qualquer risco. Por mim, tudo bem, mas acho que a TechCrunch, a Y Combinator, a The Social Network e outras acabaram exaltando demais o empreendedorismo.

Meu único conselho: você absolutamente não deveria abrir uma startup de tecnologia e tentar levantar fundos, a menos que saiba, com 100% de certeza, que essa é a melhor coisa do mundo a fazer. Por que não?

> Você absolutamente não deveria abrir uma startup de tecnologia e tentar levantar fundos, a menos que saiba, com 100% de certeza, que essa é a melhor coisa do mundo a fazer.

Para começar, sua startup quase com certeza dará com os burros n'água e, apesar de não haver problema algum nisso, você também não ganhará qualquer crédito por isso. Ninguém dará a mínima para sua startup fracassada que nunca ganhou impulso e da qual ninguém nunca ouviu falar. Ninguém o criticará, mas também ninguém se importará com você.

Em segundo lugar, os fatores econômicos ajustados para o risco são uma droga. Se você for inteligente e ambicioso, mas não souber se ajustar ao risco, ganhará mais entrando em uma boa empresa de web, ficando lá e subindo pela hierarquia. Apesar de a diferença salarial entre uma startup e uma grande corporação não parecer enorme em níveis não gerenciais, essa diferença na verdade cresce quando se é promovido à gestão.

Em terceiro lugar, mesmo que você queira abrir uma startup, tenderá mais a ter sucesso se trabalhar em uma equipe existente superforte e famosa. Excelentes startups precisam de excelentes equipes, o que é uma raridade. É melhor entrar em uma excelente equipe do que montar uma do zero, o que é quase impossível.

Em quarto lugar, é muito, muito mais difícil do que você imagina. Os altos são, sem dúvida, mais altos, mas os baixos são abissais. A maioria das pessoas na verdade não está preparada para os baixos e é incapaz de lidar com eles direito. Por exemplo, você encararia apostar todo seu patrimônio e assinar uma nota promissória de US$ 750 mil para pagar seu pessoal depois de esgotar todos os seus fundos (como eu fiz na minha primeira startup)?

É verdade que você terá mais "liberdade" se abrir uma startup, mas será tanto trabalho que, provavelmente, nem terá tempo de parar para curtir essa liberdade, pelo menos não enquanto estiver passando por esse tipo de aperto. É difícil curtir a vista quando se está com os olhos grudados no monitor.

Dito isso, se abrir uma startup realmente tiver tudo a ver com você, vá fundo. Foi o que eu fiz. Mas essa, na verdade, é a única boa razão para abrir uma startup de SaaS... A única razão lógica, apesar de não ter lógica alguma. A paixão não tem mesmo lógica!

É preciso conseguir ver alguma coisa que o resto do mundo não vê, confiar a ponto de ignorar todos os riscos *e* não ter nada esperando no fim do túnel que proporcione um retorno "melhor" ou mais alto sobre o investimento (levando todos os fatores em consideração) do que criar uma startup do zero.

## TODO MUNDO TEM UM ANO DO INFERNO

Um dia desses conversei com um presidente-executivo que estava absolutamente infeliz. A empresa havia atingido os US$ 30 milhões e vinha tendo um bom crescimento. Ele se achava prestes a lançar um novo produto que, a seu ver, seria revolucionário e tinha uma equipe forte (segundo ele) com a qual adorava trabalhar.

Qual era o problema? Não sei exatamente. Mas o que sei é que ele estava passando pelo que quase todos os empreendedores passam pelo menos uma vez na jornada de sete a dez anos: o *ano do inferno.*

O ano do inferno nunca acontece no primeiro ano. Por mais difícil que o primeiro ano possa ser, ele ainda será só um tira-gosto. O potencial do empreendimento não tem limites e sua visão para o futuro ainda não foi afetada pela realidade imediata. Você está aprendendo, só tentando deslanchar. Tem uma equipe pequena, do tamanho certo. A experiência pode ser extremamente estressante, repleta de dramas, salpicada com alguns momentos de quase morte. É difícil mesmo. Você sobrevive ou não e ainda está em uma fase hipercriativa, tentando descobrir algo novo, o que é sempre empolgante.

Não, o ano do inferno vem depois. Normalmente depois de a startup atingir o impulso e, às vezes, acontece depois de atingir a escala, como era o caso do presidente-executivo citado. É aquele ano no qual tudo, em todos os níveis, é absolutamente difícil e tudo o que você quer é apenas sobreviver até o próximo dia. Você se sente atacado em inúmeras frentes.

Pode confiar em mim – sei que o que direi agora não é nenhum insight particularmente profundo –, mas faz parte da jornada e você não está fazendo nada de errado. É isso aí. Aguente firme. Conversei com muitos presidentes-executivos e fundadores de SaaS e quase todos os que estão nessa vida há algum tempo passaram por um ano do inferno. Se você estiver em seu ano do inferno, sobreviverá. Todo mundo passa por isso.

O meu ano do inferno foi 2008. Tínhamos os leads, a base de clientes, mas começamos a gastar muito dinheiro sem sair do lugar. Foi um ano difícil.

O mais estranho para mim não é que quase todos passemos por um ano de inferno. O estranho é que, quando as pessoas sobrevivem a ele (se é que sobrevivem), na maioria das vezes a empresa não só melhora, como recupera o vigor e cresce mais rápido do que nunca.

Isso acontece porque o inferno pelo qual você passa o força a fazer ajustes e adaptações para resolver o entrave. A ideia é aproveitar, encarar a situação e adaptar-se, em vez de continuar fazendo a mesma coisa. David Ulevitch, da OpenDNS, teve dois anos do inferno diferentes (que sorte a dele). Em 2010, logo depois de voltar como presidente-executivo

Figura 18.1

da empresa, David teve um ano do inferno cultural, porque as pessoas estavam sem rumo depois de um ano trabalhando sob o comando do presidente-executivo profissional anterior. Em 2012, ele teve um ano do inferno do crescimento, porque a empresa não estava crescendo rápido o suficiente e eles tiveram de repensar todo o sistema de vendas e marketing, aplicando muitas das mesmas ideias que já abordamos em seções anteriores deste livro. Nos dois casos, a OpenDNS saiu dos anos infernais mais forte do que antes. Primeiro, com pessoas energizadas e, depois, com sistemas de vendas previsíveis e escaláveis.

Se você persistir em seu ano do inferno, é muito provável que sua empresa recupere o vigor e tenha *nova aceleração* do crescimento. Pode levar até um ano depois do ano do inferno (o que aconteceu na EchoSign), mas acontece com muita frequência. Se você tiver bons clientes, um produto decente, uma equipe comprometida, e se você for capaz de mantê-la 100% dedicada, a menos que todo o mercado entre em colapso (o que é raro no verdadeiros SaaS), sua empresa também recuperará o vigor.

Com paciência e dedicação.

Não desista. Enfrente o caminho das pedras e verá.

> Não desista. Enfrente o caminho das pedras e verá.

## O CONFORTO É INIMIGO DO CRESCIMENTO

Durante sua jornada, mais cedo ou mais tarde você atinge um patamar de estagnação. Provavelmente acontecerá mais de uma vez, nas vendas, no nível de energia do pessoal ou na inovação. Todo mundo atinge a estagnação. Você se sente empacado e parece que nada consegue reativar o crescimento. Se for uma estagnação de receitas, muitas vezes acontece porque:

- você exauriu as redes sociais e relacionamentos;
- você ou a empresa não se destacam; você é só mais um na multidão;
- você depende demais de uma única pessoa em uma função-chave, como obter leads, fechar negócios ou engenharia;
- as necessidades do mercado ou do cliente mudaram e parece impossível ou impraticável mudar a empresa. Você deu com a cara na parede

de um modelo de negócio ou mercado, mas não sabe ao certo como escapar desse beco sem saída.

Uma empresa pode conseguir sair da estagnação e acabar crescendo centenas de milhões de dólares. Outras ficam emperradas, incapazes de sair do lamaçal. Qual é a diferença?

Em todos os casos, o problema é a *situação confortável demais*: não o tipo de conforto "descontraído e feliz", mas o conforto encontrado em "fazer o que sempre foi feito", mesmo quando você fez muito bem ou mesmo quando não deu certo. Estou me referindo ao conforto "do que é conhecido ou aceito sem questionamento".

Infelizmente, o conforto é o inimigo do crescimento.

A ironia é que *o que funcionou bem para você até agora (que você já conhece bem, com o qual você se sente confortável) pode ser o inimigo do crescimento mais rápido*, porque você fica dependente, complacente ou apenas ocupado demais.

As ideias de triplicar os preços, refazer o produto, repensar a equipe de vendas, demitir o líder de receita e levar seis meses para encontrar um substituto, tentar aumentar dez vezes o número de transações, criar uma maneira completamente nova de gerar leads, trocar os sistemas de automação de vendas, escrever um livro em seu tempo livre inexistente... essas iniciativas potencialmente revolucionárias podem parecer impossíveis com tantas outras demandas de energia. Uma mudança drástica pode ser necessária para garantir um nicho, entrar no caminho do crescimento escalável ou seguir quaisquer outras lições deste livro.

> **Uma mudança drástica pode ser necessária para garantir um nicho, entrar no caminho do crescimento escalável ou seguir quaisquer outras lições deste livro.**

Com qualquer grande mudança ou investimento, você ficará obcecado tentando adivinhar o tempo que leva, quanto custa e se a iniciativa afeta mesmo as vendas. *Por definição*, trata-se de um grande risco com um retorno incerto – se não fosse, você já teria feito. Sinceramente, a maioria das pessoas não consegue suportar tanta incerteza e acha mais fácil ficar com o diabo que conhecem do que entrar com tudo no desconhecido.

Em uma competição de ciclismo, quando o pneu de sua bicicleta fura, mas ainda não murchou, parece mais fácil simplesmente continuar se forçando a avançar. Você não quer perder tempo. É difícil achar que vale a pena parar no meio da corrida, desmontar da bicicleta e trocar a câmara ou remendar o pneu antes de voltar para a pista.

> Quando o pneu da sua bicicleta fura mas ainda não murchou, parece mais fácil continuar se forçando a avançar.

De maneira similar, você adia a reestruturação da equipe de vendas; a demissão daquele executivo que você sabe que não pode continuar na equipe; a mudança no branding e na embalagem; o reforço de investimento em um mercado-alvo, passando de "Qual problema você precisa resolver?" para "Resolvemos o problema X, você tem esse problema?" Você posterga até acabar em um ano do inferno, sem ter para onde ir, sem qualquer outra opção, sendo forçado a mudar.

É a mesma razão que leva os funcionários a reclamarem e se queixarem do chefe ou do emprego sem nunca fazer nada a respeito... porque é mais fácil (mais confortável) ficar no emprego do que encontrar outro, confrontar o chefe ou mudar a própria atitude, pelo menos por enquanto.

## MOTIVAÇÃO: COMO AARON ATINGIU A VELOCIDADE DE ESCAPE

Quando repassamos a Parte I, "Garanta seu nicho", me dei conta de que só consegui a motivação para atingir a "velocidade de escape" na minha vida pessoal e me empenhar para aumentar minha renda e meu negócio quando me casei e passamos de zero a 12 filhos em menos de cinco anos (uma história para outro livro).

Como a família cresceu tão rápido, precisávamos que nossa renda crescesse em uma velocidade compatível. Optamos por aumentar a renda para manter o estilo de vida, em vez de adequá-lo a uma renda reduzida. Foi por isso que o dinheiro cresceu rápido... porque eu tinha uma função de força gigantesca da qual não havia como fugir.

Aqueles que conseguem dar grandes saltos *encontram a motivação necessária* – seja pelo empenho ou pela paixão – para sobreviver aos altos e baixos de ter de cumprir a pena ou de passar pelo ano do inferno.

Você tem de querer alguma coisa do mesmo modo como uma pessoa se afogando quer ar. Sem motivação do tipo "Eu *preciso* respirar!" – resultante de qualquer combinação de ambição, paixão, desespero ou medo –, você recairá vez após vez nos velhos hábitos, rotinas e zona de conforto.

Pelo que você estaria disposto a perder um braço? O que você quer tanto que não se importa com as aparências – aos olhos dos amigos, família ou funcionários – para conseguir?

Se você não consegue *encontrar* alguma coisa que o motive a mudar sua vida ou sua contribuição ao trabalho, acabará tendo apenas mais do mesmo.

Se você estiver lendo isso e pensando "Faz sentido, mas não tem nada que eu queira tanto", leia com atenção as Partes VI e VII, a seguir. Uso principalmente as ideias em torno das funções de força para me motivar de maneira previsível a fazer coisas que não quero fazer ou que estou cansado demais para fazer.

# CAPÍTULO 19

# O CAMINHO PARA O SUCESSO NÃO É UMA LINHA RETA

As histórias de sucesso instantâneo podem chamar à atenção, mas na realidade o modo como as pessoas atingem – e percebem – o sucesso pode ser complicado. Tenha um plano, mas não o leve a ferro e fogo.

### A ECONOMIA DA ANSIEDADE E A DEPRESSÃO DO EMPREENDEDOR

É importante saber que a natureza do crescimento, tanto real como *percebido*, está mudando devido à economia da ansiedade. É preciso entender por que leva mais anos do que se gostaria para mudar.

**É a melhor época para estar no mundo. É a pior época para estar no mundo.**
Nunca houve época melhor para abrir um negócio, até com menos de US$ 100.

As empresas nunca cresceram tão rápido.

Parece que toda semana outra empresa passa de nada a US$ 100 milhões em tempo recorde ou é adquirida por US$ 1 bilhão ou alguma outra fortuna.

A economia, sem dúvida, terá seus altos e baixos nos próximos anos, mas a tendência geral de ser "mais fácil abrir um negócio, com o crescimento mais rápido possível" mantém-se à medida que ficamos cada vez mais conectados.

No entanto, nunca vimos tanta ansiedade, frustração e depressão, especialmente entre presidentes-executivos e aspirantes a empreendedor.

Não importa se você é novo na área ou passou décadas atuando nela: todo mundo pena com o número esmagador de opções para o que pode ser feito, o que pode ser criado, maneiras de utilizar e crescer. E tudo isso não para de mudar... São situações como:

- Como deveríamos nos promover e vender? Temos o inbound marketing, a prospecção outbound, o *web scraping*, a publicidade no Google, vídeos, mil variações de mídias sociais, eventos ao vivo, app stores e mercados, conferências e inúmeras outras maneiras de gerar leads.
- O que deveríamos criar em seguida? Software, app, software como serviço (SaaS), um produto, um mercado, uma empresa de mídia...?
- Como podemos nos comunicar uns com os outros e com os clientes? Por e-mail, telefone, correio de voz, Twitter, Facebook, mala direta, Instagram, chat, Skype, Quora, apps de mensagens e dezenas de outras maneiras que podem ser utilizadas para nos atualizar e nos comunicar com as pessoas e com clientes potenciais.

Não dá para fazer tudo e fazer tudo direito.
Além disso, estamos diante de mudanças geracionais:

- Jovens que esperam cargos pomposos, salários altos e avanço rápido na carreira... e tudo isso *agora*.
- Empresas que ainda esperam que os funcionários trabalhem como robôs, sem ter voz ativa nem possibilidade de escolha.
- Executivos e vendedores que continuam fazendo o que passaram os últimos dez ou vinte anos fazendo, mesmo se não estiver dando certo.

Toda essa ansiedade e incerteza é uma das razões pelas quais o crescimento e a previsibilidade são cada vez mais importantes. As pessoas querem reduzir a incerteza.

**Por que a ansiedade está crescendo para você (e para seus amigos, apesar dos sorrisos rasgados nas fotos postadas nas redes sociais)**
Apesar do luxo em que vivemos em comparação com bilhões de pessoas, a ansiedade está crescendo por muitas razões, inclusive:

- *O que costumava funcionar não funciona mais.* Não dá para esperar que a empresa continue crescendo do mesmo jeito como crescia antes. Devido à ansiedade, à sobrecarga e à inércia, pessoas e empresas tendem a resistir à mudança, em vez de recebê-la de braços abertos. Você tem menos energia para encarar a mudança... até você não ter mais como evitá-la e a empresa se vir diante da crise do "E agora? Como fazemos para sobreviver?". É por isso que um ano no inferno pode desencadear a retomada do vigor, se você encarar as decisões difíceis em vez de evitá-las.

- *Sobrecarga geral.* O número de novas empresas, apps e ideias postadas e atualizadas todos os dias é esmagador. Isso também pode ser dito do número de e-mails, mensagens em mídias sociais e alertas que recebemos todos os dias. Uma pessoa sozinha não tem como acompanhar tudo isso. É mentalmente exaustivo.
- *Competição de decisões.* A sobrecarga está dificultando a tomada de decisões para as pessoas, inclusive os clientes. Afinal, nossa energia para tomar decisões é limitada. Você não só está competindo com outras empresas, como também com todos os outros e-mails, mensagens e mensagens de texto que se recebem e com todas as decisões que se precisam tomar.
- *Distorção da realidade ou "comparação e desespero".* Se você estiver em qualquer mídia social e seguir muitas fontes de notícias, é bombardeado com histórias de sucesso de outras pessoas: sucesso em abrir um negócio ou promover o crescimento de uma empresa, concluir um triathlon, casar, ter filhos felizes e assim por diante. Isso gera um "campo de distorção da realidade", no qual parece que todas as outras pessoas têm 95% de sucesso na vida e só 5% de dificuldade. Mas a proporção em sua vida parece ser oposta, porque lá está você, trabalhando 95% do dia para resolver os problemas. Você começa a pensar "todo mundo menos eu está conseguindo o que quer... eu devo estar fazendo algo de errado". O curioso é que todo mundo se sente do mesmo jeito.

Esses problemas não são novos e sempre existiram. Mas a internet, os celulares e as redes sociais os intensificaram milhares de vezes.

> "Sempre focamos a solução dos problemas intermináveis em nossa empresa, de modo que só víamos os problemas. Ao mesmo tempo, só víamos, em outras empresas, o sucesso que elas apresentavam ao mundo externo." – Ken Ross, empresário e investidor

Todos esses fatores se combinam para atuar juntos. Tudo começa com alguma mudança ou dificuldade no trabalho. Ao mesmo tempo, você está sobrecarregado com mensagens e listas de afazeres e sente que tem menos energia para lidar com elas. Além disso, todo mundo que você vê na internet, nas mídias sociais, nos noticiários parece ter sucesso... é um golpe triplo.

Não queremos deixar aqui uma mensagem de autoajuda do tipo: "Ah, seus problemas e dificuldades não passam de ilusões". Pelo contrário: esses fatores afetam diretamente o crescimento da receita, porque não atingem só você. Seus colaboradores e clientes passam pela mesma experiência. O campo de distorção da realidade deforma expectativas e decisões, como sobre se eles deveriam mesmo trabalhar para sua empresa, comprar dela ou continuar com ela.

Lembre-se de três coisas quando se sentir sobrecarregado:

1. *Encare as dificuldades, porque elas são reais e não desaparecerão em um passe de mágica.* Todo mundo tem de fazer isso, mesmo quando não parece que eles estão fazendo. Use suas dificuldades para motivar-se a mudar as coisas, em vez de resistir a elas. Beneficie-se com os problemas!
2. Não deixe que *a necessidade de acompanhar ou superar* amigos ou concorrentes o distraia de fazer coisas importantes que você, sua equipe e seus clientes precisam. Não levante fundos, contrate um exército de pessoas, escreva um livro ou gaste dinheiro em uma conferência só porque um vizinho ou concorrente fez isso.
3. *Corte o supérfluo da comunicação com funcionários e clientes.* Informações "de fácil entendimento e de fácil ação", francas e que entreguem valor ao leitor (e não só ao remetente) ajudarão a reduzir o ruído ao qual as pessoas são submetidas todos os dias. Seja direto. Seja franco. Seja prestativo.

**Depressão e empreendedorismo**

Esses problemas podem ser um golpe quádruplo para muitos empreendedores, especialmente no setor da tecnologia. Pesquisas já demonstraram que o cérebro e/ou as emoções dos empreendedores tendem a funcionar de forma diferente em comparação com outras pessoas. Um estudo conduzido pelo Dr. Michael Freeman, médico e professor da University of California, São Francisco (e também empreendedor), foi um dos primeiros a associar taxas mais elevadas de problemas de "saúde mental" ao empreendedorismo. Dos 242 empresários que participaram do levantamento,

49% relataram ter algum problema de saúde mental. A depressão foi o problema mais citado, presente em 30% de todos os empreendedores, seguida do transtorno do déficit de atenção com hiperatividade (29%) e problemas de ansiedade (27%). Em contrapartida, apenas 7% da população norte-americana em geral se considera deprimida. Sim, parte da depressão é causada pelo estresse de gerir uma empresa. O estudo também constatou que a taxa de problemas psicológicos dos parentes mais próximos era mais alta do que a da população em geral.

Uma lição que podemos aprender com isso é que, se você ou alguém diz que você tem um "problema psicológico" (seja lá o que isso signifique para a pessoa), não presuma automaticamente que o "problema" precisa ser "consertado". Pode ser ao mesmo tempo uma chateação e um talento fantástico. Como você pode *se beneficiar* disso em vez de achar que precisa eliminar o "problema"? Muitas mentes artísticas de maior sucesso eram diferentes das pessoas comuns, o que impunha, ao mesmo tempo, benefícios adicionais, como criatividade inovadora, e problemas adicionais, como depressão lancinante. No entanto, se você eliminar um, acaba perdendo os dois. Algo incrivelmente frustrante hoje pode vir a ser enorme vantagem amanhã, quando você descobrir como essa peça se encaixa no quebra-cabeça.

Pode acreditar que nossa família pensa que somos doidos de pedra (sem brincadeira). E somos mesmo, em nosso próprio estilo... E aceitamos isso. De outra maneira, não estaríamos aqui escrevendo este livro.

Para saber detalhes e atualizações desse estudo, visite o site <www.MichaelAFreemanMD.com/Research.html>.

## A PERGUNTA DE MARK SUSTER: "O QUE É MELHOR, APRENDER OU GANHAR DINHEIRO?"

*Mark Suster, um amigo que temos em comum, foi empreendedor em série e hoje é sócio da Upfront Ventures, empresa de capital de risco sediada em Los Angeles. É autor do popular blog "Both Sides of the Table". Com a palavra, Mark:*

Tenho muitas conversas sobre carreira profissional com empreendedores, tanto jovens quanto mais maduros, que pensam em entrar em alguma empresa. Costumo tentar o velho truque de responder uma pergunta com outra: "Você acha que agora é hora de aprender ou ganhar dinheiro?".

Encare: se está pensando em entrar em uma startup que já levantou, digamos, US$ 5 milhões (para atuar como diretor de marketing, gerente de gestão de produtos, arquiteto sênior, líder de desenvolvimento de leads globais etc.), suas possibilidades de garantir a aposentadoria nesse emprego são *minúsculas*. Sem problema. Nem todo emprego precisa ser sua grande oportunidade de nunca mais precisar trabalhar. Tudo bem ter um emprego no qual você pode *aprender*.

No entanto, muitos me perguntam se eu acho que essa ou aquela empresa será um grande sucesso. Fica claro para mim que eles estão confundindo *aprender* com *ganhar dinheiro*. Quando isso acontece, costumo fazer um cálculo simples com eles: tudo bem, então você teria 0,25% de participação na empresa. Eles levantaram US$ 5 milhões em fundos na rodada da Série B. Suponhamos que a empresa tenha levantado os fundos a uma avaliação normal de VC e tenha aberto mão de 33%. Em outras palavras, US$ 5 milhões/33% = *valuation post-money* (valuation após aporte) de US$ 15 milhões. Se (caso, porventura...) você nunca levantar outra rodada de capital de risco e se sua empresa for vendida pelo valor médio de saída do capital de risco (US$ 50 milhões para mais ou menos duzentas empresas que conseguem ser vendidas por ano), quanto valerá sua participação? Algo como US$ 125 mil? É isso aí. Um cálculo simples teria respondido essa pergunta, mas as pessoas raramente fazem os cálculos ou pensam a respeito.

Digamos que a empresa tenha levado quatro anos para a saída. Isso equivale a US$ 31,3 mil/ano. Agora... estamos falando de opções sobre ações, não de ações restritas, de modo que se estará sujeito a impostos sobre ganhos de capital de curto prazo. Em meu estado (Califórnia), esse imposto chega a uma média de aproximadamente 42,5%. Então, depois dos impostos, você ficaria com US$ 18 mil/ano. E esse é um cenário *positivo*! Além disso, os cálculos ignoram preferências de conversão de títulos, o que, na prática, significa que sobra ainda menos no bolso.

Agora, pensemos em um cenário estapafúrdio. Digamos que você tenha 1% de participação, venda a empresa por US$ 150 milhões em três anos (por exemplo, você ganhou na loteria). Isso rende um ganho depois dos impostos de US$ 287,5 mil/ano por dois anos. Nada mal. Mas espere aí: as ações são exercíveis ao longo de quatro anos. Você não conseguiu acelerar com a mudança de controle? Sinto muito, teremos de cortar o lucro pela metade, para US$ 143,8 mil, ou terá de ficar mais dois anos na grande corporação que comprou sua empresa se quiser embolsar a bolada toda. De qualquer maneira, estamos falando de um montante ganho ao longo de quatro anos ou, em outras palavras, US$ 143,8 mil/ano por quatro anos.

Não me entenda mal. Não é pouco dinheiro. A maioria das pessoas *adoraria* ganhar tanto em quatro anos. Mas não confunda receber ações de uma empresa com uma aposentadoria. Considerando que uma casa decente em um bairro caro de Los Angeles, como Palo Alto ou Santa Monica, custe, no mínimo, US$ 2 milhões, esse dinheiro dificilmente garante um final feliz. É por isso que Jason diz que "os fatores econômicos ajustados para o risco de abrir uma empresa são uma droga".

Não quero que você fique deprimido. Só estou tentando ser realista. Se você quiser *ganhar dinheiro* – ou, em outras palavras, comprar sua casa à vista –, precisará abrir uma empresa ou trabalhar como executivo sênior. Ou terá de ganhar na loteria e encontrar um emprego na gerência de nível médio de uma empresa como Google, Facebook, MySpace ou Twitter. Sejamos sinceros: quantas dessas empresas são criadas por ano no país inteiro? Uma? Duas, no máximo? Um dia desses conversei com um investidor que me disse que 1,5 mil novas empresas são financiadas todos os anos nos Estados Unidos; 80 (5,3%) acabam sendo vendidas por US$ 50 milhões e apenas 8 (0,5%) são vendidas por US$ 150 milhões ou mais.

Então, quando o mestre em gestão pela Stanford, quando o ex-desenvolvedor sênior de tecnologia ou o ex-diretor de receita de uma empresa me ligam pedindo conselho para seu próximo passo na carreira, dá para entender por que eu começo perguntando: "Você está pronto para ganhar dinheiro ou para aprender?".

> **Você está pronto para ganhar dinheiro ou para aprender?**

Para a maioria das pessoas, a resposta é *aprender*. Eu só dou ênfase à pergunta porque acho muito mais interessante entrar em uma empresa com expectativas realistas. Costumo aconselhar as pessoas a trabalhar na empresa tendo em vista sair com: uma excelente rede de relacionamentos composta de executivos e VCs talentosos; mais responsabilidade do que em seu último emprego; conhecimento técnico ou específico do setor que o ajudará no próximo passo de sua carreira ou uma oportunidade de firmar parcerias com empresas que reforçarão seus relacionamentos no setor, e assim por diante. Aprenda agora para ganhar dinheiro depois.

Quando atuei como presidente-executivo de minha primeira empresa (onde eu reconheço que pisei muito na bola antes de descobrir como fazer as coisas direito), começava dizendo aos candidatos a emprego quanto as opções sobre ações deles acabariam valendo. Isso foi em 1999. Uma empresa chamada Ventro, com apenas US$ 2 milhões de receita, estava sendo negociada com uma avaliação de nada menos que US$ 8 *bilhões*. Era fácil fazer esses cálculos. Com o tempo, fui percebendo que essa atitude estava criando uma péssima cultura.

Mais tarde, passei a dizer o seguinte às pessoas: "Venha trabalhar na BuildOnline porque você acha que pode sair com uma excelente experiência. Venha trabalhar conosco porque você gosta da missão e do que estamos fazendo. Venha trabalhar aqui porque, se você fizer um bom trabalho, nós o ajudaremos a avançar na carreira e daremos a oportunidade de atuar em um cargo mais elevado. E, se um dia achar que trabalhar para nossa empresa não valoriza seu currículo e se sentir que não está se divertindo, então parta para outra. Venha trabalhar para nós porque pagamos bom salário, apesar de não ser um salário espetacular. As opções sobre ações são só a cereja sobre o bolo. Você nunca enriquecerá com isso. Não venha trabalhar conosco pelas opções sobre ações".

É claro que você só deveria trabalhar no que gosta. Isso é óbvio. Não entre em uma empresa às cegas sem saber *por que* você está entrando nessa empresa ou sem fazer as perguntas certas.

Outro dia um amigo me ligou perguntando o que eu achava de ele trabalhar como diretor de TI de uma startup. Ele seria o colaborador número três. A empresa estava sendo desmembrada a partir de uma empresa maior. Perguntei qual parcela da empresa seria de propriedade da controladora e qual parcela seria de propriedade da gestão. Ele não tinha pensado em perguntar. Meu amigo acabou descobrindo que o presidente-executivo tinha cerca de 5% e não havia um lote de ações reservadas à gestão. Meu conselho foi... *fuja correndo*! Eu disse: "Vocês ainda terão de fazer todo o trabalho duro. Para que começar o jogo em uma empresa com uma estrutura que tem tudo para dar errado?".

Outro jovem talentoso me ligou recentemente para conversar sobre carreira. Ele tinha recebido uma oferta para trabalhar em Nova York, outra oferta para trabalhar em uma renomada startup da região de São Francisco e uma terceira oferta para trabalhar em uma startup em Los Angeles. Também tinha a própria empresa, aberta seis meses antes.

E ele nem chegara aos 21 anos. Queria saber o que fazer. Eu disse que ele precisava decidir se queria aprender ou ganhar dinheiro. Ele ainda é jovem, e pode escolher qualquer um dos dois, mas precisava decidir com critério. Desaconselhei o emprego em Los Angeles por se tratar de uma empresa maior, com um cargo burocrático. Se você quiser aprender, pelo menos vá trabalhar em um lugar empolgante. Se der certo, pode resolver ficar na empresa e passar os próximos cinco anos crescendo. Se não, terá trabalhado em três startups antes de fazer 26 anos e estará pronto para ganhar dinheiro.

Com menos de 21 anos, porém, você tem possibilidade de apostar tudo e tentar ganhar dinheiro, se quiser e se achar que tem a ideia certa e o conhecimento certo. Isso se torna muito mais difícil se você tiver 40 anos, três filhos e um financiamento de casa para pagar.

Agora, quanto a *ganhar dinheiro*... Tenho um amigo que é um executivo bastante talentoso. Ele estudou na Harvard Business School e já trabalhou em três startups proeminentes e duas grandes empresas de renome. Atuou dentro e fora dos Estados Unidos e tem pouco mais de 40 anos. Quando me liga, deve achar que sou um disco quebrado. Eu sempre digo: "Cara, é hora de *ganhar dinheiro*. Pare de enrolar com outro emprego de braço direito (ele sempre recebe ofertas para a posição de número 2). É hora de você assumir o comando: ou abra uma empresa ou trabalhe em uma que precise de um presidente-executivo".

Se você realmente quer ganhar dinheiro, precisa estar entre os três ou quatro líderes mais importantes da empresa. É melhor ser um dos empreendedores. Muito poucos podem fazer isso. Requer talento raro. Seja realista quanto a suas habilidades, formação, experiência e ideias.

Não penso só em termos de dinheiro e acho que trabalhar em uma startup pode ser uma experiência extremamente gratificante. Caso contrário, jamais recomendaria isso. Mas sua realidade precisa ser compatível com seus talentos, idade, habilidades, ambição e situação econômica. No mínimo, seja realista no que diz respeito aos resultados. E não deixe de se perguntar: "Estou aqui para aprender ou para ganhar dinheiro?".

> Sua realidade precisa ser compatível com seus talentos, idade, habilidades, ambição e situação econômica.

## QUANDO A LINHA RETA NÃO É O CAMINHO MAIS CURTO PARA O SUCESSO

> Não basta ter bom coração. Você precisa aprender como ganhar dinheiro para promover o crescimento de sua organização, tenha ela ou não fins lucrativos.

Como vimos na seção sobre a importância de garantir um nicho, a Avanoo é uma empresa que está avançando rapidamente da primeira venda aos US$ 5 milhões. Daniel Jacobs, ao lado do sócio, Prosper Nwankpa, percorreu um caminho sinuoso até fundar a empresa, incluindo pit stops com órfãos, artistas e hare krishnas.

Daniel sempre quis fazer diferença no mundo. Na época, ele tinha a crença (ou a esperança) de que um bom coração e valores dignos bastariam para criar um movimento e deixar uma marca no mundo.

Hoje em dia ele diz que aprendeu a duras penas que, por mais significativos que possam ser a visão e os valores da organização, ela só existirá se os empreendedores também pensarem em dinheiro e em como se promover, vender e crescer de maneira previsível.

Antes de fundar a Avanoo, entre 2006 e 2010, Daniel abriu e administrou uma "empresa de tecnologia filantrópica" chamada Everywun. Era de uma plataforma de voluntários que as empresas usavam para proporcionar aos funcionários maneiras de ganhar pontos pelo trabalho voluntário. Eles podiam ganhar pontos, por exemplo, plantando árvores, alimentando crianças ou ajudando a erradicar a malária na África. Podiam trocar pontos por ações bastante específicas, como "use cinquenta pontos para alimentar uma criança por um dia". As empresas pagavam à Everywun para usar o serviço e proporcionar um benefício aos funcionários. Era o sonho de qualquer idealista com preocupações sociais.

Mas veio a recessão e, em 2010, a Everywun faliu. Daniel achou que tinha chegado ao fundo do poço.

"Dediquei toda minha vida, praticamente toda a energia de que dispunha, durante seis anos, acreditando que poderia criar algo capaz de deixar uma marca contundente e sustentável no mundo. Quando vi, tudo tinha virado pó. E ficou um grande vazio. A sensação foi terrível, horrenda, mas também vi uma oportunidade nesse vazio. Quando estava trabalhando naquele negócio, não tinha como entrar em contato diretamente com qualquer uma das pessoas que eu queria ajudar. A tecnologia ficava entre mim e as pessoas que eu queria que fizessem parte de minha comunidade. Porém, quando a tecnologia foi forçada a sair do caminho, tive oportunidade de ajudar de um jeito diferente: com minhas mãos, com meu coração, como um ajudante anônimo em campo". Ele doou tudo o que possuía e saiu para viajar pela América do Sul e pela América Central por um ou dois anos.

Trabalhou em uma fazenda orgânica na Argentina, administrada por um grupo de hare krishnas na região de Buenos Aires. Em Córdoba, ainda na Argentina, orientou empreendedores e empresários e serviu como contraponto para amigos missionários mórmons. Em Santiago, no Chile, viveu com artistas de rua, fazendo a própria arte.

Ele acabou em uma cidade montanhosa da Guatemala e ajudou a construir casas para mulheres solteiras de meia-idade que adotavam órfãos para viver com elas, para que a comunidade não precisasse de um orfanato institucionalizado.

Em 2012, Daniel estava nessa cidade, cercado de crianças que tinham muito pouco, mas que pareciam felizes mesmo assim. Ele ficou intrigado com aquilo, já que as crianças norte-americanas tinham muitos recursos e, apesar disso, apresentavam muitos problemas comportamentais, e estavam longe de ser tão felizes. "Foi então que uma luz acendeu em minha cabeça: eu vim aqui para ajudar as crianças com poucos recursos materiais, mas as pessoas em meu país também são carentes, mas carentes de outra coisa. Eu me perguntei: seria possível ajudar as pessoas a se transformar de dentro para fora, de um jeito mensurável? E mostrar que uma transformação de fato aconteceu?"

Foi uma pergunta empolgante para ele, empolgante o suficiente para levá-lo a passar mais de um ano pesquisando o assunto. E a pesquisa o levou a firmar uma parceria com um velho amigo que ele conhecera quando tinha 17 anos, Prosper Nwankpa. Juntos, eles fundaram a Avanoo.

### A lição que Daniel aprendeu... e Aaron também

Não fique obcecado para atingir o sucesso tão rapidamente a ponto de ignorar seus interesses mais profundos, aquela "vozinha" em sua cabeça que você normalmente ignora por considerar impraticáveis as sugestões que ela dá: você sabe, qualquer coisa que não esteja em sua lista de afazeres ou que não tenha a ver com sua vida profissional e pessoal neste exato momento. Toda vez que você diz: "Gostaria de fazer X, mas não posso por causa de Y", imagine como seria se Y não estivesse no meio do caminho. Como você poderia tentar realizar sonhos que teve quando era mais jovem, como ir morar em outro país, dar vazão a seu lado artístico, compor música ou escrever poesia, ter filhos ou adotar?

> Não fique obcecado para atingir o sucesso tão rapidamente a ponto de ignorar seus interesses mais profundos.

Essas idiossincrasias e aventuras podem acabar ajudando você a atingir o sucesso mais rápido em longo prazo, ou, pelo menos, podem ajudá-lo a se destacar como uma pessoa especial e interessante. Explore suas "vozinhas" e encontrará maneiras de levá-las a sua vida profissional.

Nunca me vi como um artista, mas, alguns anos atrás, comecei a brincar com giz de cera, lápis de cor e crayons... e acabei desenhando todos os esboços que uso em meus livros, como o *Predictable Revenue* e a arte deste livro.

No seu caso, você pode ser levado a "comparar e se desesperar" com notícias da área da tecnologia, dos feeds sociais ou até com este livro, e pode chegar a ponto de achar que não tem outra opção a não ser crescer ou desistir. Você pode achar que seu trabalho em consultoria, serviços, uma pequena empresa ou o que quer que você esteja fazendo agora não é grande, rápido ou bom o suficiente.

Ignore o que os outros estão dizendo ou fazendo. *Qualquer* negócio que funcione para *você* é perfeito. Você pode precisar de alguma exploração para descobrir que negócio é esse. E, ao longo do caminho, como aconteceu com Daniel e comigo, você pode acabar mudando de ideia sobre a importância, para você, de um crescimento mais rápido. A coisa pode se revelar muito mais ou muito menos importante do que você começou achando.

Só estou dizendo que, *se* e *quando* você decidir que quer partir para algo maior, existem maneiras de fazê-lo.

## MUDE *O SEU* MUNDO, NÃO *O* MUNDO

Uma coisa que se ouve o tempo todo no Vale do Silício é: "Vamos mudar o mundo!" e "Estamos revolucionando o mundo do(a) [escreva a missão aqui]!" Espetáculo! Sabemos que sua missão é empolgante e que você quer deixar sua marca. Mas, em nossa visão, quem verdadeiramente mudou o mundo foram as pessoas que criaram a vacina contra a poliomielite, inventaram o rádio, a geladeira, os sistemas elétricos ou inspiraram milhões de pessoas a fazer uma revolução não violenta. Se você estiver trabalhando em uma ferramenta de vendas baseada na web, uma solução de faturamento, uma solução de sincronização de documentos em dispositivos móveis, um app de viagem ou uma nova maneira de compartilhar fotos, é possível que você não mude tanto o mundo.

Veja bem, é muito importante para você e para sua equipe ver sentido no trabalho. Não estamos dizendo que essas coisas não sejam boas, mas só que o mundo chegará lá de um jeito ou de outro sem elas. Não é por acaso que Sergey Brin está trabalhando em carros autônomos e Elon Musk, na energia solar ilimitada.

O que você *pode* fazer é melhorar o *seu* mundo, reconhecendo todas as maneiras tangíveis nas quais já está ajudando as pessoas com quem trabalha, a quem serve ou inspira:

> **Melhore seu mundo reconhecendo todas as maneiras tangíveis nas quais já está ajudando as pessoas com quem trabalha, a quem serve ou inspira.**

- *Você pode criar novas empresas e novas oportunidades para as estrelas da equipe e criar um ciclo virtuoso de inovação.* Quando penso na primeira startup que fundei, vejo que a equipe de gestão, desde aquela época, gerou três novas startups inovadoras financiadas por capital de risco.
- *Você pode criar empregos novos e concretos para as pessoas.* Criar, de verdade, bons empregos, não apenas roubar engenheiros de outras startups, o que seria um jogo de soma zero, mas excelentes novos empregos que não existiam antes, incluindo cargos que possibilitem aos colaboradores sustentar a família.
- *Você pode ajudar as pessoas a realizar o sonho da casa própria.* É sempre bom ganhar dinheiro, mas é melhor ainda poder ajudar as pessoas a ganhar dinheiro suficiente para comprar a primeira casa. David Ulevitch se orgulha de ter vendido a OpenDNS porque a venda ajudou seu pessoal. Além de muitos de seus colaboradores terem ficado

milionários, muitos outros puderam saldar as dívidas, como empréstimos estudantis.
- *Você pode ajudar muitas pessoas a avançar na carreira.* As startups, se tiverem sucesso, são aceleradores de carreira para sujeitos inteligentes e ousados, que podem ter currículo imperfeito ou enxuto. Você tem a possibilidade de transformar em excelentes gestores pessoas que talvez nunca tenham gerenciado antes – pode pegar pessoas entusiasmadas e transformá-las em vendedores de enorme sucesso, líderes de suporte técnico e de sucesso do cliente e assim por diante –, sabendo que, sem sua startup, essa oportunidade poderia jamais ter existido. E eles poderão seguir em frente e atuar em papéis de liderança em outras excelentes empresas. O pessoal também poderá abrir as próprias startups, microempresas, organizações sem fins lucrativos e consultorias.
- *Você pode criar as sementes para outras grandes empresas e startups.* Sinceramente, ainda não estou convencido de que a Salesforce esteja mudando o mundo. Está perto disso, mas ainda não chegou lá. Mas é bem verdade que a Salesforce ajudou a criar um grande número de outras empresas de sucesso. Sem a Salesforce, a EchoSign não teria atingido a massa crítica inicial e não teria chegado lá.
- *Você pode viver uma excelente jornada.* Startups, empresas ou equipes não duram para sempre. Elas crescem, de um modo ou de outro, ou morrem. Você pode viver uma excelente jornada. O número de jornadas que você tem como fazer na vida é limitado. Viver uma excelente jornada é uma experiência que levamos conosco para sempre.

Não importa em que ponto você possa estar em sua jornada, pois uma coisa que aprendemos em nossas duas startups e com empresas da *Fortune 500* é que, ajustado ao risco, é provavelmente menos lucrativo criar uma startup. E as startups nem chegam a ser mais ágeis do que as melhores equipes de grandes corporações. Mas, em uma startup, é mais fácil melhorar seu mundo e vê-lo crescer e acontecer dia após dia.

# REFORCE O SENSO DE PROPRIEDADE DOS COLABORADORES

**A dura verdade:** Seus colaboradores estão alugando o emprego em vez de ser donos dele.

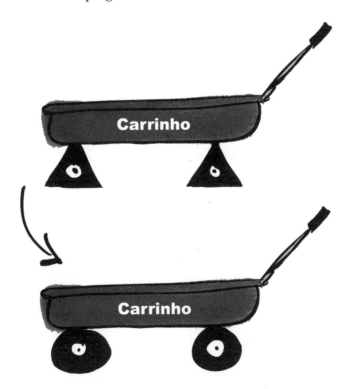

# CAPÍTULO 20
# UM TESTE DE REALIDADE

*Você adora o que faz e está 100% comprometido, mas acaba esquecendo que muita gente não está tão comprometida ou ainda não aprendeu a executar como você.*
*E eles não aprenderão, a menos que você adote a abordagem do "senso de propriedade funcional".*

## CAROS EXECUTIVOS (CARTA DE UM COLABORADOR)

Caros executivos,

Eu adoro trabalhar nesta empresa. Gosto das pessoas, da cultura e acredito no produto! Quero crescer aqui... crescer muito. E conquistar uma boa reputação. Quero contribuir. Quero avançar ainda mais na carreira com vocês. Quero ajudar a empresa, mas nem sempre sei como fazer isso.

Eu fico muito frustrado. Vocês nunca têm tempo para conversar de verdade. Parece que não dão ouvidos nem a mim nem a outros colaboradores... Nós também temos ideias. Tentei apresentar algumas das minhas, mas, depois que nada aconteceu pela terceira vez e vi que ninguém se importava ou me dava ouvidos, desisti.

É muito difícil fazer qualquer mudança aqui (até mesmo as pequenas) e não sei até onde poderei avançar na carreira com vocês. Também não acho que vocês se preocupem com isso ou comigo.

Em outras palavras, apesar de receber um salário decente, não me sinto valorizado e acabo achando que não tenho futuro aqui. Por isso, só me motivo a fazer o mínimo para manter o emprego, em vez de me empenhar para melhorar, porque... o que ganho com isso? Uso meu tempo livre para ler sobre como encontrar o emprego dos sonhos, abrir um negócio e fazer marketing on-line.

> Só me motivo a fazer o mínimo para manter o emprego em vez de me empenhar para melhorar, porque... o que ganho com isso?

Não raro me sinto preso a meu cargo, sem ter como tentar coisas novas ou experimentar. Não quero me sentir preso a meu emprego. Quero usá-lo como trampolim para descobrir o que mais posso aprender e como posso realizar mais. Quanto mais eu aprendo sobre outras partes da empresa e do mercado, mais acho que posso contribuir.

Sei que preciso dar conta de meu trabalho (afinal, foi para isso que fui contratado), mas não posso continuar aprendendo em outras áreas, inclusive como ajudar a empresa a ganhar mais dinheiro? Não pense que esses outros interesses podem me distrair – pense neles como possíveis complementos.

Meu plano de carreira nesta empresa é um mistério para mim ou, pior ainda, algo arbitrário. Vejo que os queridinhos dos executivos recebem toda atenção e ganham todas as promoções, mesmo quando muitos deles não me parecem tão bons assim, e alguns até parecem ser verdadeiros desastres.

## CARO COLABORADOR (CARTA DOS EXECUTIVOS)

Caro colaborador,

Então quer dizer que você quer ter sucesso na carreira? Você pode achar que merece uma promoção ou um aumento, ou só está entediado no trabalho. Pode pensar que as pessoas não respeitam suas ideias (brilhantes) e não lhe dão ouvidos. Pode achar que não recebe um tratamento justo dos donos da empresa e talvez até dos clientes. Nossos sistemas de gestão podem estar com sérios problemas e nosso pessoal simplesmente não está conseguindo sair do lugar (só que, é claro, não podemos admitir isso em público).

Porque... a verdade é que, apesar de gostarmos de você pessoalmente, acharmos que é um cara muito legal e de você estar fazendo um bom trabalho, isso é o mínimo. Não estamos vendo você suar a camisa para contribuir de outras maneiras. (E todos esses projetos paralelos nos quais você está trabalhando não contam. Como assim? Ou você acha que nós não sabemos?)

O lance é o seguinte: se as coisas não estiverem acontecendo do jeito que você quiser, é hora de assumir o controle de seu próprio destino, em vez culpar "os outros", como o chefe, o dono da empresa ou a equipe. Não culpe os outros por não reconhecerem sua grandeza. Se ficar esperando que as pessoas o reconheçam ou descubram seu talento, nesta empresa ou em qualquer outra, é melhor esperar sentado. O momento nunca será perfeito. A oportunidade nunca será perfeita. Você precisa saber trabalhar com o que tem, por mais que se sinta frustrado ou derrotado.

> Se você ficar esperando que as pessoas o reconheçam ou descubram seu talento, nesta empresa ou em qualquer outra, é melhor esperar sentado.

A empresa está *cheia* de pessoas que precisam de coisas. De produtos lançados, campanhas de marketing executadas, vendas fechadas, funcionários contratados, clientes atendidos e contas pagas. Sempre haverá um monte de problemas para resolver. *Escolha um e faça algo a respeito.*

Você precisa ser capaz de fazer isso sem sacrificar os resultados de seu trabalho, o que seu chefe, sua equipe e sua descrição de cargo esperam de você. Se não conseguir dar conta do trabalho, será difícil confiarmos que seja capaz de fazer qualquer outra coisa. Um colaborador que toma posse, ou age como dono do emprego, não entrega resultados só quando lhe convém.

Se sua reação for "Como posso fazer isso?", *esse é o grande problema*, porque não temos como dizer. Se soubéssemos, já estaríamos fazendo isso. Como você pode melhorar a empresa de maneiras que nós não vemos ou que ainda não são práticas?

Se a sua reação for "Eu já tentei, mas vocês ficam me botando para baixo!" tudo o que podemos dizer é: *encontre alguém que acredite em você e que tope orientá-lo na empresa.* Você pode chamar essa pessoa fora do contexto do trabalho, porque ela pode não ser seu chefe. Você não pode esperar que a empresa (ou qualquer pessoa) descubra por você como fazer isso.

Se não souber ao certo por onde começar, comece conversando conosco e com outros colaboradores. Que problema precisa ser resolvido, qual função precisa de um dono ou quem topa ajudar você?

Não existe uma receita mágica a ser seguida, com alguém simplesmente lhe dizendo o que fazer. Você precisa praticar e descobrir por conta própria se quiser tomar a iniciativa! Não esqueça: muitas histórias de sucesso das quais você ouve falar fazem parte do campo de distorção da realidade e deixam de fora a maioria das partes nada dramáticas (e, portanto, chatas) da labuta diária, que constituem 98% do sucesso.

Sabemos que você tem um potencial incrível, então *pare de falar e nos mostre o que pode fazer tomando iniciativas*. Largue seu smartphone e seu Instagram e saia do computador. Queremos que você tenha sucesso aqui tanto quanto você.

## P.S.: "CAROS EXECUTIVOS SENIORES, NÃO FIQUEM PARA TRÁS" (CARTA DO PRESIDENTE-EXECUTIVO E DO CONSELHO DE ADMINISTRAÇÃO)

Caro executivo sênior,

Sei que você é especialista na área e que tem longo histórico de sucesso. Sei que é considerado um expert do setor, convidado a dar palestras, escrever e falar em painéis. Mas esse sucesso está se colocando no caminho de seu crescimento na carreira. Sei que você é especialista em sua área, mas preciso que você também seja um especialista no modo como trabalhamos juntos para aumentar a receita. Preciso que você saiba como vendas, geração de leads, sucesso do cliente, recrutamento e cultura de senso de propriedade funcionam. Em que projetos você está trabalhando que o conselho de administração dará valor?

Sei que, além disso, tem de nos manter informados das tendências de sua área, como:

- **em TI**, o mundo do software de SaaS está mudando as necessidades de sua divisão e o modo como a tecnologia é criada, vendida e mantida;
- **em marketing**, tudo se resume a dados, analytics e métricas... para além de criatividade e branding;
- **em vendas**, as métricas, a especialização de papéis e a previsibilidade passam a ser mais importantes do que apenas relacionamentos, parceiros de canal e projeções;

- **em Recursos Humanos**, o foco é o engajamento dos funcionários, satisfação e desenvolvimento, mais do que apenas benefícios e conformidade com as leis;
- **em produção ou desenvolvimento**, um prazo de lançamento mais rápido, criação ágil e satisfação da demanda passam a ser mais importantes.

Sei que temos maneiras tradicionais de fazer as coisas, mas não deixe que isso o aprisione na inércia ou em desculpas.

1. *Você não pode esperar receber mais pessoas e uma verba maior* para evoluir e adaptar-se. Sempre há um jeito de avançar com o tempo e os recursos que você já tem.
2. *Tome decisões mais rápidas*: nada acontece enquanto uma decisão não é tomada. Você está evitando tomar uma decisão importante (ou mantendo a decisão por tempo indeterminado em um comitê ou contratando uma McKinsey da vida...) porque tem medo de tomar a decisão errada ou se ver mal na fita?
3. *Não puna novas ideias.* Quando um vendedor tenta intencionalmente uma nova técnica criativa, mas perde um grande negócio ou um cliente, você o pune por fracassar ou o recompensa por tentar? Você só perde se não aprender com a experiência. Guarde as punições para pessoas que (a) cometem os mesmos erros repetidamente ou (b) mentem.

Se você punir (ou simplesmente ignorar) sua equipe por tentar novas ideias, ela para de tentar.

4. *Bote a mão na massa; diga "eu", não "nós".* Você acha que "nós" deveríamos escrever um blog, iniciar uma ação de prospecção ou criar uma nova declaração de visão? Bote a mão na massa e comece fazendo você mesmo. Você dará exemplo e aprenderá o que precisa ser feito para a coisa dar certo.
5. *Como você e sua equipe podem aumentar a receita?* Talvez só você se importe com o modo como RH, compras, TI, produção ou contabilidade afetam as receitas. Mas preciso que você saiba o que é preciso fazer para promover o crescimento, para que você possa ajudar. *No mínimo*, você pode ensinar as equipes de vendas a entender melhor como *sua área funciona com os clientes*. E, quanto mais você conseguir

atrelar sua área aos resultados financeiros, melhor será para sua carreira e suas responsabilidades.

Se você estiver sentindo que está sendo deixado para trás ou sobrecarregado, pode reinventar-se. Sobre quais tendências você gostaria de saber mais, o que lhe interessa?

A ideia é: sim, você superou grandes obstáculos na carreira para chegar aqui. Qual será a próxima onda em sua área e como isso pode ajudar os clientes ou o crescimento das receitas? Porque, se você não conseguir melhorar o modo como pensa ou lidera sua equipe, será deixado para trás... Isso é inevitável.

### SEU PESSOAL ALUGA O EMPREGO OU É DONO DELE?

E se seus colaboradores sempre soubessem o que precisam fazer em seguida, sem você ter dar ordens ou orientá-los o tempo todo?

Se você é um executivo, só conseguirá implantar novas ideias de crescimento com a rapidez que gostaria, e que é necessária, se seu pessoal se empolgar com elas. Se isso não ocorrer, você ficará patinando no mesmo lugar. A ideia pode envolver especializar as funções de vendas, criar pacotes corporativos maiores ou produtos menores para pequenas e médias empresas, girar em torno de um eixo, criar um produto freemium, mudar a cultura... Não faz diferença.

Até que ponto sua equipe é dependente de *suas* ideias, de sua motivação e de sua execução? Com que frequência eles se vêm com *as próprias* novas ideias e tomam a iniciativa para descobrir como colocá-las em prática?

Você acha que precisa entrar em cena constantemente para consertar as coisas para seu pessoal, para lhes dizer o que fazer, responder a mesma pergunta toda vez... ou eles tomam a iniciativa?

O que aconteceria se você tirasse duas semanas de férias em uma ilha deserta sem celular nem internet?

> O que aconteceria se você tirasse duas semanas de férias em uma ilha deserta sem celular nem internet?

Como você pode ajudar seu pessoal a ir além da descrição de cargo, não em termos de horas trabalhadas, mas em termos de *iniciativa*? Ajudá-los a se sentir e agir como *donos*? Quantas vezes alguém que não tem posição executiva surge, do nada, com alguma ideia para aumentar o número de leads, a produtividade de vendas ou a retenção do cliente e executa essa ideia?

Os *donos* não precisam ser geridos. Eles não ficam de braços cruzados esperando que lhes digam o que fazer... Eles simplesmente fazem. Porque, quando se sentem emocionalmente donos de alguma coisa, quando *se importam* com alguma coisa, eles *cuidam* dessa coisa.

> **Como você pode ajudar seu pessoal a ir além da descrição de cargo, não em termos de horas trabalhadas, mas em termos de iniciativa?**

Veja bem: se a maioria dos gerentes de vendas reclama que os vendedores não fazem muita prospecção, o problema não é dos vendedores. É o *sistema* de prospecção que precisa mudar. É por isso que costuma ser tão eficaz especializar as funções de vendas. Captou? Então, tudo bem...

De maneira similar, se a maior parte dos presidentes-executivos e dos executivos gostaria que seus colaboradores assumissem mais iniciativas e agissem como donos, *o problema não está no pessoal. É o sistema de gestão que precisa mudar*.

> **O problema não está no pessoal. É o sistema de gestão que precisa mudar.**

Porque a verdade é que seus colaboradores estão meramente *alugando* o emprego:

- como você cuida de seu carro e como você cuida de um carro alugado?
- como você investe em reformas da casa e em reformas de um apartamento alugado?
- qual é a diferença entre cuidar do filho dos outros e dos próprios?

Um teste de realidade ↑ 277

Seus funcionários não *agem* como donos porque *não são* donos. No fundo, não são.

Quando ouve o termo "senso de propriedade", será que você pensa imediatamente na *propriedade financeira* (como participação acionária, comissões, planos de compra de ações da empresa pelos funcionários)? Se a *propriedade financeira*, combinada com as metas, responsabilidades e o reconhecimento típicos, bastasse para sistematizar coisas como aprendizagem, ações, iniciativa, resultados e decisões, você e todos os outros gestores já teriam equipes repletas de pessoas agindo como donos e miniempreendedores. Mas esse não é o caso.

Porque a *propriedade financeira* para os funcionários não passa da cereja em cima do bolo.

Ela é incapaz de criar sistematicamente tanto a *propriedade funcional* quanto aqueles momentos do tipo "Caramba, está tudo nas minhas costas", aqueles momentos em que a pessoa se dá conta de que é 100% responsável por uma situação e é inspirada a ir muito além de sua descrição de cargo.

Quem delega não é um verdadeiro dono. Os colaboradores precisam da *propriedade funcional* para se responsabilizar por algo, para agir como se fossem os donos do processo.

> Os colaboradores precisam da propriedade funcional para agir como se fossem os donos do processo.

### O senso de propriedade funcional

Uma pessoa é imbuída de *propriedade funcional* e do comprometimento emocional que a acompanha quando ela, individualmente, se responsabiliza, com clareza e em público, pelo funcionamento de alguma parte do negócio, seja o demonstrativo de resultados de uma divisão de bilhões de dólares, seja a rotina de limpeza da geladeira do escritório. A pessoa é 100% responsável por essa parte do negócio, inclusive seus resultados, as decisões relacionadas e as melhorias.

As pessoas respaldam o que ajudam a criar. O tamanho daquilo que elas ajudaram a criar não importa tanto quanto a realidade do senso de propriedade das pessoas, incluindo a *incapacidade de se esconder* dessa responsabilidade, razão pela qual a responsabilidade compartilhada tende a levar as pessoas a culparem umas às outras pelos fracassos.

Desse modo, o senso de propriedade funcional é uma peça importantíssima do quebra-cabeça da motivação. Pegue essa peça e combine-a com prazos inevitáveis e funções de força (que discutiremos mais adiante neste capítulo), e a magia da previsibilidade acontece.

Para começar, não existe "uma única coisa" que faça com que todos os desejos se tornem realidade, como uma espécie de unicórnio mágico, cor-de-rosa e reluzente. E, se alguém afirmar que existe essa "uma única coisa" capaz de resolver todos os problemas, ele o está enganando ou vivendo uma ilusão.

Mas o senso de propriedade funcional pode revolucionar a vida de:

- colaboradores que querem contribuir em um patamar mais elevado, porém não sabem ao certo como;
- executivos em busca de maneiras de motivar e energizar as pessoas de maneira previsível.

Não funciona com todo mundo. Sempre haverá os reclamões e os batedores de ponto, além dos sujeitos que se acham empreendedores e os carreiristas (descreveremos esses tipos mais adiante). Mas se você tiver dez subordinados diretos e pelo menos um deles agir como dono, a influência dessa pessoa pode ser transformadora. Se um gestor puder ir de zero a pelo menos uma pessoa, ou de um a dois "colaboradores agindo como donos" em sua equipe... será fantástico!

### Mesmo que você consiga sobreviver aos trancos e barrancos... e amanhã?

A mudança é inevitável. Você permanecerá reagindo às mudanças do mercado ou pode antecipar-se a elas e ajudar a criá-las você mesmo? Se seu pessoal ficar esperando ordens de braços cruzados, em vez de assumir a iniciativa, o crescimento *sempre* será difícil, porque a coisa toda cairá sobre suas costas.

> Você permanecerá reagindo às mudanças do mercado ou pode antecipar-se a elas e ajudar a criá-las você mesmo?

Não existe maneira melhor de fazer isso do que criar mais donos e frustrá-los continuamente com os desafios incômodos que levam à aprendizagem. Sim, por definição, você e seu pessoal *devem* se sentir frustrados ao sair de sua zona de conforto – desde que sejam novas frustrações provenientes de novos problemas, não dos mesmos problemas que nunca são resolvidos.

### A ideia não é tentar clonar-se

Ninguém jamais será *você*. O trabalho de seu pessoal não é vender como você vende, criar como você cria ou liderar como você lidera. Para algumas coisas, eles serão piores do que você e, para outras, serão melhores, mas nunca iguais. Todo mundo tem um "talento especial" que pode ser aplicado ao trabalho para fazer uma diferença.

> Todo mundo tem um "talento especial" que pode ser aplicado ao trabalho para fazer uma diferença.

Se você não souber mobilizar as ideias, a energia e a motivação dos colaboradores, sem criar sistemas que os *desafie a levantar da cadeira, sair da rotina e fazer acontecer*, estará desperdiçando o potencial deles e seu próprio tempo.

Não leia isso como um sermão sobre tratar bem seu pessoal, encher a vida deles de amor, pegar na mão deles e assim por diante, porque os colaboradores podem ser uma boa parte do problema. A maioria espera que lhe digam o que fazer. Afinal, eles foram treinados para isso desde a infância, na escola e na maioria dos empregos: "Faça o que lhe mandam fazer" e "Basta seguir esses dez passos para passar no curso e ganhar a recompensa". Eles querem essas recompensas, mesmo se não merecerem. Eles se entediam rápido, reclamam e esperam que você mantenha o interesse deles e cuide das necessidades deles. E esses são os *bons* colaboradores!

CAPÍTULO 21

# PARA O EXECUTIVO: CRIE O SENSO DE PROPRIEDADE FUNCIONAL

Explicaremos em detalhes como você pode começar a promover o senso de propriedade funcional em suas equipes.

Se você for um colaborador e não se interessar por essas coisas, pode pular para a Parte VII: "Decida seu destino", que foi escrita especialmente para você.

## UM LEVANTAMENTO SIMPLES

É melhor começar checando novamente o moral das equipes. Se identificar quaisquer problemas de ânimo ou de confiança, precisará investigá-los em mais detalhes ou eles poderão sabotar todo o resto. Os colaboradores que não confiam na gestão não ouvem, não se preocupam, nem vão até o fim no que se propõem a fazer. Se não sentirem que a empresa está investindo neles, não vão se dispor a ajudá-la.

**Um levantamento simples: seis perguntas**
1. *Contexto*: qual é seu papel? Quem é seu chefe?
2. *Gostos*: de que você gosta [no trabalho aqui | em seu trabalho | em seu chefe | em nosso produto | no modo como vendemos...]? Inclua detalhes ou exemplos específicos.
3. *Desgostos*: de que você não gosta [no trabalho aqui | em seu trabalho | em seu chefe | em nosso produto | no modo como vendemos...]? Inclua detalhes ou exemplos específicos.
4. *A virada*: se a decisão estivesse em suas mãos, o que faria diferente? Inclua detalhes ou exemplos específicos.

5. *Em geral*: o que mais você gostaria de dizer? Há qualquer outra coisa que deveríamos saber?
6. *Opcional*: como podemos entrar em contato com você se quisermos fazer mais algumas perguntas sobre suas respostas?

Note como, ao focar as perguntas das sessões "Gostos" e "Desgostos", é possível abordar tanto temas específicos quanto gerais.

A ideia é receber um feedback *sincero* de seu pessoal, de modo que as informações de identificação devem ser opcionais, não obrigatórias.

> A ideia é receber um feedback sincero de seu pessoal, de modo que as informações de identificação devem ser opcionais, não obrigatórias.

Agora, se você enviar o questionário a apenas um ou dois colaboradores ou parceiros, é óbvio que as respostas não serão anônimas, e podem não ser 100% sinceras. Faça o possível para lhes assegurar que as respostas serão utilizadas apenas para melhorar a empresa e jamais contra eles. Certo?

**Por que você pode não querer enviar o questionário**

É natural ter medo de receber um feedback sincero. Pode parecer mais fácil esconder-se dos problemas, mas é melhor descobrir agora do que quando os colaboradores decidirem deixar a empresa.

Eles podem ter algo importantíssimo a dizer sobre você e sobre a empresa e nem sempre é agradável ouvir duras verdades. Se perceber que esse medo o está impedindo de enviar o questionário, concentre-se em como (a) as pessoas também podem ter coisas positivas a dizer e (b) se problemas estiverem fermentando abaixo da superfície, é melhor ficar sabendo sobre eles e resolvê-los agora do que permanecer ignorante e deixar que se transformem em uma bomba relógio que explodirá na sua mão mais cedo ou mais tarde, provavelmente no pior momento possível.

**Seu trabalho**

Quando receber as respostas do questionário, você precisa fazer alguma coisa a respeito, mesmo se o primeiro passo for meramente reconhecer que recebeu as respostas. De preferência, no anúncio ou no próprio levantamento, inclua a data na qual você planeja informar que as recebeu.

Se demorar demais para fazer isso, estará confirmando qualquer sentimento do tipo: "Eu sabia que isso ia dar em pizza. Eles nunca ouvem o que temos a dizer e não farão nada de qualquer jeito".

**Dicas**

- Para receber um feedback sincero, vale a pena pedir para alguém de fora atuar com imparcialidade.
- Não faça levantamentos frequentes demais se não tem capacidade de informar que recebeu as respostas, de avaliá-las, transformá-las em ações e mostrar que você está ouvindo.
- Escolha um ou dois problemas em cuja solução se concentrar a cada vez, para poder mostrar progresso rapidamente.
- Convoque uma reunião com a equipe ou os colaboradores para avaliar problemas, sugerir ideias, reunir voluntários e criar funções de força.

> Não tente consertar ou melhorar tudo de uma vez.

## "NADA DE SURPRESAS"

Pode ser difícil mudar a cultura de uma empresa. É por isso que milhares de livros e milhões de artigos são escritos a respeito. Quantas dessas ideias causaram algum impacto sobre sua empresa? É um grande desafio criar uma mudança cultural. Afinal, culturas e pessoas tendem a se acomodar em hábitos e não é fácil mudar um hábito.

Começaremos com uma ideia simples, a transparência. Se você insistir na transparência, ela ajudará a reforçar a confiança, fundamentar as decisões dos colaboradores e garantir um rápido avanço. Porque, uma vez que você ganhe impulso com as primeiras "vitórias", é mais fácil continuar melhorando.

### Por que as pessoas odeiam surpresas

Para começar, pense nas surpresas agradáveis que você já teve no trabalho ou com seu dinheiro. Conseguiu se lembrar de alguma? Imaginamos que as surpresas agradáveis no trabalho sejam muito mais raras do que as desagradáveis.

Os clientes odeiam surpresas vindas dos vendedores. Os vendedores odeiam surpresas dos clientes. O VP de vendas odeia surpresas de seus vendedores. Os presidentes-executivos odeiam surpresas de sua equipe executiva. Os conselhos de administração odeiam surpresas do presidente-executivo.

Como é possível criar uma cultura "livre de surpresas"? Pense o que seria necessário fazer para eliminar as surpresas.

Você precisaria melhorar o funcionamento da empresa ou, em outras palavras, o modo como as equipes – como marketing, vendas e suporte técnico ao cliente – se comunicam umas com as outras e trabalham em colaboração para melhorar. Vejamos apenas o exemplo dos clientes: como fazer para os clientes não serem pegos de surpresa pelas propostas? E por mudanças nos produtos? Tempo de inatividade? Mudanças de pessoal?

> O que seria necessário fazer para eliminar as surpresas dos colaboradores, dos clientes, dos investidores e da equipe de gestão?

### Até onde vai a HubSpot

Mesmo quando era uma empresa de capital fechado, a HubSpot divulgava a todos as informações financeiras, aquelas que, em geral, são protegidas com muito cuidado por executivos de outras empresas, como detalhes sobre o saldo de caixa, taxa de queima de dinheiro (*burn rate*), demonstrativos de resultados, apresentações de slides de reuniões do conselho de administração e da gestão e assuntos estratégicos. O objetivo era dar apoio a um comportamento mais inteligente e a decisões melhores.

A HubSpot só protege as informações quando (a) é exigida por lei ou (b) elas dizem respeito a outras partes e não cabe à empresa divulgá-las ao público.

### *Por onde começar*

Ande pelos corredores e pergunte aos colaboradores quais são as prioridades deles, o que acham que deveriam saber e o que mais gostariam de saber. Não importa se você acha ou não que eles precisam saber. Pense em como eles podem estar sendo deixados de fora.

Ou, ainda, veja se vocês estão tentando resolver algum problema importante – sim, especialmente um problema financeiro – e, se for o caso, passe a informar atualizações sobre o problema ou quaisquer outras questões importantes pessoalmente, por telefone, pela internet, por e-mail ou qualquer outro canal de comunicação. É importante que o canal escolhido seja *fácil de manter*, porque você terá de informar atualizações regularmente nos primeiros meses. Com o tempo, as atualizações regulares evoluem e mudam de estilo e periodicidade, mas, no início, é importante mostrar que você leva a sério a tarefa de manter todos informados. Se você tiver um conselho de administração, circule as apresentações de PowerPoint das reuniões do conselho e use o mesmo canal para informar atualizações regulares sobre a empresa.

Isso ajuda a evitar "surpresas": os colaboradores que normalmente se sentem deixados de fora ficarão mais engajados e terão ideia melhor das áreas nas quais podem contribuir.

> Com o tempo, as atualizações regulares evoluem e mudam de estilo e periodicidade, mas, no início, é importante mostrar que você leva a sério a tarefa de manter todos informados.

### Exemplo: transparência financeira

Você mantém suas finanças em sigilo absoluto? Se for o caso, por quê? Existe alguma razão específica para mantê-las em segredo ou você só faz isso pela força do hábito? Para saber como ajudar a empresa a ganhar dinheiro, os colaboradores também precisam saber como a empresa o ganha (e perde) e por quê. Instrua seus colaboradores sobre as finanças da empresa.

Você não precisa começar jogando de repente uma montanha de informações no colo das pessoas. É melhor que as informações que você decidir compartilhar sejam úteis para elas.

> Instrua seus colaboradores para que entendam as finanças da empresa.

### Exemplo: transparência do plano de carreira

A empresa oferece planos de carreira comprovados que as pessoas podem esperar? Como as promoções ou transferências de cargo são decididas? As novas vagas são divulgadas internamente e não só fora da empresa e os colaboradores podem se candidatar se quiserem? Se não, por que não?

**Exemplo: transparência de vendas**

Você tem um processo de vendas? Por que não o atualizar um pouco e começar a compartilhá-lo com clientes potenciais, para que eles possam conhecer o "mapa" que você e eles devem seguir para decidir se são compatíveis ou não?

Por exemplo, veja um esboço simples de um processo que alinha o comprador com o vendedor.

1. *Telefonema inicial para verificar a compatibilidade*: descubra se seria ou não uma perda de tempo antes de vocês decidirem avançar. Essa medida pode incluir enviar um simples demo ao comprador, para que ele possa decidir se quer receber outra ligação e, se quiser, qual membro da equipe dele deve fazer a interface com sua empresa.
2. *Telefonema de demo ou descoberta*: inclua várias pessoas da equipe do comprador, inclusive um tomador de decisão para avaliar, mais uma vez, se vale a pena seguir em frente.
3. *Proposta*: detalhe os termos e condições para que o comprador possa saber exatamente como seu produto atenderá as expectativas deles, qual será a estrutura de preços e as opções. Apresente alternativas –com franqueza – a seus produtos (inclusive "não fazer nada" ou "comprar do concorrente X") para ajudar o comprador a tomar a melhor decisão.
4. *Adesão dos executivos*: responda a todas as perguntas e esclareça todas as objeções do tomador de decisão. O que você precisaria fazer para ele se empolgar com o projeto?
5. *Finalize os termos e condições*: a palavra "negociação" implica, para a maioria das pessoas, uma situação na qual um sai ganhando e o outro sai perdendo quando, na realidade, os dois lados estão tentando fechar o acordo de maneira que faça sentido para eles.
6. *Assine os contratos (ou documentos)*: os dois lados celebram o contrato hoje e voltam ao trabalho amanhã para cumprir as promessas feitas.
7. *Início do trabalho/implantação*: o cliente implanta o novo produto ou serviço.
8. *Monitore o sucesso*: ajude o cliente a mensurar e avaliar seus resultados até o momento e saber até que ponto o projeto está atendendo as expectativas.

Dá para ver como esse tipo de processo em colaboração entre comprador e vendedor pode ajudar os dois lados a atingir bons resultados?

## SENSO DE PROPRIEDADE FUNCIONAL

Nas duas seções anteriores, vimos como preparar as pessoas para o sucesso, não importa o que aconteça. Mas, se você não estiver conseguindo colocar as ideias em prática, pode pular essas seções por enquanto e voltar a elas mais tarde.

A diferença entre *ser* dono e *ajudar* o dono é enorme, do mesmo modo como a diferença entre *ser dono* e *alugar* é enorme. Quando alguém se sente, emocionalmente, dono de alguma coisa, a pessoa pondera, trabalha naquilo e se compromete com muito mais profundidade do que quando ela acha que não passa de um turista naquela situação, ou do que quando ela só está brincando. É como a diferença entre ser pai ou mãe e ser babá.

Se você tiver um VP de marketing, é fácil responder à pergunta "Quem é o dono do marketing?" Em geral, o VP de marketing se responsabiliza por todos os aspectos do marketing, tomando ou bancando todas as decisões importantes.

Mas quem cuida do blog? Não é o VP de marketing, a menos que sua empresa tenha uma equipe de marketing de uma só pessoa que faz tudo sozinha. A pessoa da equipe que cuida do blog deve ser a *dona* do blog ou, em outras palavras, deve responsabilizar-se por ele. *Isso significa que o líder de marketing deve delegar a essa pessoa as decisões que dizem respeito ao blog*, que podem incluir decisões sobre a identidade visual, a periodicidade, o formato, o conteúdo e o estilo do texto. Essa pessoa seria a dona do blog e seria 100% responsável pelas métricas relacionadas ao blog.

Em vez de esperar que as pessoas o procurem o tempo todo para apresentar opções, esperando que você tome a decisão, as pessoas o procuram em busca de conselhos e *cabe a elas* decidir o que é melhor. Essa abordagem de distribuir as decisões pela equipe em vez de forçar as decisões a serem tomadas pelo topo, criando um gargalo, está fazendo enorme diferença para os gestores até então sobrecarregados da Carb.io.

Lembre-se de que nosso foco recai sobre dois tipos de senso de propriedade (bem, no fundo o que mais nos interessa é o senso de propriedade emocional, mas isso é um efeito colateral da implantação das outras formas de propriedade):

1. *senso de propriedade funcional*: quem é o dono de quais responsabilidades... Vendas? Leads? TI?
2. *senso de propriedade financeira*: quem são os donos da empresa? Como as comissões são alocadas ou os lucros são distribuídos?

Os executivos não raro possuem os dois tipos de senso de propriedade, mas muitos colaboradores não têm nenhum dos tipos ou apenas o senso de propriedade simbólica.

O senso de propriedade financeira é importante, mas é mais complexa e, normalmente, usada como incentivo para as pessoas fazerem mais do que o normal no emprego, e não para elas se empenharem para melhorar a empresa. É mais fácil remunerar os empregados pelo que eles *estão fazendo* do que pelo que eles *poderiam* fazer. O senso de propriedade funcional no nível dos colaboradores, pelo menos do modo como a definimos, é menos comum.

Para incentivar seu pessoal a assumir o controle da própria vida e ser mais empreendedor, eles precisam ser donos de alguma coisa, *qualquer coisa*, mesmo que seja a geladeira da cozinha do escritório.

> **Para incentivar seu pessoal a assumir o controle da própria vida e ser mais empreendedor, eles precisam ser donos de alguma coisa, qualquer coisa, mesmo que seja a geladeira da cozinha do escritório.**

Na Carb.io, a propriedade de diferentes subfunções foi dividida entre a equipe não por hierarquia ou cargo, mas por interesse – em esquema de voluntários – e pelo bom senso:

1. software (produto) e plano (Patrick, gestão de produto);
2. website (Alec, estrategista de contas);
3. programa "Garanta seu nicho" (Rob, estrategista de contas);
4. manual do produto (Patrick, gestor de produto);
5. angariação de fundos (Collin, presidente-executivo);
6. resposta inicial aos inbound leads (Jeff, assistente);
7. prospecção outbound (Patrick, gestor de produto... sim, um sujeito da área de produto pode fazer a prospecção. De que outra maneira ele saberia que produto criar?);

8. vendas de aplicativos (Kay, executiva de contas);
9. vendas de serviços (Shaun, coach);
10. geração de leads (Aaron).

Cada pessoa tem um trabalho principal e entre um e três projetos paralelos menores dos quais ela é dona, e que podem ou não ser relacionados com o trabalho principal.

**Cinco aspectos da propriedade**

Nem todo mundo possui dinamismo e ambição natos e você não tem como criar, em um passe de mágica, uma equipe de talentosos empreendedores. Porém, se você mudar o ambiente de seu pessoal, pode aumentar o grau de empreendedorismo dos colaboradores de cerca de 5 para 7,5, aplicando os conceitos a seguir.

1. *Propriedade individual e em público*. O presidente-executivo não tem como se esconder. Todo mundo sabe quem, no fim, é o responsável. Quem é o único dono, reconhecido por todos, de uma área ou projeto? Mesmo se a área ou projeto envolver um comitê ou uma parceria, uma única pessoa é nomeada – não apenas com base em tempo de casa – como sendo a tomadora da decisão final. Um executivo pode ser responsável por todo o quebra-cabeça (marketing), mas outras pessoas podem ser donas de peças individuais do quebra-cabeça (reuniões e sistemas internos, manuais de estratégia, conteúdo, eventos, ferramentas, relatórios, campanhas, planos de carreira etc.).
Ser dono não implica fazer todo o trabalho, mas significa que você é o responsável por garantir que o trabalho seja feito, não importa se por você ou por alguma outra pessoa.
2. *Funções de força*. O presidente-executivo tem obrigações das quais não pode fugir, como pagar os funcionários. Nada melhor que prazos específicos e divulgados a todos para impulsionar o progresso. O que você acha melhor fazer se quiser entrar em forma: (a) matricular-se em uma academia ou (b) anunciar a seus amigos que você correrá uma maratona? Os executivos criam funções de força o tempo todo: abrir uma empresa, levantar fundos, assumir dívida ou anunciar uma data de lançamento ou publicação. O lance é saber disseminar essa ideia por toda a organização, aplicando-a com os colaboradores, para eles também terem aquele sentimento de "ter

de pagar os funcionários no fim do mês" (veremos em mais detalhes como fazer isso na próxima seção).
3. *Decisões*. O dono individual toma todas as decisões e encara as consequências, mas pede conselhos conforme o necessário. Quanto mais prática você tem, mais fácil é tomar decisões. As pessoas só melhoram na tomada de decisões quando o chefe lhes dá a autonomia para isso e para aprender com as consequências.

> **As pessoas só melhoram na tomada de decisões quando o chefe lhes dá a autonomia para tomar decisões e para aprender com as consequências.**

4. *Resultados tangíveis*. Os presidentes-executivos não podem ignorar alguns resultados de negócios, como metas de vendas e fluxo de caixa. No caso de um colaborador proprietário, quais resultados são importantes e como podemos mensurá-los? Como sabemos se estamos ou não avançando? Quais métricas, avaliações de terceiros ou marcos podemos usar para mensurar o progresso?
5. *Loops de aprendizado*. Presidentes-executivos com conselhos de administração possuem um sistema para ajudá-los a aferir os resultados, receber feedback, evitar pontos cegos e se forçar a sair da zona de conforto. Os colaboradores proprietários precisam de um sistema como esse também. As funções devem ser delegadas, não abdicadas em favor de pessoas.

### Um exemplo

Apesar de eu (Aaron) ter elaborado a maior parte do conteúdo original do programa "Garanta seu nicho" na Carb.io, Rob Russell é o dono da programação, que inclui, por exemplo, workshops e livros de atividades para clientes. Portanto...

1. *Dono*: Rob.
2. *Funções de força*: normalmente incluem comprometer-se com prazos (para um workshop, um webinar, uma publicação) ou entregar o conteúdo como parte de um projeto maior no local do cliente. Não há nada melhor do que anunciar a data de um evento para energizar as pessoas!

3. *Decisões*: Rob decide onde, como e quando os eventos individuais serão conduzidos, o formato e a ordem do conteúdo e como o conteúdo deve ser desenvolvido.
4. *Resultados tangíveis*: para os eventos, *net promoter scores* podem ser mensurados, bem como comparecimento e vendas (se forem relevantes). Os clientes dão notas para avaliar sua experiência com o livro de atividades.
5. *Loops de aprendizado*: depois dos workshops ou de outras oportunidades de compartilhar conteúdo, Rob pede o feedback dos clientes e do pessoal da área de receita previsível (como eu).

Para dar um exemplo, criarei uma função de força para Rob neste exato momento, dizendo a você, leitor, que você pode fazer o download de nosso mais recente livro de atividades "Garanta seu nicho" e ler artigos relacionados no site <www.fromimpossible.com/niche>.

No dia em que escrevi essas palavras que você está lendo agora, esse link não existia. No entanto, ao escrever estas palavras, eu me comprometo em público com um prazo inescapável para fazer a coisa acontecer. (Rob, não precisa agradecer!)

### Comece com três perguntas

1. *O que precisa de um dono?* Faça uma lista: como você ficaria menos sobrecarregado se deixasse outra pessoa ser a dona de alguma atividade ou tarefa? Quais outras coisas estão precisando de propriedade focada?
2. *Quem deveria ser o dono?* Quem deve ser o dono de algumas funções mais importantes? Pode ser um voluntário, um dono nomeado ou escolhido pelo consenso do grupo.
3. *Qual é a função de força inicial?* O dono, com a ajuda do líder ou empurrado pelo líder, conforme necessário, deve decidir o que será entregue e quando. Mantenha as funções de força e elas continuarão a impulsionar tudo que precisa ser feito: resultados, decisões e loops de aprendizado.

> Quando você tem um prazo para uma função de força da qual ninguém pode fugir, as pessoas são impulsionadas a entregar resultados, decisões e loops de aprendizado à medida que avançam.

### Comece mesmo se não tiver ideia do que fazer

Se você quer que seu pessoal comece a aplicar essas ideias, mas percebe que as pessoas ficaram simplesmente perplexas, a primeira função de força delas pode ser encontrar alguma coisa pela qual se responsabilizar (até um prazo específico). "No dia 5 de junho, devo anunciar que passei a ser o dono de tal coisa." Isso pode incluir encontrar o projeto certo para a equipe.

Desse modo, a próxima função de força poderia ser conceber outra função de força! "No dia 12 de junho, anunciarei o que eu/nós farei/faremos em seguida."

### Executivos: deixem os colaboradores decidirem

Sempre que um colaborador o procura para que você tome uma decisão, você lhe rouba a oportunidade de praticar a tomada de decisão. Você o está ensinando a depender de você.

> Sempre que um colaborador o procura para que você tome uma decisão, você lhe rouba a oportunidade de praticar a tomada de decisão. Você o está ensinando a depender de você.

Para começar, decidam juntos se a coisa de fato requer sua decisão ou autoridade. Caso contrário, deixe a decisão para eles, *mesmo se não quiserem*! Pode ser, ao mesmo tempo, empolgante e assustador assumir novas responsabilidades. As decisões selam o destino. Os donos precisam melhorar seu poder de decisão e confiança com prática e coaching.

Sempre que puder, encontre oportunidades para que tomem mais decisões por conta própria e arquem com as consequências. Uma regra: eles só precisam pedir o *conselho* de alguém antes de tomar a decisão.

Se a decisão fracassar ou simplesmente não der em nada, não os puna por isso. A punição só os ensinará a nunca mais correr riscos. Ajude-os, orientando-os sobre as lições a serem aprendidas com a experiência, para que possam melhorar da próxima vez... E faça o que for necessário para de fato haver uma próxima vez.

Quando você toma uma decisão por um funcionário, está lhe roubando a oportunidade de praticar a tomada de decisão, de aprender. Mesmo se a decisão acabar se mostrando um desastre, os erros são o custo de tentar algo novo, especialmente ao aprender a ser mais empreendedor.

Incentive seu pessoal a tomar decisões, ajude-os a crescer e reduza os gargalos no topo.

### *Como o senso de propriedade funcional pode ajudar as pessoas a se desenvolverem?*

À medida que os colaboradores tomem cada vez mais posse de projetos e criem mais funções de força, desenvolvem senso de propriedade. Uns aprendem mais rápido, outros levam mais tempo. Senso de propriedade significa:

- aprender a produzir resultados e não a dar desculpas. Se você é um presidente-executivo e precisa pagar os funcionários no fim do mês, não demora a aprender que as desculpas não passam de um enorme desperdício de energia;

> Se você é um presidente-executivo e precisa pagar os funcionários no fim do mês, não demora a aprender que as desculpas não passam de um enorme desperdício de energia.

- "pedir conselhos, e não perguntar a resposta" e confiar mais em si mesmo, em suas ideias e sua iniciativa. Como você chegou a sua função atual? Provavelmente, foi porque você sempre seguiu sua intuição e

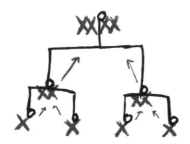 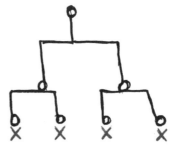

Figura 21.1: Ajude seu pessoal a tomar decisões para evitar gargalos no nível executivo e ajudar os colaboradores a se desenvolverem

desejos, e não porque alguma outra pessoa achou que você deveria atuar nessa função ou que se daria muito bem nela;
- tomar decisões com autoridade, sem empurrar a decisão para os outros e sem evitar as consequências dos resultados;
- acostumar-se a ser franco e transparente – mesmo se isso incomoda você e os outros –, incluindo encarar os problemas agora, em vez de postergar. Será que alguma pessoa da equipe precisa ser demitida ou mudar? Você sabe de algum problema em um novo produto, nos leads ou em vendas que ninguém quer admitir porque o problema precisaria ser levado ao presidente-executivo e ao conselho de administração?
- tanto assumir os sucessos como se responsabilizar pelos fracassos, e não tentar negar ou esconder-se de um ou de outro. E dê os créditos sempre que forem devidos ou, em outras palavras, sempre que as pessoas tiverem contribuído ou pisado na bola;
- aprender a crescer, melhorar com as inevitáveis decepções e fracassos e acostumar-se a eles. Se você não fracassar, não se frustrar ou não se desapontar com alguma coisa praticamente todos os dias é sinal de que está em sua zona de conforto;

> **Se você não fracassar, não se frustrar ou não se desapontar com alguma coisa praticamente todos os dias, é sinal de que está em sua zona de conforto.**

- aprender sobre vendas, decisões e o sucesso dos clientes – sejam eles externos ou sejam internos – como, por exemplo, identificar um problema, convencer uma equipe de que a mudança é necessária e garantir que ela seja realizada;
- desenvolver o autoconhecimento. Se você for o dono, e não o locatário de alguma coisa, você assume toda a responsabilidade por isso e para de dar desculpas. Quando isso acontece, cabe a você fazer acontecer. Para algumas pessoas, essa ideia pode ser libertadora; para outras, é assustadora. Você é a única pessoa que pode impedir seu próprio avanço. Só você pode se beneficiar das oportunidades no trabalho e na vida. Você odeia o chefe? Mude sua própria atitude ou mude de emprego, mas não fique reclamando ou usando isso como desculpa.

Não importa se você é dono de algo "grande" ou "pequeno", contanto que a propriedade seja importante para alguém e compatível com essa pessoa (não fácil demais nem terrivelmente difícil). Pode ser a geladeira do escritório, o blog da empresa, o sistema de telefonia, eventos divertidos para promover o espírito de equipe, um site colaborativo interno, o lançamento de um produto, uma linha multimilionária de produtos ou uma conferência.

> Veja os mais recentes estudos de caso e exemplos de como outras equipes estão adotando o senso de propriedade dos colaboradores no site FromImpossible.com.

### Agora faça o seguinte...

Depois de ler esta seção, convoque uma reunião com seu pessoal e converse sobre maneiras de aplicar essas ideias a sua equipe ou empresa.

Peguem as ideias que lhes agradarem e deixem de lado o que não se encaixar no estilo de vocês.

## ESTUDO DE CASO: COMO UMA EQUIPE EM MAUS LENÇÓIS SE TRANSFORMOU EM UM SUCESSO AUTOGERENCIADO

*Lou Ciniglia liderava uma equipe de vendas composta de 13 pessoas no TheLadders. Este é um exemplo de como ele criou o senso de propriedade funcional na equipe e revolucionou os resultados. Com a palavra, Lou:*

Eu tinha acabado de assumir a liderança da equipe, que estava tendo vários problemas.

- Algumas pessoas nunca conseguiam atingir a cota.
- Os executivos não se comunicavam muito com o pessoal. Éramos os últimos a saber de mudanças na remuneração ou estrutura de preços.
- Não havia um plano de carreira.
- As pessoas não raro eram demitidas sem receber qualquer advertência antes.

Os problemas de comunicação e confiança se estendiam à empresa toda, não só a minha equipe. Os executivos estavam sempre ocupados demais e não falavam muito. Vendas e marketing nunca conversavam entre si. Ninguém sabia o que estava acontecendo. As diretrizes da alta liderança viviam mudando sem aviso. As pessoas estavam frustradas, e a frustração criava um ambiente tóxico. Ninguém confiava na liderança sênior. A empresa ou os executivos podiam dizer ou mandar o que fosse, mas, como não contavam com a confiança da equipe, eram simplesmente ignorados.

Ainda não tínhamos definido um processo de vendas nem um sistema de contratação e não sabíamos o que precisava ser feito para desenvolver os representantes. A previsibilidade era inexistente na empresa.

## COMO PROMOVER A TRANSFORMAÇÃO

*Primeiro: comunicação nos dois sentidos.* A abordagem da gestão era muito de cima para baixo, do tipo comando-e-controle. A primeira coisa que fizemos foi começar a nos comunicar com mais frequência e com mais rapidez com a equipe e ouvir com atenção o que o pessoal tinha a dizer e as mudanças que gostaria de ver, em vez de achar que só estavam reclamando.

*Segundo: propriedade funcional.* Em vez de criar e administrar eu mesmo um novo manual de estratégia de vendas, deleguei a um voluntário disposto a se responsabilizar por isso. Ele liderou a equipe na criação do conteúdo, trabalhamos juntos para definir o formato e eles mesmos se encarregaram do treinamento. A iniciativa acabou se transformando em um exemplo a ser seguido para outras equipes da empresa.

> Em vez de criar e administrar eu mesmo um novo manual de estratégia de vendas, deleguei o trabalho a um voluntário disposto a se responsabilizar por isso.

*Terceiro: transparência.* Fizemos questão de focar a transparência quando as decisões precisavam ser tomadas, analisando como a estratégia para chegar lá seria afetada por cada um dos participantes. Nosso foco na transparência incluiu metas, cotas e sistema de remuneração, e a transparência ajudou a equipe a se sentir engajada e energizada, porque sabia o que estava acontecendo e como podia contribuir. Dinheiro, remuneração e possíveis mudanças no esquema de compensação eram temas delicados. Conseguimos fazer as mudanças sendo absolutamente francos e abertos até sobre esses temas delicados, explicando o processo do ponto de vista da empresa. A transparência antes mesmo de fazer quaisquer mudanças facilitou e simplificou em muito o processo para as pessoas. Ninguém gosta de surpresas no trabalho.

*Quarto: reuniões.* Em questão de semanas, minha equipe já tinha começado a organizar as próprias reuniões. Toda semana, sem falta, alguma pessoa da equipe conduz a reunião, propõe uma pauta e convida membros da equipe que estão se destacando em certas áreas do processo de vendas. Eles convidam, ainda, outras pessoas da organização que podem compartilhar seu conhecimento conosco. Antes, as pessoas conduziam as reuniões pensando nelas mesmas: nos interesses delas, nos sistemas delas e nas expectativas delas. E a equipe provavelmente odiava aquelas reuniões.

Hoje em dia, elas criam uma pauta de interesse de todos. E, para aumentar a eficácia das reuniões, também incluem mais variedade.

Agora que nossa equipe está organizando as próprias reuniões, criando o próprio manual de vendas e se encarregando do treinamento, temos praticamente uma equipe autogerenciada.

### Competição na equipe

Outro desafio da equipe é que tínhamos muitos representantes que engavetavam seus segredos. Transformamos a atitude da equipe para "Estamos todos no mesmo barco", em vez de "Se você ganhar, eu perco". Hoje em dia, as pessoas vivem se ajudando.

### Líderes da equipe

Uma das mudanças que ajudaram a revitalizar a equipe foi promover líderes para ela.

A equipe só tinha 13 pessoas, mas algumas delas estavam ansiosas para encarar novos desafios, crescer e aprender um pouco sobre liderança. Em vista disso, criamos oportunidades para que assumissem mais responsabilidades, especialmente para tarefas que eu não precisava ou não queria fazer mais, como o treinamento básico de novos representantes.

Pensamos na possibilidade de pagar um adicional aos líderes da equipe, mas decidimos juntos que seria melhor não fazer isso. As pessoas que se ofereceram para assumir a liderança não estavam fazendo isso por dinheiro, mas por experiência. Estavam empolgadas com a possibilidade de obter conhecimento, maturidade e experiência profissional.

**Mas e os resultados?**

Você pode estar se perguntando: se agora todo mundo está agindo por conta própria, será que eles estão mais motivados ou mais relaxados? Será que eles não estão chegando atrasados ao trabalho e passam o dia inteiro fazendo hora? Liberdade demais pode levar ao caos. Será que esse experimento de liberdade e delegação de poder não acabou prejudicando, em vez de melhorar as vendas?

> Se todo mundo está agindo por conta própria, será que eles estão mais motivados ou mais relaxados?

Os resultados da equipe têm impressionado. Chegamos a atingir alguns marcos no trimestre passado que nunca tinham sido alcançados, tanto no nível individual quanto de equipe. Não podemos divulgar os números, mas posso dizer que conseguimos atingir dois marcos importantíssimos.

- Em primeiro lugar, queríamos ser capazes de encontrar, contratar e promover novas pessoas rapidamente. Os últimos três contratados superaram em muito suas metas trimestrais já nos primeiros três meses na empresa, o que nunca tinha acontecido antes. Com isso, a mensagem foi clara: "Acertamos em cheio aqui. Está dando muito certo".
- Em segundo lugar, a equipe teve um número recorde de representantes que superaram as metas trimestrais nos três últimos meses. Então, posso dizer que sim, essa mudança na cultura da equipe e em minha abordagem de gestão fez enorme diferença nos resultados de vendas.

**Como essa mudança afetou minha capacidade de liderar**

Uma equipe mais autogerenciada liberou uma grande parcela de meu tempo. Antes de mais nada, hoje posso me voltar muito mais ao coaching individual, ajudando cada colaborador a se desenvolver. Mesmo com 13 pessoas na equipe, elas não acham que sou ocupado demais para lhes dar atenção.

Em vez de ter de me concentrar em pequenos detalhes da equipe e monitorar os indicadores-chave semanais (meus líderes de equipe se encarregam disso), passei a ter mais tempo para me concentrar na estratégia do departamento e trabalhar com outras áreas da empresa.

Então, nossa equipe e nosso pessoal conquistaram uma grande visibilidade na empresa, devido a nosso sucesso e aos novos métodos. O sucesso energizou a equipe.

A nova postura de trabalho e o novo conceito de propriedade revigoraram totalmente a equipe. Até os visitantes comentam sobre a energia e animação do pessoal que transpira vida e atitude positiva.

# CAPÍTULO 22

# LEVANDO O SENSO DE PROPRIEDADE AO PRÓXIMO NÍVEL

Mais sobre o senso de propriedade financeira, sobre transferir as pessoas pela empresa e sobre como trabalhar com diferentes tipos de colaboradores.

## SENSO DE PROPRIEDADE FINANCEIRA

O senso de propriedade financeira é um *complemento* do senso de propriedade funcional. Falamos brevemente sobre isso na Parte III: "Faça com que as vendas sejam escaláveis", na seção do Capítulo 13 intitulada "O conselho de Jason para os presidentes-executivos: coloque líderes de outras áreas que não sejam a de vendas em planos de remuneração variável". Nem todo colaborador consegue se adequar ao senso de propriedade financeira (e ao senso de propriedade funcional, por falar nisso). Para os colaboradores que conseguem, existem infinitas maneiras de atrelar a remuneração aos resultados. De qualquer maneira, não deixe de:

1. *proporcionar* uma oportunidade financeira *significativa (para eles)*. Se a oportunidade for pequena demais, eles não se interessarão. Você pode usar bônus, participação nos lucros, ações da empresa, comissões, plano de remuneração variável ou qualquer outro meio;
2. *treinar os colaboradores* sobre o senso de propriedade financeira: como funciona o plano de participação acionária ou comissões? Se um colaborador não souber ao certo como o sistema funciona, torná-lo dono de algo não vai ajudar em nada! A pessoa que criar a estrutura financeira não deve subestimar como essa estrutura pode parecer complexa para os vendedores e os colaboradores em geral. Ganhar 10 mil ações

da empresa pode parecer muito para um novo funcionário, que pode não ter ideia de que se trata de apenas 0,01% da empresa e que essas ações podem facilmente acabar não valendo nada, dependendo dos preços de exercício e preferências de liquidação;
3. *divulgar resultados precisos* para que os colaboradores saibam exatamente onde estão em relação a sua remuneração e propriedade, e possam entender "causas e efeitos" sobre suas finanças. Quais foram as receitas deste mês? Quantos colaboradores saíram da empresa? Como foram as cobranças? Quais foram as realizações e as decepções?
4. *instruir os colaboradores sobre os fundamentos de negócios, finanças e vendas* para que possam entender o que impulsiona a receita, os lucros e o crescimento e saibam como podem fazer a maior diferença nesses fatores;
5. *envolver os colaboradores* na decisão de como o senso de propriedade financeira deve funcionar na empresa. Dê um canal de comunicação para os colaboradores se expressarem e preste atenção às opiniões e sugestões deles sobre questões variadas – por exemplo, como os programas podem afetar a empresa toda ou um colaborador individualmente.

Se a sua empresa for mais nova, estiver crescendo rápido ou passando por uma transição, os programas de remuneração e senso de propriedade financeira precisarão mudar, mudar e mudar mais uma vez até vocês acertarem o ponto. Quanto mais você envolver seu pessoal no processo de transição, mesmo se isso desacelerar o processo, melhor será o resultado para a empresa e para todos os stakeholders.

> Quanto mais você envolver seu pessoal no processo de transição, melhor será o resultado para a empresa e para todos os stakeholders.

Lembre-se: *nada de surpresas...* a não ser que se trate de um bônus imprevisto, ninguém gosta de ser informado de um novo plano de remuneração ou mudanças no plano de participação nos lucros vindas do nada.

## DISTRIBUA AS PESSOAS PELA EMPRESA

Você precisa dar uma agitada nas coisas, para você mesmo e para seu pessoal em termos tanto de (a) onde as pessoas trabalham fisicamente como (b) o trabalho que elas fazem. Isso vale para o gerente de seu escritório. Seu principal vendedor. Um excelente cobrador. Um gerente de produto. Talvez valha para você mesmo.

Dá para entender por que você pode achar que isso é uma péssima ideia à primeira vista. Quando um colaborador se destaca em uma função, não é melhor deixá-lo quietinho em seu lugar?

Você se sente um pouco (ou muito) dependente dele, porque simplesmente confia que ele dará conta do trabalho. E é difícil imaginar alguma outra pessoa se saindo tão bem ou até melhor na função. É fácil ver o que você teria a perder se mudasse essa pessoa de função. E é difícil ver o que você poderia ganhar ao expor essa pessoa a outras áreas da empresa. Veja bem, se a empresa estiver passando por um período de crescimento intenso ou grandes mudanças, pode não ser a melhor hora de brincar de transferir as pessoas e talvez seja mais interessante esperar as coisas se acalmarem.

Caso contrário, você estará diante de um paradoxo. Ao manter esse colaborador espetacular fazendo o que ele faz de melhor (hoje), ele se destacará nessa função (hoje). Mas, se ficar preso nela, mais cedo ou mais tarde começará a sentir-se sufocado e você não poderá se beneficiar de todo o potencial desse colaborador, que poderia estar contribuindo muito mais e de maneiras muito mais amplas.

Um jeito bem fácil de fazer isso seria simplesmente mudar o lugar em que o colaborador trabalha a cada três ou quatro meses, para que possa estar fisicamente próximo de pessoas diferentes. Cuidado para não fazer isso com excessiva frequência, ou os colaboradores podem ficar confusos, mas faça o suficiente para garantir uma variedade saudável para todos. Ao trabalhar ao lado de pessoas novas, as redes de relacionamentos, a cultura e a aprendizagem de todos serão ampliadas e reforçadas. E isso é muito simples de fazer.

Na Salesforce, fiquei obcecado com um mapa de mesas dos colaboradores, estudando maneiras de colocar os novatos perto de veteranos e os líderes de equipe no centro de suas equipes.

Em uma divisão vertical (como serviços financeiros), coloque pessoas atuando em cargos e funções diferentes para trabalhar perto umas das outras enquanto vocês estão trabalhando no desenvolvimento de algum setor. Quando a aprendizagem desacelerar, divida o grupo e coloque os colaboradores para trabalhar perto de especialistas de outros setores, para terem ocasião de aprender uns com os outros.

Se a empresa tiver colaboradores atuando em esquema de homeoffice, dê um jeito de eles irem até a empresa de tempos em tempos. Apesar de o Skype ser uma ferramenta maravilhosa, nada substitui os encontros presenciais.

> Nada substitui os encontros presenciais.

**Outras maneiras de agitar as coisas**

- Em eventos presenciais, proíba os colaboradores de se sentarem com colegas de equipe ou de conversar com eles, em vez de conhecerem pessoas novas.
- Crie sites colaborativos (*wikis*) e mídias sociais internas.
- Promova o rodízio de funções.
- Ofereça programas de trainees, mentoring e *shadowing* (aprendizado pela observação).
- Estabeleça ma iniciativa de troca de funções de executivos, tipo uma "Sexta-feira Maluca", com os VPs de vendas e marketing trocando de função por um dia.
- Leve colaboradores não essenciais a visitas a clientes.
- Peça que os colaboradores conduzam entrevistas pela empresa para identificar problemas e sugerir soluções.

Ajude os colaboradores a entender como a empresa *como um todo* funciona, não usando apresentações de PowerPoint ou materiais de leitura, mas sentindo a experiência *na pele*. Seus colaboradores passarão a ter mais empatia pelas funções dos outros. Terão conversas mais contundentes e profundas entre si e com os clientes ou, pelo menos, saberão como se encaixam no quadro geral.

## OS QUATRO TIPOS DE COLABORADOR

Se você ficou animado com os capítulos anteriores, com a cabeça a mil e imaginando como todo mundo se entusiasmará com essas novas ideias geniais, calma lá! Nem todo mundo pulará de alegria com a ideia. Mas tudo bem.

Não é justo nem realista esperar que todos os colaboradores queiram as mesmas coisas, do mesmo jeito e no mesmo momento que você, o dono. E não é pensando assim que você pode se beneficiar ao máximo da capacidade deles.

Nem todo mundo nasceu para ser dono ou empreendedor. Algumas pessoas nascem para ser ajudantes. Afinal, alguém precisa digitar os dados, bater o cartão de ponto, fazer o trabalho duro ou o acompanhamento dos comunicados internos. Até essas funções envolvem dignidade e variedade e têm espaço para a individualidade e novas ideias.

É preciso ter variedade no ambiente de trabalho. Valorize a variedade e trabalhe com ela em vez de tentar combatê-la. Ajude as pessoas a encontrar seus pontos fortes, desejos e brilhantismo, a trabalhar juntas como um grupo de indivíduos talentosos e não como clones... mesmo que elas tenham funções que você pode achar mais adequadas para clones, como digitação, suporte técnico ou call center. Não é o trabalho que define as pessoas, e sim a cultura, a gestão e as expectativas.

> **Ajude as pessoas a encontrar seus pontos fortes, desejos e brilhantismo, a trabalharem juntas como um grupo de indivíduos talentosos e não como clones.**

Para ajudá-lo a concentrar energia onde você tem como fazer mais diferença, classificamos as atitudes dos colaboradores em quatro (+1) tipos. Não estamos falando de tipos de personalidade imutáveis, mas um reflexo do modo como as pessoas pensam e se revelam aos outros em um dado momento.

Não categorizamos os colaboradores pelo modo como pensam e se sentem por dentro, apenas pelo *modo como eles se revelam aos outros, com base unicamente em suas ações* (ou inações).

### Os quatro tipos (+1)

*Eixo 1. Motivação (Ambição + Paixão)*: qual é energia total, não importa se proveniente da ambição ou da paixão, demonstrada por um colaborador?

*Eixo 2. Agitação (Frustração + Comunicação)*: não estamos falando de uma pessoa agitada, mas de um colaborador capaz de *agitar a mudança* de maneira ativa e construtiva.

Figura 22.1: Os quatro tipos de colaborador (fora o tipo tóxico/mentiroso)

1. *Mini-CEO*: é o empreendedor nato da equipe, uma pessoa que não tem medo de assumir o comando de um programa e garantir seu progresso. Esse tipo costuma se frustrar com praticamente tudo, pois sabe como as coisas poderiam ser muito melhores e não vê a hora de agir para isso. Esses colaboradores podem ser difíceis de gerir, mas também podem gerar grandes avanços revolucionários. Eles podem ou não ficar um bom tempo com vocês, dependendo das oportunidades que recebem na empresa.

    *O que fazer*: quanto maior for o desafio que você puder dar para esses colaboradores brincarem e quanto mais margem de manobra você puder lhes proporcionar, melhor. Devido a seu espírito independente, podem resistir ao que consideram uma perda de tempo ou algo sem sentido, como um complexo planejamento orçamentário, criação de consenso e por aí vai. Em vez de exigir que eles cumpram suas ordens, concentre-se em lhes mostrar a importância dessas coisas.

2. *Carreirista*: é a pessoa que se satisfaz em escalar a hierarquia da empresa. Ela é capaz. Gosta de resolver problemas. É confiável, você pode contar com ela. E, normalmente, fácil de gerenciar. Porém, quando tem

muita experiência ou muito tempo de casa em uma grande empresa, corre o risco de se transformar em batedora de ponto, a menos que se renove de vez em quando.

*O que fazer*: a maioria dos carreiristas é autogerenciável, desde que você tenha conversas periódicas com eles para definir metas e avaliar o progresso, acenando com oportunidades de serem donos de algo novo e lançando desafios quando precisarem de um empurrãozinho.

3. *Batedor de ponto*: esse tipo de colaborador só vai à empresa pelo salário, fazendo o mínimo necessário e recusando-se a mover uma palha a mais. Pode ser um pai ou mãe solteira que só quer manter o emprego e pagar as contas, simplesmente porque não têm nenhuma energia sobrando. Pode ser um colaborador com um bom tempo de casa que só está na empresa para percorrer o caminho das pedras sem chamar a atenção de ninguém. Pode ser um jovem de 20 e poucos anos tentando pagar o aluguel, mas alocando toda a energia extra a paixões pessoais, como aulas de ioga, e queimando horas e mais horas vendo vídeos no YouTube ou surfando em apps de namoro. Os batedores de ponto são bons em manter as coisas funcionando, mas não espere nada a mais deles enquanto não o procurarem perguntando como podem contribuir mais.

*O que fazer*: defina claramente as expectativas para o cargo e não evite as conversas difíceis se eles não estiverem satisfazendo essas expectativas. Converse com eles de tempos em tempos para ver se a situação mudou e se eles querem sair da empresa ou se estão prontos para encarar mais responsabilidades.

4. *Reclamão*: é excelente para detectar problemas, mas não sabe como resolvê-los. Gosta de dar desculpas – ou simplesmente empacou. Ele se sente tão frustrado quanto um mini-CEO, mas, enquanto um CEO insiste teimosamente em encontrar um jeito de melhorar as coisas, o reclamão não faz nada.

*O que fazer*: você não pode fazer nada com um verdadeiro reclamão, exceto concordar com um aceno de cabeça, sorrir e fazer o que puder para resolver o problema "real". "Os leads que eu recebo são uma droga" pode ser um problema real ou uma queixa vazia. Você precisa investigar para descobrir a verdade. Nem toda reclamação precisa ser resolvida ou sanada imediatamente.

*Um quinto tipo de colaborador: o tóxico.* Uma pequena porcentagem de seu pessoal será composta de sociopatas, psicopatas, mentirosos crônicos ou pessoas pura e simplesmente tóxicas. Elas são abusivas com chefes, colegas e subordinados. Não há nada que você possa fazer para mudar essas pessoas. Você pode (a) engolir a situação e aguentar firme ou (b) sair da empresa na tentativa de encontrar uma equipe ou um chefe não tóxico. Se você tiver um subordinado tóxico, precisa dar um jeito de tirá-lo da empresa. Se tiver um chefe tóxico, saia correndo.

Não há nada de errado ou certo com qualquer um desses tipos. As categorias devem ajudá-lo a saber o que esperar deles. Se você esperar que um batedor de ponto ou que um reclamão aja como um miniempreendedor, a pessoa só ficará irritada e você só sairá frustrado. Esperar que um colaborador tóxico comece a dizer a verdade ou pare de dar desculpas é o caminho certo para uma decepção crônica (tanto no trabalho quanto no amor).

**Em quem se concentrar**

Todo mundo é importante, mas, se você quiser incentivar as pessoas a crescer, concentre-se nos miniempreendedores e nos carreiristas. Cabe a cada um definir o próprio destino e decidir se gostaria de passar para uma categoria diferente. Incentive as pessoas, tenha esperanças, mas não *espere* nada.

**Transforme a frustração em motivação**

Em nossa classificação, o modo como o colaborador se sente por dentro não interessa à equipe. Nosso foco é observar como esses sentimentos internos se manifestam no comportamento da pessoa.

Os miniempreendedores e os empreendedores costumam ficar obsessivamente frustrados ou até furiosos com a própria carreira, com mudanças que não estão acontecendo com rapidez suficiente ou pelo fato de ainda não terem encontrado o jeito certo de resolver um problema difícil. Mas eles transformam essa frustração e raiva em ação e essa é a grande diferença entre os miniempreendedores e os reclamões.

Como você transforma frustração e raiva em maneiras de mudar? Ou você deixa esses sentimentos fermentando e infectando tudo, sem fazer nada a respeito?

Você pode estar frustrado no trabalho, pode ter excelentes ideias para consertar a situação, mas, se ninguém souber a respeito ou se você não for capaz de vender suas ideias, nada disso importa. Até a melhor ideia do mundo não tem valor algum se não sair de sua cabeça ou das páginas do seu diário e for transformada em uma ação capaz de inspirar as pessoas.

# DECIDA SEU DESTINO

**A dura verdade:** Você está se deixando impedir pelas frustrações, em vez de se motivar com elas.

# CAPÍTULO 23

# VOCÊ ESTÁ ABRINDO MÃO DE SUA OPORTUNIDADE?

Olá, colaborador. Você sempre terá alguém ou alguma coisa para culpar quando não estiver recebendo o reconhecimento ou tendo a empolgação ou os resultados que deseja. Você pode culpar o chefe, o emprego, o mercado, os colegas, o presidente-executivo, o RH...

Mas não tem como controlar essas coisas. Você só pode controlar a si mesmo. E você não pode ficar esperando de braços cruzados até a oportunidade perfeita cair no seu colo. Pare de esperar que alguém venha salvar o dia e use suas frustrações para se motivar a decidir seu destino, em vez de deixar que os outros decidam seu destino por você.

## SUA OPORTUNIDADE É MAIOR DO QUE VOCÊ IMAGINA

Quando perguntamos aos executivos "O que você gostaria que seu pessoal soubesse?", eles respondem que *os colaboradores têm muito mais oportunidades do que imaginam de fazer diferença na empresa, na carreira e na vida deles.*

Colaboradores, vocês ficam esperando de braços cruzados que alguém lhes diga o que fazer, os ajude ou os motive. Vocês passam a depender de outros e essa atitude não os ajudará a atingir seus objetivos.

Quantas vezes você se pega dizendo "mas"? "Quero ser promovido/ ser reconhecido/ganhar mais/ser um líder/mas..."

- "... não sei o que fazer para progredir";
- "... ninguém dá ouvidos às minhas ideias";
- "... não tenho um diploma universitário/um MBA/uma certificação/ um prêmio";

- "... não caí nas graças de um executivo como aconteceu com o Bob, que aparentemente nunca erra";
- "... não tenho verba/dinheiro para isso...";
- "... não sou talentoso em vendas/marketing/produto/falar em público/etc.";
- "... sou ocupado demais/não tenho tempo para isso...";
- "... só estou neste emprego para pagar as contas, porque minha paixão na verdade é X, Y ou Z".

Esses são exemplos de como você não está decidindo o próprio destino e deixando que outros decidam por você. São exemplos de como você está preso a essas limitações.

Existe uma grande diferença entre (a) desistir diante dos obstáculos e (b) *usar* os obstáculos para se motivar a ser mais criativo, para promover a mudança, para encontrar um caminho a seguir... *não importa qual seja esse caminho*.

Nunca haverá um momento ou uma oportunidade ideal, uma ideia imbatível... os desafios e dificuldades *sempre* estarão presentes. Os donos e empreendedores têm sucesso apesar de desafios e dificuldades, e não devido à falta deles, mesmo quando são forçados a avançar aos poucos, em passos minúsculos. Um passo é um passo, não importa se é minúsculo.

**É mais fácil sonhar do que fazer**

Você fica sonhando acordado em ser promovido, reconhecido, tornar-se milionário ou uma fonte de inspiração para os outros? Ou fica lendo sobre pessoas que fizeram ou estão fazendo isso?

Compare esses devaneios com seu empenho em efetivamente realizar os sonhos. O tempo, das 8h às 18h, que você passa feito zumbi no trabalho não conta. O que você está aprendendo que é importante para atingir seus objetivos, não só vendo vídeos ou lendo livros, mas com a mão na massa? (A melhor maneira de aprender a promover ou vender alguma coisa é... promovendo ou vendendo essa coisa.) O que você está fazendo que vai *além* do esperado, no trabalho ou por parte dos clientes?

Em qualquer emprego ou carreira, você tem uma oportunidade de ouro agora, neste exato momento, para fazer muito mais do que imagina com o que tem em mãos. Por exemplo, mesmo se seu chefe for do tipo tóxico, você está aprendendo os meandros do que *não* fazer ou aprendendo a identificar a toxicidade no trabalho... se você *prestar atenção* em vez de culpar o chefe por tudo. Esse conhecimento pode ser muito útil no futuro. Os melhores gestores costumam ser muito bons porque também já viram de perto a atuação de um péssimo gestor. E, da próxima vez, você já ficará mais esperto quando estiver procurando um emprego e quando decidir aceitá-lo.

É interessante ter visão clara de como é o sucesso para você. Mas os problemas começam quando você deixa o "sonho substituir a ação".

É divertido sonhar com o sucesso. É muito mais difícil fazer acontecer... e continuar fazendo. E muito mais gratificante.

Se você estiver trabalhando em seu avanço profissional, do mesmo modo como se abrisse uma empresa, passará por um ano do inferno enquanto estiver na fase de quebrar pedras. Terá momentos de desânimo e pensará que nunca poderá conseguir. É por isso que tantas pessoas desistem dos sonhos cedo demais e com tanta frequência.

> É fácil e divertido sonhar com o sucesso. É muito mais difícil fazer acontecer... e continuar fazendo. E muito mais gratificante.

### Comece onde você está... neste exato momento

A maioria dos colaboradores tem uma vozinha falando na cabeça: "Terei destaque em meu trabalho. E mais cedo ou mais tarde serei reconhecido e promovido. Acabarei me tornando um executivo sênior. E terei o dinheiro e o respeito que mereço. Poderei comprar uma casa, sustentar a família e me aposentar com tranquilidade. Viverei feliz para sempre".

Não há nada de errado com isso, mas falta algo nesse raciocínio: ter um emprego e até subir pela hierarquia da empresa podem parecer apostas seguras. Mas a economia sempre passa por altos e baixos. Demissões, reestruturações, recessões... Você não pode partir do pressuposto de que sempre haverá um emprego esperando por você, um que lhe pague o que quer ou precisa. Ao agir como dono/empreendedor no trabalho *neste exato momento*, você pode se preparar para ser dono/empreendedor mais tarde. É difícil atingir a liberdade financeira trabalhando para os outros, mas pode ser ainda mais difícil fazer isso trabalhando por conta própria se você não estiver preparado.

Outra vozinha na cabeça das pessoas gosta de dizer: "Eu farei diferença quando o momento certo chegar. Quando tiver o chefe certo. Quando tiver a oportunidade certa (e por aí vai)". Em outras palavras, você acha que só conseguirá quando alguém ou algo chegar para salvá-lo ou ajudá-lo em vez de você mesmo fazer acontecer, ainda que a cultura da empresa ou o chefe dificultem a tarefa. Você desiste fácil demais.

Assuma o controle e decida seu destino *agora mesmo*, não importando quais sejam as circunstâncias. Você sempre poderá fazer alguma coisa, mesmo se não tiver tempo, dinheiro ou energia.

## COMO EXPANDIR SUAS OPORTUNIDADES NO TRABALHO

Você pode usar as mesmas lições apresentadas neste livro para ajudá-lo na vida pessoal. Comece garantindo um "nicho pessoal", por assim dizer, na empresa, esclarecendo seus interesses e áreas nas quais pode se destacar, criando *leads* e oportunidades para si mesmo, especializando seu tempo, procurando por um número menor de maneiras melhores de fazer a diferença, trilhando o caminho das pedras e assim por diante.

Mas veja uma dica para começar rapidamente:

1. *Faça uma lista* das coisas que você gostaria de fazer ou das que mais lhe interessem... nem precisa ser em sua vida profissional. Feito isso, inclua na lista pelo menos três ideias relacionadas à receita, nas quais você poderia ou *deveria* ter interesse, como "aprender a vender" ou "saber mais sobre direitos autorais". Repasse essa lista e responda: você consegue identificar maneiras de aprender algumas dessas coisas no trabalho, de ser pago para aprender o que você gostaria de aprender ou fazer de alguma maneira?
2. *Releia a seção sobre as "Vinte entrevistas" na Parte I: "Garanta seu nicho".* Use a mesma abordagem. Entreviste pessoas da empresa, bem como parceiros, clientes potenciais ou clientes existentes, conforme o caso. Consegue identificar um problema que, para ser solucionado, você precisaria aprender algo ou atender a algum item de sua lista? Qual é o problema que você quer resolver? Se seus líderes não se interessarem por esse problema nem se preocuparem com ele, você tem como reformulá-lo para que o considerem, em vez de "algo bom de ter", como "algo necessário"?

> Você consegue identificar um problema que, para ser solucionado, você precisaria aprender algo ou atender a algum item de sua lista?

3. *Encontre um mentor, um coach ou um defensor* na empresa para pedir conselhos, alguém que possa ajudá-lo e que será rigorosamente franco com você sobre os pontos em que precisa melhorar (todo mundo tem os seus).
4. *Crie uma função de força* para encontrar algo tangível a ser entregue (um protótipo, uma análise, uma apresentação, um post de blog, uma palestra, um evento...). Se você não souber ao certo o que é, escolha uma data primeiro e informe algumas pessoas que você fará "alguma coisa" nessa data. Não existe maneira melhor de se forçar a avançar na vida pessoal ou profissional do que se comprometer em público a fazer algo específico até uma data específica, mesmo antes de saber como atingir esse objetivo.
5. *Percorra o caminho das pedras*, repetindo os passos de 1 a 4 (especialmente o passo referente à função de força) vez após vez, após vez, e de novo... porque muito provavelmente você levará muito mais tempo do que gostaria ou esperaria para transformar qualquer ideia primeiro em resultados comprovados e depois em reconhecimento, avanço na carreira e dinheiro. Continue atualizando sua lista de "coisas que você quer fazer/aprender" para manter-se interessado.

Não se esqueça: a grande ideia aqui é que os executivos (pelo menos os executivos confiantes, que não se sentem ameaçados pelo sucesso alheio) *querem que você tome a iniciativa e aproveite ao máximo qualquer oportunidade*. Isso facilita muito o trabalho deles! Contanto que você não enlouqueça...

Procure-os para pedir conselhos e orientação e não espere que entreguem tudo mastigadinho para você. Pegar na sua mão a cada passo do caminho dá mais trabalho para eles. Facilite para eles e para os outros o entendimento sobre por que sua ideia ou projeto é importante, como funciona e qual é seu plano.

Não deixe de repassar a ideia *muitas vezes* para colocar tudo em termos que interessem às pessoas – para tomar de empréstimo uma ideia da seção "Garanta seu nicho". Não coloque o foco em você! Por que as pessoas deveriam se importar? O que elas ganham com isso? Por que as pessoas, a empresa ou os clientes *precisariam* disso?

**A frustração é inevitável**

Eu passo a maioria dos dias frustrado. Isso me impele a mudar. Se você mudasse sua perspectiva em relação às frustrações, será que não conseguiria ver uma oportunidade empolgante por trás da frustração?

Faça uma lista.

1. O que é mais frustrante para você no trabalho?
2. Quais são as piores partes? Relacione todos os "contras".
3. Qual seria o lado positivo da moeda? No futuro, olhando para sua situação hoje, qual seria o lado bom da situação?
4. Agora liste alguns "prós" da situação. O que poderia transformar a situação em uma oportunidade?
5. Qual pequeno passo você poderia dar *hoje* para se beneficiar dessa oportunidade?

Faça isso de tempos em tempos para praticar a transformação de sua resistência à mudança (as frustrações) em oportunidades (empolgação).

## VOCÊ PRECISA DE ALGUMAS PAIXÕES TRIVIAIS

"Faça o que você gosta e o dinheiro virá" é algo que as pessoas que já atingiram o sucesso gostam de dizer às pessoas que ainda não chegaram lá. E o pior é que nem chega a ser verdade. Milhões de pessoas adoram o trabalho, mas estão longe de ser milionárias. Quantas pessoas enriquecem trabalhando em organizações sem fins lucrativos?

Além disso, qualquer versão do conselho "Nunca faça por dinheiro" é ridícula. Pelo menos ajuste essa ideia para incluir o dinheiro também, como "Nunca faça *só* pelo dinheiro" ou "Faça pelo dinheiro e nunca perca a honestidade" ou "Faça o que precisa ser feito para sustentar a família, sem ter vergonha (ou orgulho)".

E, sem sombra de dúvida, desenvolva seus interesses pessoais, explore suas paixões e refine sua arte. E não *só* por dinheiro, se você puder evitar. Você pode sair mais equilibrado, mais alegre, com conexões humanas mais profundas, mais especial e mais aberto a pessoas, aventuras e sucessos inesperados. A lista de razões para se voltar a seus interesses, "só porque você quer" é interminável. Foi assim que comecei a desenhar e escrever.

Mas é neste ponto que as pessoas se equivocam, achando que "se eu continuar trabalhando em minha arte/meus textos/meu código, um dia vão me descobrir ou ganharei mais dinheiro em um passe de mágica".

O dinheiro *não* é uma consequência automática da paixão. Quantos artistas e escritores vivem famintos e quantos são milionários? Quantos aspirantes a celebridade nas mídias sociais você encontra no YouTube ou canais de mídia social em comparação com pessoas que conseguem se sustentar com sua arte?

*Seguir suas paixões não significa que você ganhará dinheiro.* E também não significa que você não ganhará. São duas coisas *diferentes* e podem ser complementares. Dinheiro e paixão são como água e comida. Você precisa dos dois, mas só consegue sobreviver alguns dias sem água (dinheiro), enquanto dá para passar semanas sem comida (paixão), mesmo não sendo uma experiência muito agradável.

> **Dinheiro e paixão são como água e comida. Você precisa dos dois, mas só consegue sobreviver alguns dias sem água (dinheiro), enquanto dá para passar semanas sem comida (paixão), mesmo não sendo uma experiência muito agradável.**

Você precisa (a) explorar seus interesses e paixões ao mesmo tempo que (b) aprende a criar valor e ganhar dinheiro.

Aprender a ganhar dinheiro é mais ou menos como aprender a tocar violão: algumas pessoas têm um talento nato, mas a maioria aprende estudando e praticando com empenho. E muitas pessoas nunca chegam a se dar ao trabalho de aprender, ignorando completamente essa paixão.

Sinceramente, costuma ser mais fácil levar suas paixões ao trabalho (mesmo se seu emprego atual for bem chato) do que levar o dinheiro às suas paixões. Podemos afirmar que você tem como encontrar paixão, sentido e impacto em *tudo* que fizer – pode ser limpar casas, escrever um software ou trabalhar em um banco –, basta procurar.

De qualquer maneira, por mais apaixonado que você possa ser pelo que faz (ou pela pessoa com quem você está), alguns dias serão incríveis, alguns serão um tédio e outros, horríveis. Especialmente se você não estiver ganhando um bom dinheiro com isso.

> **Por mais apaixonado que você possa ser pelo que faz (ou pela pessoa com quem você está), alguns dias serão incríveis, alguns serão um tédio e outros, horríveis.**

Na blogosfera, o conselho "Siga sua paixão" costuma ser (mal) interpretado como "Largue seu trabalho vazio para ir atrás da liberdade, da arte, para tomar vinho na praia, para mudar o mundo, para surfar e fazer ioga, para viver a vida a seu próprio estilo".

Tudo bem... e quanto é que você acha que 99% dessas pessoas ganham? Quem adota esse estilo de vida de viajar pelo mundo, lagartear na praia, fazer ioga o dia inteiro e trabalhar em casa de pijama? Tirando uma ínfima minoria, muito menos do que você provavelmente está imaginando. Não temos nada contra fazer ioga na praia e não temos nada contra quem faz isso... Bom para eles! O problema é quando *você lê essas histórias glamorosas e fica se sentindo um fracasso ou achando que precisa largar o que está fazendo para recomeçar do zero* ou quando você acredita em uma daquelas histórias de sucesso instantâneo. Porque 95% das pessoas não deveriam fazer uma mudança tão drástica. O que você precisa fazer é analisar, desenvolver e expandir o que já está fazendo.

> Não se esqueça de que aquelas pessoas de sucesso que você segue nas redes sociais (inclusive nós dois) também têm um monte de problemas. Só que é mais divertido escrever sobre o lado incrível da vida do que falar sobre as partes que são uma droga... especialmente nas mídias sociais, com todos os amigos olhando. É constrangedor escrever "Larguei tudo para vir fazer ioga em uma praia de Bali, mas isso aqui está uma chatice e não vejo a hora de voltar para trabalhar em um escritório, poder ver meus amigos todos os dias e contar com um salário estável".

A questão é que, para aprender a ganhar dinheiro para você, sua família ou uma empresa, você precisa cultivar uma série de paixões tediosas e triviais, mas que são tão vitais, dignas e importantes quanto quaisquer "paixões glamorosas" como gastronomia, moda, velejar, viajar pelo mundo, romances e arte.

Por exemplo:

- garantir a estabilidade financeira e proporcionar opções para sua família.
- promover e vender produtos, suas ideias e você mesmo;

- dizer "não" para pessoas, ideias e oportunidades que ameaçam sobrecarregá-lo;
- identificar problemas que as pessoas topariam pagar para resolver;
- encontrar todo mês, toda semana e todo dia novas maneiras de aprender no trabalho e de aprender algo novo (evitando a armadilha "a grama é sempre mais verde no quintal do vizinho");
- aprender como fazer a prospecção outbound e gerar interesse pelo negócio;
- comunicar-se com clareza em e-mails, conversas ou mensagens de texto;
- criar laços e cultivar relacionamentos, mantendo curiosidade autêntica sobre as pessoas e honestidade impecável, sabendo conduzir conversas informais e fazer contato visual;
- conectar-se com as pessoas e manter o contato não só por e-mail, mensagens de texto ou em apps de mídia social (ou de namoro);
- reforçar sua autoconfiança assumindo novos desafios, mergulhando fundo e, não importa se bem-sucedido ou não, aprendendo e tentando de novo;
- sair de situações tóxicas, seja com um chefe, em uma empresa ou com um cliente;
- deixar de evitar as conversas difíceis com colegas ou clientes, mesmo se morrer de medo de enfrentar a situação.

Essas paixões não são nada glamorosas, mas são exemplos do que você precisa fazer para ganhar o dinheiro que gostaria de receber fazendo o que adora fazer. Trabalhe todos os dias para encontrar a paixão no que faz, inclusive ajudar os clientes a ter sucesso, aprender a ganhar dinheiro e gerenciar pessoas.

---

**Perguntas**
- Quais habilidades você quer ou precisa?
- Como você pode ganhar para aprender e fazer isso agora?
- Qual pequeno passo você pode dar hoje para fazer isso?

---

**Cultive a paixão por algo que você já faça.**

Melhore nesses tipos de paixões triviais e elas poderão levá-lo para onde você quiser na vida, a uma carreira épica em sua empresa atual ou a largar tudo para realizar suas paixões glamorosas, fazendo a inveja dos amigos ao postar fotos e vídeos de sua viagem de surfe pela Costa Rica. Agora:

- escolha um objetivo importante para sua vida profissional ou pessoal;
- o que você está fazendo a respeito ou precisa fazer para atingir esse objetivo?
- como você pode ganhar para aprender e fazer isso aqui e agora, não importa onde estiver neste exato momento?
- qual pequeno passo você pode dar *hoje* para avançar nesse objetivo?

## A EMPRESA NÃO É A MAMÃE NEM O PAPAI

Todo esse movimento para satisfazer os funcionários está cheio de boas intenções, mas também acaba distraindo as pessoas daquilo que efetivamente cria, ao mesmo tempo, receita e satisfação duradoura.

A felicidade é engraçada. Ela é transitória e, não raro, vem e vai em um piscar de olhos. E a felicidade de hoje pode ser a inimiga da felicidade amanhã, se você se permitir ficar complacente.

Achamos que, na verdade, ninguém entende a felicidade, apesar do que os estudos dizem.

Uma empresa é responsável *para com* os funcionários, não *pelos* funcionários. A empresa pode criar as condições para sua realização: ambiente de trabalho seguro, livre de pessoas tóxicas ou asquerosas, com salário justo, oportunidades de carreira e cultura digna. Porém, a empresa não pode se responsabilizar por sua felicidade, nem por mantê-lo entretido ou interessado.

A empresa não existe para passar a mão na sua cabeça e assoprar seus dodóis, ou para manter você entretido, enchê-lo de elogios a cada passo do caminho e evitar apontar seus defeitos para você não ficar triste.

Você está entediado? *Você* é tão responsável por fazer com que as coisas sejam interessantes para você quanto a empresa é responsável por ajudá-lo a encontrar um lugar em que você se encaixe. O tédio normalmente resulta da falta de aprendizagem. Não fique aí de braços cruzados esperando que a empresa decida o que você deve aprender. O que você pode fazer para assumir o controle de sua aprendizagem no trabalho, para que possa ser pago para aprender?

Afinal, a vida é sua e só você pode resolver seus problemas, por mais que fosse legal se alguém/algo aparecesse montado em um cavalo branco para salvá-lo, como um grande negócio, um investidor, um produtor, um grande amor, o Universo, uma grande aposta ou sua família. E cabe a você, e somente a você, compatibilizar seu estilo de vida com suas finanças (ou vice-versa) ou encontrar uma paixão e um senso de propósito na vida e no trabalho.

Sim, você *precisa* de um sistema de apoio. Você *precisa* encontrar pessoas que acreditem em você, mas depender do conselho delas é diferente de poder contar com elas.

As pessoas acham que respostas fáceis e resultados imediatos as levarão à felicidade, o que até acontece... por alguns segundos ou minutos. O que vem fácil vai fácil. A realização, uma forma mais duradoura de bem-estar, resulta de aplicar todos os seus talentos e crescer enfrentando desafios.

> A realização, uma forma mais duradoura de bem-estar, resulta de aplicar todos os seus talentos e crescer enfrentando desafios.

É um paradoxo, mas muitas vezes a felicidade vem da infelicidade. O trabalho da empresa é criar um ambiente propício. Dias de férias a mais e mesas de pingue-pongue podem levar a uma felicidade temporária, mas um ambiente propício também implica impor *desafios*, para motivá-lo a ser uma pessoa melhor e desenvolver a felicidade duradoura. Nesse sentido, a empresa realmente deveria ser como um pai ou uma mãe.

## RETOMANDO AS FUNÇÕES DE FORÇA: COMO SE MOTIVAR A FAZER AS COISAS QUE VOCÊ NÃO TEM VONTADE DE FAZER

Todo mundo tem problemas de motivação. Bem, exceto, talvez, 0,1% da população, mutantes como o Elon Musk. Mas estou longe de ser um mutante. Sou muito, muito humano. E, como você, sofro com a procrastinação, o perfeccionismo, a confusão e a motivação errática.

"Como assim?", você pode se perguntar. "Aaron, você passou de nenhum a 12 filhos ao mesmo tempo em que publicou vários livros, aumentou sua renda em grandes saltos, lançou o software Predictable Revenue e tudo isso enquanto (em geral) trabalhava entre 20 e 30 horas por semana. Como você pode dizer que fica confuso e tem uma motivação meramente errática?!"

Posso parecer um mutante para quem vê de fora, mas aprendi alguns truques para contornar minhas limitações e tenho visto esses truques funcionando para outras pessoas também. E não esqueça: apesar de todo sucesso externo que você pode ver, tenho tantos problemas quanto você... Provavelmente mais!

Eu normalmente adoro o que faço e adoro o que isso proporciona para minha família, mas não todos os dias. Mesmo se você adora o que faz, alguns dias serão sempre uma amolação.

Não é fácil para mim ser pai e empreendedor e ter de lidar com:

- *muita coisa para fazer*. Entre muitos filhos, com quem eu adoro brincar, e uma empresa em crescimento que precisa continuar crescendo, estou sempre cansado: física, emocional e mentalmente;
- *sobrecarga*. Vivo em conflito para decidir onde alocar meu tempo, fazendo malabarismos para tentar manter tantas bolas no ar, em casa e no trabalho;
- *resistência*. Medo, dúvida, incerteza, perfeccionismo... sofro de todas essas mazelas.

Como você, tenho contas para pagar – que, de um jeito ou de outro, continuam crescendo com a mesma velocidade que minha renda! – e sonhos cada vez maiores para realizar.

Como mencionei antes, se há algo (apesar de nunca ser só uma coisa) que tem impelido meu crescimento e passado feito um trator por cima de meu excesso de atividade, confusão, preguiça e outros obstáculos, esse algo é meu hábito de criar constantemente funções de força desafiadoras para mim mesmo.

Minhas funções de força são minhas fontes de motivação previsível.

**Como eu me motivo quando estou cansado, confuso ou simplesmente não estou a fim**

Você já ouviu falar de um jeito famoso de definir metas inteligentes? Estou falando da técnica SMART, a sigla para metas específicas (*specific*); mensuráveis (*measurable*); atingíveis (*attainable*); realistas (*realistic*) e com prazo definido (*time bound*).

Bem, essa sigla não dá certo para mim. Minha cabeça simplesmente não funciona de um jeito que me permita anotar as metas e ficar monitorando o progresso. E, quanto mais estou ocupado e sobrecarregado, mais difícil é focar qualquer outra coisa além da principal prioridade (no máximo as duas principais) gravadas em meu cérebro com datas concretas que eu acabo nunca seguindo (como o prazo para terminar o manuscrito deste livro).

Acho mais prático criar funções de força compostas dos ARD a seguir:

1. **A**nuncie para as pessoas que você gerará um...
2. **R**esultado específico, até uma...
3. **D**ata específica.

Pode até *ard*er, mas você sobrevive.

Só uma piadinha. Afinal, você pode ter objetivos sérios sem levar a vida tão a sério o tempo todo! Se você não gostar do ardume e quiser uma sigla mais profissional, basta mudar para ADR se preferir.

Ou simplifique ainda mais as coisas: conte a algumas pessoas o que você fará e quando o fará.

> **Conte a algumas pessoas o que você fará e quando o fará.**

Não basta sair por aí proclamando aos quatro ventos: "E aí, pessoal? Baterei a cota em 10% este trimestre". Faça com que sua meta declarada seja o mais *inevitável* possível, com algo sobre o qual você tem o pleno controle e que ajudará a levar aos resultados desejados: "E aí, pessoal? Marquei dois cafés da manhã com o presidente-executivo, nos dias 1 de outubro e 3 de novembro, para apresentar os resultados da equipe".

Lembre-se da diferença entre (a) dizer às pessoas (ou a si mesmo) que você começará a se exercitar mais em comparação com (b) inscrever-se para uma maratona e anunciar aos seus amigos. O princípio é o mesmo.

Isso funciona especialmente bem no caso de eventos. Usei esse recurso repetidas vezes e Jason o tem usado em sua grande conferência SaaStr Anual (SaaStrAnnual.com). Anuncie a data exata do evento antes mesmo de definir todos os detalhes ou de achar que está pronto.

O anúncio da data fará seu cérebro começar a trabalhar no desafio sem você perceber. *Isso o impelirá e o motivará.*

Não se deixe impedir pelo pânico. A melhor maneira de lidar com o medo ou o pânico é *mexer-se* e dar mais um passo na direção do prazo.

Funciona com todo mundo. Eu garanto. A minha mulher, Jessica, diz que essa é a melhor maneira que ela encontrou de se motivar a fazer as tarefas importantes, mas não urgentes, que de outra forma seriam deixadas de lado na agitação do dia a dia de uma grande família.

**Não fique de braços cruzados esperando a motivação chegar: vá atrás dela**

Especialmente quando estou cansado, a motivação some. Ela se encolhe em algum canto escuro. Foge. Eu simplesmente não consigo encontrá-la. A motivação é atraída pela ação. Noventa por cento das vezes eu não espero que ela chegue para começar a trabalhar. É só *depois* que começo algo – uma sessão na academia, escrever, desenhar – que a motivação aparece e me ajuda a continuar.

Eu estava bem empolgado para escrever esta seção, mas, mesmo assim, resisti até que meus dedos começaram a se mover. Porque estou escrevendo estas palavras em um avião a caminho de visitar clientes, cansado e triste de ter de me despedir de minha esposa e filhos, eu preferiria ler um livro ou assistir a um filme, mas tenho um prazo inadiável com meu editor que precisa ser cumprido.

**O que você pode controlar?**

Uma meta é algo que você está se empenhando para atingir: "Convencer 100 pessoas a comparecer ao evento do dia 20 de abril" ou "Perder cinco quilos até o dia 5 de agosto". Você pode anunciar sua meta, mas não tem *100% de controle* sobre ela. Se ainda não tiver prática, comece criando funções de força que você pode controlar 100% e das quais não tem como fugir.

> Concorde em dar uma palestra em algum lugar antes mesmo de saber sobre o que você falará.

Veja mais alguns exemplos:

- concorde em dar uma palestra em algum lugar antes mesmo de saber sobre o que você falará;

| META | Não está 100% sob seu controle | Está 100% sob seu controle |
|---|---|---|
| Correr mais rápido | Terminar a corrida em 3'30" | Fazer inscrição numa maratona e contar aos seus amigos<br><br>*Próximo nível: contratar uma equipe de filmagem para registrar a jornada* |
| Equipe auto-gerenciável | As pessoas tomam todas as decisões sem pedir seu conselho | Saia de férias e fique completamente off-line, disponibilizando apenas um telefone de emergência para o caso de as pessoas precisarem falar com você |
| Dobrar a taxa de crescimento | Criar X leads qualificados por mês pagando pela geração de leads | Investir em um orçamento de geração de leads e no produto, com atualizações periódicas ao conselho de administração ou à equipe executiva |
| Maximizar o crescimento da empresa | Crescer de US$ 1 milhão para US$ 10 milhões ou de US$ 10 milhões para US$ 100 milhões | Levantar fundos de investidores profissionais |
| Lançamento de um novo produto | Clientes comprando o produto | Comprometer-se a participar de uma conferência na qual o produto será anunciado ou organizar uma conferência como essa |
| Publicar um livro | Vendas do livro | Anunciar a data de publicação |
| Dobrar a renda pessoal | Gerar uma renda média mensal de US$ 60 mil | Financiar uma casa com um contrato de US$ 17 mil por mês |

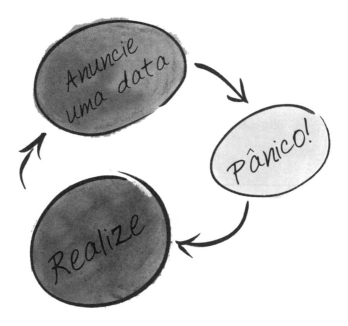

Figura 23.1: Não se deixe dominar pela covardia... vá até o fim do *jeito que puder*

- anuncie que você dará uma aula sobre algum determinado setor;
- especialize as funções de seu pessoal para que os representantes de prospecção se dediquem a ela e os representantes de fechamento de vendas se dediquem a fechar vendas;
- arrecade fundos de patrocinadores para um evento ou publicação que ainda não foi concluída;
- crie uma página no Kickstarter e levante fundos no site;
- compre uma passagem só de ida para um país falante da língua que deseja aprender;
- substitua seu smartphone por um modelo antigo, do tipo "burro" ou de flip, para limitar o uso desse aparelho.

Tecnicamente, as funções de força,, como levantar fundos de investidores, não *precisam* ter uma data específica. Mas, quando você estiver expondo seu pessoal a essa ideia pela primeira vez, será interessante começar com datas específicas. Será mais eficaz assim.

**Em resumo**

1. Escolha uma data (em geral daqui a duas ou três semanas, a menos que seja algo *grande*).
2. Escolha o que acontecerá nessa data.
3. Conte às pessoas!

**Dicas**

- Você saberá que está agindo certo quando sua função de força transformar a ansiedade em empolgação. Isso significa que você está se desafiando.
- Faça o possível para não se deixar paralisar pelo medo. Você pode começar a criar desculpas bastante criativas para recuar.
- Quando você atinge seu objetivo e fica se perguntando "e agora?", *pense em outra função de força*.

Que a Força esteja com você!

## É IMPORTANTE SABER VENDER TAMBÉM NA VIDA PESSOAL

Em que você pensa quando ouve as palavras "vendas" ou "vendedor"? A maioria das pessoas pensaria em "agressivo", "falso" e adjetivos similares. Até minha esposa diz "mascarado". Por que não podemos associar mais palavras como *prestativo, sincero, expert, nobre* e *honesto* a pessoas que fazem vendas?

Afinal, não são só os vendedores que vendem. Se quiser decidir seu destino, se quiser realizar *qualquer coisa* na vida profissional ou pessoal, você precisa saber *vender*. Precisa saber vender a si mesmo, vender suas ideias, suas ofertas.

> Para realizar qualquer coisa na vida profissional ou pessoal, você precisa saber vender.

Conseguir um emprego ou uma promoção, convencer os colegas a bancar um novo projeto, inspirar as pessoas a se oferecerem para ajudar, garantir a distribuição de um filme, obter espaço na mídia, levantar fundos para uma ONG, levantar capital de risco, fundar uma empresa, recrutar pessoas... Você precisa saber "vender" para fazer tudo isso.

> O que pessoas como Gandhi, Madre Teresa, Elon Musk e Richard Branson têm em comum? Eles são exemplos de pessoas que se destacam em vendas.

Vendas pode ter caráter nobre também no mundo dos negócios. A capacidade de vender ajuda as empresas a ganhar dinheiro, inspira os clientes a adotar novas práticas e motiva as pessoas a mudar. As pessoas que fazem vendas (inclusive os empreendedores) atuam na linha de frente todos os dias e são a interface mais importante de uma empresa com os clientes!

Dá para imaginar como seria uma empresa se *todo mundo* soubesse vender com eficácia e honestidade, para os clientes tanto externos quanto internos? Muitas excelentes ideias não progridem porque os colaboradores não sabem o que fazer com elas. Muitos clientes ficam sem o que precisam porque o pessoal de vendas, suporte técnico ou sucesso do cliente tem medo de "vender" para os clientes, mesmo para suprir uma necessidade.

Para os colaboradores que não são vendedores, falemos de uma nova técnica de vendas.

> Seu principal objetivo não deve ser fechar um negócio, mas ajudar os "clientes" a resolver problemas e atingir o sucesso.

### Uma nova técnica de vendas

Alec Baldwin fez o maior discurso de vendas de todos os tempos no filme *O sucesso a qualquer preço*. No discurso, ele lembra sua equipe de vendas de "Sempre fechar o negócio". (Procure "sucesso a qualquer preço alec" no YouTube. Será o melhor investimento de sete minutos que você pode fazer). No entanto, esse discurso exemplifica a postura de "vender algo a alguém mesmo se a pessoa não precisar do que você está vendendo".

Os melhores tipos de vendas são aqueles nos quais os dois lados saem ganhando. Você ganha dinheiro, a pessoa resolve um problema e os dois saem felizes. Veja uma técnica de venda alternativa para quem não é vendedor experiente:

1. **Faça perguntas.** Ouça mais do que fale. Perguntas perspicazes facilitam conversar com clientes existentes ou potenciais, saber mais sobre os problemas deles e descobrir a melhor solução. Se você não ouvir as pessoas, elas não vão querer ouvir o que você tem a dizer.
2. **Seja franco.** Fale com sinceridade sobre as razões que o levaram a vender o que você está vendendo e sobre sua história pessoal. Tenha uma autêntica curiosidade sobre as pessoas, a situação, os interesses e preocupações delas. Seja honesto sobre sua paixão. Sobre por que você acha que as pessoas deveriam *ou não* fazer o que você está propondo. Diga com franqueza que você é novo nisso e não sabe as respostas, mas que sabe onde consegui-las.
3. **Busque o sucesso do cliente.** Se você se concentrar *naquilo que ajudará seus clientes a atingir o sucesso*, não tem erro. Isso não significa que você só deva vender o que eles pedem, porque as pessoas nem sempre sabem o que querem. Seja um especialista no que faz e ajude as pessoas a decidir o que é melhor para elas. Com a experiência, você aprenderá como instigar as pessoas a sair de sua zona de conforto, a tomar uma decisão e a avançar, mesmo se elas começarem em dúvida ou resistentes.

**Outras dicas para manter a honestidade e a eficácia das vendas**

- *Prática.* Só fica mais fácil e você só fica melhor depois de vender muito. À medida que adquire experiência, torna-se mais fácil saber quando deve questionar a crença das pessoas: "Você deveria/*não* deveria fazer isso pelas razões específicas a seguir..."
- *Persistência simpática.* Você se pega dizendo: "Mandei uma mensagem e a pessoa não respondeu. Isso é sinal de que ela não deve estar interessada"? É *vital* persistir... repetidamente. Persistir não é opcional. É obrigatório. Quem disse que a pessoa chegou a ver ou ler sua mensagem? Não tenha medo de persistir e persistir um pouco mais. Só não deixe de fazer isso de um jeito simpático. Você só causará irritação se for irritante.

- *Nunca deixe de testar.* A melhor maneira de aprender é tentar e ver o que acontece. Não dá para chegar ao sucesso só traçando diagramas e planos no quadro branco.
- *Nunca deixe de aprender.* Se você fechar 0 entre cada 10 oportunidades, dê uma parada para descobrir o que precisa ser mudado.
- *Interprete um "não" como informação, e não como crítica.* Se as pessoas não estiverem comprando, pense no fato como se fosse uma pesquisa de mercado. Você está se direcionando às pessoas certas com a necessidade certa, no momento certo e com a mensagem certa? O que você precisa mudar para melhorar?
- *A quantidade faz a diferença.* Quanto maior for o número de tentativas, mais probabilidades você tem de acertar. Quanto mais você vende, mais prática acumula e mais probabilidade terá de cair e aprender com as quedas.
- *As pessoas compram quando elas quiserem, não quando você quer.* Não seja desesperado ou carente.
- *Como fazer perguntas "difíceis",* como descobrir se eles têm dinheiro para pagar? *Basta perguntar.* Finja que você está perguntando sobre o tempo: "Está chovendo aí?" "Você tem como arranjar a verba para isso?" Peça ajuda para bolar perguntas melhores e pratique com um colega em um jogo de interpretação de papéis (*role playing game*).
- *O processo envolve várias etapas.* Leia a próxima seção!

> Não tenha medo persistir e persistir um pouco mais. Só não deixe de fazer isso de um jeito simpático.

## O PROCESSO DE VENDAS ENVOLVE VÁRIAS ETAPAS
### por Steli Efti
Presidente-executivo da Close.io

Não importa se você vende com as mãos nas costas ou ainda fica nervoso só de pensar em ter de vender: algumas perguntas simples podem ajudar você e seu cliente a investigar a verdade e chegar a um acordo mais rápido.

Então, vocês querem fazer um negócio. Você pode estar tentando vender alguma coisa, convencer os executivos de uma nova iniciativa ou até levantar fundos. Não faz diferença para quem você esteja tentando vender: nós o chamaremos de cliente potencial ou comprador e presumiremos, neste ponto, que eles estão interessados. Mas você não sabe ao certo como levar a venda até a linha de chegada e fechar o negócio, bater o martelo, assinar o contrato. Nós o ajudaremos:

- Identifique todos os passos que serão necessários para fechar o negócio.
- Identifique os principais sinais de alerta e problemas que poderão desacelerar ou sabotar o processo e veja se o que você está tentando vender tem a ver com o cliente potencial ou, em outras palavras, verifique a compatibilidade.
- Instrua seu cliente potencial mostrando todos os passos que ele terá de dar para concretizar o acordo.
- Ajude o cliente potencial a imaginar e visualizar um futuro no qual ele tenha se tornado cliente de sua ideia, produto ou projeto.
- Descubra se o cliente potencial de fato tem uma "intenção de compra" concreta (eles estão levando a proposta a sério?).

Como fazer isso? Basta perguntar: "Caro [*executivo/investidor/cliente potencial*], agora que você sabe o que faço e esclareci todas as suas dúvidas, eu diria que minha proposta tem tudo a ver com você e nós somos compatíveis. Você concorda? Em caso afirmativo, quais são as medidas que precisamos tomar para ajudar a fazer isso acontecer?"

Dito isso, fique quieto e ouça.

Se o cliente potencial disser algo como: "Bem, eu não tenho certeza..." ou "Bem, só poderemos fechar a compra daqui a três anos porque já temos um contrato com outro fornecedor...", você está em apuros. Isso significa que ele não está levando a compra a sério. Dê as costas e siga em frente. Ajuste o produto ou tente outro cliente. Um comprador sério trabalhará com você para dar um jeito de contornar as barreiras.

Em todos os outros casos, você tem de atuar como investigador e persistir com perguntas até os dois chegarem ao ponto em que o negócio poderá ser fechado.

> Atue como investigador e persista com perguntas até vocês dois chegarem ao ponto em que o negócio poderá ser fechado.

Veja como deve ser uma conversa como essa:

Você: "Caro cliente potencial, o que você precisaria fazer para comprar nosso [produto/programa/ideia]?"

Cliente: "Bem, eu teria de mostrar para meu chefe e alguns colegas e ver o que eles acham".

Você: "Ótimo. Como você costuma pedir feedback? Você marca uma reunião? Que tal nesta semana? Na semana que vem? Você faz uma apresentação? Como é que você costuma fazer?"

Cliente: "Bem, temos uma reunião semanal da equipe e costumo apresentar as propostas nessa ocasião".

Você: "Ótimo! O que acontece quando seu chefe e seus colegas adoram a ideia e querem seguir em frente?"

Cliente: "Marcamos uma conversa ao telefone com você e com os tomadores de decisão para esclarecer nossas dúvidas".

Você: "Faz sentido. Se nossa conversa for excelente, eu conseguir esclarecer todas as dúvidas da equipe e nós concordarmos em seguir em frente, o que acontece?"

Cliente: "Bem, então teríamos de passar a proposta para o jurídico."

[É nesse ponto que a maioria das pessoas pararia de fazer perguntas e se satisfaria com o que descobriu até então. Não cometa esse erro. Continue fazendo perguntas até a linha de chegada.]

Você: "Claro. Como esse processo costuma funcionar em sua empresa? Você comprou alguma coisa parecida com nosso produto nos últimos 6 meses? Pode me dizer o que é preciso fazer para facilitar ao máximo o processo?"

Cliente: "Sim, a proposta teria de passar por alguns chefões, depois pelo departamento de compras e pelo comitê de ética".

Você: "Que interessante... Pode descrever um pouco mais esse processo?"

Cliente: "Bem, o departamento de compras normalmente leva uma ou duas semanas para avaliar a proposta e, se tudo der certo, eles a passam para o comitê de ética, que dá a aprovação final e bate o martelo".

Você: "Excelente. E *aí* nós fechamos, certo?"

Cliente: "É isso aí!"

Você: "Espetáculo! Que tal começarmos? Como você pode saber se o projeto será sucesso? O que é mais importante para você?"

Cliente: [Explica do que eles precisam para ter sucesso com seu produto...]

Agora você sabe o que é necessário para fechar o negócio. Com isso, tem em mãos um roteiro para:

- fazer boas projeções;
- identificar barreiras;
- decidir se vale a pena seguir em frente;
- saber como seria o sucesso para o cliente.

Depois dessa conversa, que naturalmente nunca é tão direta e tranquila quanto o exemplo acima, você terá um plano muito mais claro para avançar.

A lição a ser aprendida: as pessoas que não têm experiência em vendas não se dão conta de que o processo pode envolver tantas etapas. Aprenda tudo o que puder sobre as etapas do processo do cliente e o que é necessário fazer para chegar até o fim da história do cliente ou, em outras palavras, passar pela assinatura do contrato e ir até o ponto em que "o cliente atinge o sucesso".

Se você não gostar muito das palavras e frases que usamos no exemplo, tudo bem. Não descarte a ideia por causa disso. *Tente* assim mesmo e vá encontrando suas próprias palavras e seu próprio estilo pelo caminho.

# CAPÍTULO 24

# COMBINANDO DINHEIRO COM SENSO DE PROPÓSITO

A realização resulta de empenhar todo o seu ser. Você trata o trabalho como se fosse algo completamente separado de sua vida pessoal? Ou sua vida pessoal está interferindo no trabalho? Combine-os para se beneficiar ao máximo dos dois. O trabalho pode melhorar a vida pessoal e a vida pessoal pode melhorar o trabalho.

## QUANDO O SENSO DE PROPÓSITO É LEVADO LONGE DEMAIS

Hoje em dia é até legal esperar que o trabalho tenha algum sentido, um propósito. E deveríamos mesmo esperar isso. Os "esnobes do senso de propósito" podem ficar se vangloriando sobre como o propósito é mais importante do que dinheiro ou como o trabalho deles está mudando o mundo... e tudo bem.

A verdade é que não dá para ganhar dinheiro colocando o senso de propósito em primeiro, segundo e terceiro lugares de sua lista de prioridades. Daniel Jacobs, da Avanoo, diz que só conseguiu criar uma empresa com senso de propósito quando colocou o dinheiro em primeiro lugar, admitindo que, se não fosse capaz de garantir um financiamento ou uma receita previsível, nada do que ele criasse, por mais inspirador ou significativo que fosse, teria condições de perdurar.

> Não dá para ganhar dinheiro colocando o senso de propósito em primeiro, segundo e terceiro lugares de sua lista de prioridades.

Felizmente, existem muitas maneiras de imbuir o dinheiro de um senso de propósito. Não há nada como o medo de ver os filhos passando fome – ou de não conseguir pagar os funcionários no fim do mês, de visitar pessoas em extrema necessidade ou de lutar para levantar fundos para seu projeto sem fins lucrativos – para vencer a hesitação, testar novas abordagens de vendas e ver novo sentido no dinheiro.

Sugerimos fazer o teste a seguir para ver se você não está usando o "senso de propósito" como desculpa para ficar em sua zona de conforto e evitar o crescimento.

Imagine um amigo seu, aquele amigo cheio de boas intenções e que adora ajudar as pessoas, que passa o dia inteiro postando mensagens e imagens inspiradoras nas redes sociais e selfies em diversas atividades em defesa de uma ou outra causa. Ele pode fazer voluntariado toda semana ou mês. Agora imagine esse amigo dizendo: "Criarei uma organização de US$ 1 milhão para ajudar/resolver/melhorar [*inclua a causa aqui*]".

Dá para imaginar essa pessoa – talvez seja até você, se a carapuça serviu – levando esse projeto a cabo? Dá para ver essa pessoa efetivamente colocando o discurso em prática e abraçando a ideia de priorizar o dinheiro como algo necessário para viabilizar a missão? (Sem contar, é claro, a integridade.)

É mais fácil se esconder e fingir que o "lado do dinheiro" (ou qualquer outro aspecto que você precise mudar) não é importante. Sem coragem não há glória... e também não há risco de fracassar. Os grandes avanços em geral requerem abrir mão do ego, e pode ser mais difícil livrar-se do ego do que de maus hábitos. O orgulho não raro interfere e nos impede de dar o salto para crescer.

> **Os grandes avanços em geral requerem abrir mão do ego e pode ser mais difícil livrar-se do ego do que de maus hábitos.**

Esse é apenas um exemplo de uma razão pela qual resistimos à mudança: somos forçados a admitir que podemos estar errados, podemos descobrir que não somos tão bons ou que não sabemos tanto quanto achamos. É mais fácil evitar encarar essas verdades e tentar convencer a nós mesmos e aos outros de que o dinheiro não passa de algo bom de ter, não de uma necessidade. Lembre-se de que o conforto é o inimigo do crescimento.

Em seu caso, tentar se convencer de que "você só aceitaria um trabalho que tivesse um senso de propósito" talvez seja uma desculpa para se ater ao software e evitar prestar serviços profissionais. Ou você pode estar com medo de aumentar os preços. Ou pode ser incapaz de pedir ajuda. Ou acredita que a padronização é impossível. Tem certeza de que você é vital para sua equipe e não uma pessoa surpreendentemente substituível? Você pode acreditar que tem talento para ser um VP apesar de ser apenas um gerente. Ou pode achar que está acima da média (o que é estatisticamente impossível) e merece ser reconhecido por ser especial. Você pode acreditar que será descoberto em um passe de mágica... É por isso que os empreendedores de sucesso se interessam mais pela verdade nua e crua do que por estarem certos ou manterem as aparências. Eles assumem a responsabilidade pelos resultados, não pelas intenções. Tudo se resume ao seguinte: "Está dando certo? Se a resposta for sim, ótimo, continue. E se a resposta for não? Em vez de culpar os outros, pergunte-se o que você pode fazer, o que precisa ser feito para resolver o problema".

Use as crises para se motivar a mudar, por mais doloroso que possa ser, em vez de evitar a mudança. E, na ausência de uma crise, seja criativo e fabrique sua própria, aplicando funções de força para se motivar a crescer de qualquer maneira.

Se você simplesmente não conseguir encontrar algo que o motive ou se não conseguir reunir a coragem para criar funções de força desafiadoras ou passar os anos necessários quebrando pedras, veja se não seria o caso de desistir dos objetivos atuais e encontrar outros, menos ambiciosos.

Tente começar com o que você já faz. Não presuma que só conseguirá encontrar o senso de propósito se trocar seu emprego por alguma ocupação nova e exótica, ou que encontrará o sentido da vida se largar tudo para ajudar os sem-teto, dedicar-se ao serviço voluntário na África ou servir como fonte de inspiração para milhões de pessoas.

> Não presuma que só conseguirá encontrar o senso de propósito se trocar seu emprego por alguma nova e exótica ocupação.

Não há nada de errado com essas metas, mas comece encontrando um maior senso de propósito *nas pequenas coisas* que você já faz todos os dias: conversar com um cliente; dar um bom conselho a alguém; escrever algo (mesmo se ninguém se importar); pedir a opinião de um colega; tomar um café com um colega de equipe; consertar um bug; codificar uma nova funcionalidade; aprender a organizar melhor sua mesa no trabalho; conversar com um cliente furioso e salvar o relacionamento; superar um bloqueio criativo ou apenas superar alguma situação; refinar seus relatórios e painéis de controle; aprender com um fracasso espetacular; atingir sua meta diária de vendas ou atividades.

## QUAL É SEU TALENTO ESPECIAL?

Quais contribuições especiais você tem a fazer na empresa e na equipe? O que poderia fazer com que seu trabalho fosse mais gratificante? Como você pode se destacar da multidão?

### É um bom negócio ser especial

É difícil para as empresas, que mais parecem ovelhas em um rebanho, se destacarem. O mesmo se aplica às pessoas: para ter sucesso na carreira, você precisa se destacar. Descubra o que você tem de especial, aprenda a expressar (promover) esse talento e aplique-o na solução dos problemas das pessoas, sejam elas colegas de trabalho ou clientes.

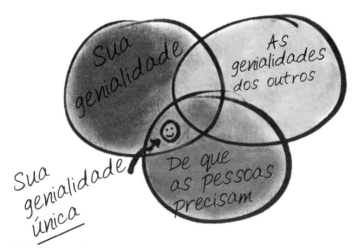

Figura 24.1: Você também tem a sua, mesmo que ainda não saiba disso

> Descubra o que você tem de especial, aprenda a expressar (promover) esse talento e aplique-o na solução dos problemas das pessoas.

Seu currículo inclui 100 coisas diferentes que você é capaz de fazer? As pessoas provavelmente acharão que você está sendo genérico e vago demais e não verão motivos para contratá-lo, promovê-lo ou recrutá-lo. O que os executivos da empresa acham de você? Eles o veem como alguém a ser observado ou mais um rosto na multidão?

Ser diferente e especial pode criar um buzz. Ser diferente e especial requer coragem.

Uma excelente marca (pessoal ou corporativa) tanto afasta pessoas quanto as atrai, porque representa algo. E, se você representa algo, não importa o que seja, sempre haverá quem discordará de você.

Em vez de ficar pensando sobre tudo o que você *poderia* ou *deveria* fazer, o que você *quer* fazer? Em vez de pensar em seus vários talentos e habilidades, a quais problemas ou metas você quer aplicar tais talentos e habilidades? O que você *quer* fazer ou criar que seria motivo de orgulho?

> Em vez de ficar pensando sobre tudo o que você poderia ou deveria fazer, o que você quer fazer?

**Descobrindo seu talento especial**

Quando você lança a pergunta "Qual é o meu talento especial?", sua mente tentará respondê-la automaticamente. Veja algumas perguntas que o ajudarão a encontrar a melhor maneira de combinar dinheiro com senso de propósito.

> Quando você lança a pergunta "Qual é meu talento especial?", sua mente tentará respondê-la automaticamente.

- Sobre o que você gostaria de saber mais, se pudesse aprender *qualquer coisa*? Pense em pelo menos dez temas e escolha os mais importantes.

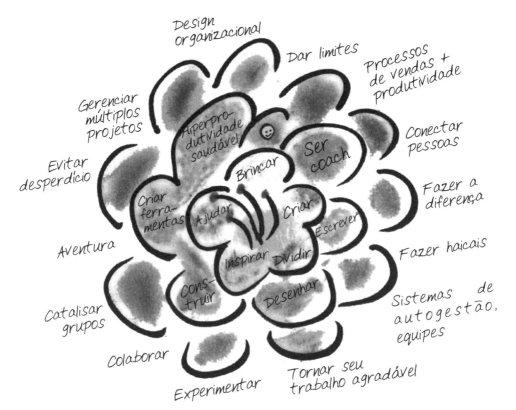

Figura 24.2: Faça uma lista com todos seus interesses
(pode ser uma lista bagunçada)

- Imagine ter mais dinheiro do que você jamais teria como gastar e nunca mais ter de trabalhar. Você passaria alguns anos lagarteando na praia até se entediar. O que você gostaria de fazer, se pudesse fazer qualquer coisa? (Provavelmente seria algo para ajudar as pessoas ou para fazer uma diferença no mundo.)
- Pergunte a colegas ou clientes: "Diga um motivo pelo qual você me contratou ou me contrataria".
- Complete a frase: "Se eu pudesse ajudar alguém / algum tipo de pessoa, eu faria..." ou "Se eu pudesse ter qualquer tipo de cliente, eu teria..."
- Se você pudesse começar um projeto que não teria como fracassar, que fosse sucesso garantido, o que seria? Quem ele ajudaria? Por que você se orgulharia dele?
- De quem você tem inveja e por quê? O que você precisaria aprender, fazer ou ter para não ter mais inveja dessa pessoa?

- Qual foi o maior sucesso de sua vida?
- O que o deixa mais frustrado no mundo, algo que você gostaria de ajudar a consertar? Pense em algo que o incomode *pessoal ou diariamente.*
- De que partes de seu trabalho você mais gosta? Quais *atividades diárias* você gostaria de fazer?
- Que tipo de ajuda ou conselho as pessoas costumam pedir a você?
- O que você, no fundo, adora fazer ou adora em si mesmo?
- Se você está em uma livraria, que seção você vê primeiro? Qual é seu livro ideal para ler (ou escrever)? E se você ficasse só na seção de negócios?
- O que seria necessário para que você gostasse tanto do trabalho a ponto de topar fazê-lo de graça?
- O que seus amigos considerariam seus pontos fortes?

Aplique as perguntas a seguir a seu trabalho atual:

- De que você gosta e não gosta no trabalho hoje? E na empresa? Como você pode aumentar o número de coisas das quais gosta e reduzir as que não gosta?
- Seu chefe ou seu ambiente de trabalho é irremediavelmente tóxico? Se não, o que precisa ser feito para melhorar? Como você pode dar início a esse processo?
- O que você gostaria de aprender e como poderia incluir isso no trabalho? Por exemplo, se você quiser ser pago para falar em público ou inspirar as pessoas com suas palestras, como pode começar a fazer isso no trabalho?
- Se você quiser ajudar crianças, tente imaginá-las como os adultos com quem você trabalha hoje... Como você as ajudaria se elas fossem esses adultos?
- Se você quiser mudar o mundo ou as pessoas, como poderia promover essa mesma mudança em sua equipe, na empresa ou no mercado?

Faça o download de um questionário de avaliação e outros conteúdos gratuitos em <fromimpossible.com/unique>.

## NÃO ADIANTA TENTAR IGNORAR A VIDA REAL

Em 2015, a Amazon passou por um constrangimento porque um artigo do *The New York Times* revelou que as práticas de trabalho da empresa incluíam "85 horas de trabalho por semana, triagem e redução anual do pessoal, executivos incentivando subordinados a sabotar uns aos outros, colaboradores aos prantos no trabalho". O artigo também afirmava que se as colaboradoras que sofriam abortos ou adoeciam não continuassem produtivas eram punidas pela empresa.

É interessante levar em consideração que essa história pode ser um pouco exagerada. O *The New York Times* e seus jornalistas, como todas as empresas de mídia, naturalmente encontram as histórias mais comprometedoras que puderem e enfeitam-nas ao máximo, nos limites da verdade, simplesmente porque esse tipo de notícia atrai os leitores. Você tem como encontrar praticamente qualquer situação que procurar em qualquer empresa que tenha mais de 100 mil funcionários. Nos jornais e noticiários, histórias dramáticas atraem muito mais leitores do que narrativas felizes. As pessoas adoram ler sobre os problemas alheios, mas nunca postam nenhum dos próprios problemas nas redes sociais, preferindo compartilhar fotos que mostrem como sua vida é perfeita e maravilhosa.

Fingir que você ou sua equipe não têm filhos, que você não está esgotado ou doente, ou que "está tudo às mil maravilhas" não faz com que seja verdade.

> **Todo mundo, mais cedo ou mais tarde, acaba enfrentando desafios que simplesmente não podem ser escondidos debaixo do tapete.**

*Todo mundo*, mais cedo ou mais tarde, acaba enfrentando desafios que simplesmente não podem ser escondidos debaixo do tapete e que afetarão sua vida no trabalho...

Bebês
Filhos adolescentes
Morte
Doença na família
Depressão
Transtorno do déficit de atenção e hiperatividade
Câncer
Cobradores

Escola ou faculdade
Crise de ansiedade
Vício
Divórcio
Crises
Violência doméstica
Falta de sono
Ações judiciais

Todos esses problemas fazem parte da vida. A vida não é um mar de rosas. Então, como você pode integrar a vida profissional e a pessoal, mesmo quando está sob uma avalanche de problemas?

**É possível integrar a vida pessoal e a vida profissional**

Como? Comece dando o exemplo. Não tenha vergonha de admitir que você tem problemas. Mantenha a coisa simples, sem fazer drama ou tempestade em copo d'água. A ideia é *informar*, e não se lamuriar. Se mostrar às pessoas como ser francas em relação às dificuldades particulares, sem que elas se sintam julgadas ou punidas, você injeta certa leveza na situação. E as pessoas não precisam se perguntar "Por que é que o Bob tem estado tão distraído e ausente ultimamente?" e podem se concentrar em se adaptar também. Essa postura pode evitar surpresas desagradáveis mais adiante. Quando as pessoas são abertas umas com as outras, elas podem se ajudar a encontrar uma solução e todo mundo sai ganhando.

> Se mostrar às pessoas como ser francas em relação às dificuldades particulares, sem que elas se sintam julgadas ou punidas, você injeta certa leveza na situação.

**A regra de ouro sempre se aplica**

Por fim, não abra toda sua vida para as pessoas. Algumas coisas devem permanecer no âmbito do privado. Se você estiver tendo problemas com seu parceiro ou parceira, não fique tagarelando sobre o assunto sem a permissão dele ou dela. Respeite a pessoa. Como você gostaria que ele ou ela tratasse *sua* privacidade?

> Não abra toda sua vida para as pessoas. Algumas coisas devem permanecer no âmbito do privado.

Você pode simplesmente não dizer nada ou não revelar muitos detalhes: "Sei que ando distraído e queria pedir desculpas. Estou tendo problemas pessoais e ando um pouco cansado... não sei quanto tempo isso dura".

**Se você não estiver conseguindo o malabarismo de manter todas as bolas no ar**

Ter muito tempo e dinheiro pode facilitar a tarefa de promover o crescimento de uma empresa. Mas não deixe que a falta de tempo ou dinheiro seja usada como desculpa para não fazer nada. É melhor dar um pequeno passo do que ficar parado. Saiba que nenhum passo é pequeno demais. A falta de dinheiro ou de tempo pode forçá-lo a ser mais criativo com o que tem, se olhar para a situação como um desafio. Essa foi uma das razões pelas quais eu me limitei (em geral) a 20 ou 30 horas de trabalho por semana e a usar menos de US$ 100 para abrir cada empresa.

*Só porque você está diante de um desafio difícil ou terrível, não significa que tenha de abrir mão de seus objetivos.*

Mesmo se você trabalha só em meio expediente ou usa apenas uma parte de sua energia, você ainda pode avançar, desde que consiga encontrar maneiras de reservar algum tempo todo dia, toda semana ou até todo ano para focar seus objetivos. E nunca deixe de definir ou redefinir suas metas. Quando perceber que se desviou da rota, é só voltar.

Pode levar três ou 10x mais tempo do que para alguém que tem como se dedicar em período integral ao projeto ou que pode levantar mais fundos, mas você chega lá.

## AARON, COMO É QUE VOCÊ CONSEGUE CRIAR 12 FILHOS E AINDA TER TEMPO PARA TRABALHAR?

Paul Heill escreveu: "Fiquei sabendo que você tem DOZE filhos! UAU!!! Como é que você consegue, cara??? Eu tenho dois e mais um a caminho e já estou estressadíssimo". Nós temos 12 filhos (até agora...), desde um recém-nascido até um jovem de 17 anos de idade. A fase que requer mais energia e tempo é quando eles são bebês. Então, apesar de 12 filhos parecer muito, eu trapaceei e pulei toda a fase dos bebês com muitos deles.

- Eu e minha esposa fizemos dois "do zero" e cuidamos deles desde bebês.
- Dois são de um casamento anterior de minha esposa.
- Quatro foram adotados na China e um em Los Angeles. É muito mais fácil, fisicamente, quando eles sabem se vestir, comer e ir ao banheiro sozinhos.

- O mais novo é um bebê que adotamos nos EUA quando ele nasceu.
- Mais uma filha adolescente nascida em El Salvador e o bebê dela.

Além disso, três de nossos filhos têm ou tiveram alguma deficiência ou problema físico – como o Maverick, nosso filho de 6 anos, que não consegue dobrar os cotovelos e joelhos –, mas os problemas em grande parte têm solução e nós nos adaptamos. Então, acaba não sendo tão ruim quanto você possa imaginar.

Quando ouço falar de um casal – sem nenhuma ajuda – com quatro, cinco ou mais filhos biológicos, eu penso: "Como é que eles conseguem dar conta!?!"

**Malabarismos**

> Mergulhe de cabeça e veja como fazer depois.

- *Eu mergulho de cabeça e depois vejo como dar conta.* Outra adoção? Precisamos de uma casa com o dobro do tamanho, que custará o dobro de aluguel? Vamos lá... Depois vemos como pagar. Essa abordagem pode levar a algumas chateações e situações difíceis (como atrasar o pagamento do aluguel), mas sempre valeu a pena.
- *Quanto maior a família, mais fácil é* e, além disso, nossos filhos têm mais companhia para brincar e aprender. Nossa decisão de adotar filhos que já passaram da fase de bebês também facilitou nossa vida.
- *Nós contamos com muita ajuda.* Uma babá que mora em casa. Mais duas babás durante a semana. Uma faxineira. Um avô que passou um ano morando lá também. Uma avó que vem de vez em quando e fica algumas semanas ajudando. O Uber serve como transporte de backup para os filhos mais velhos.
- *Faço questão de reservar um tempo de minha agenda para eventos importantes.* Às segundas-feiras, faço questão de passar um tempo só com minha mulher. Reservo a quarta-feira inteira para escrever. Reservo duas manhãs por semana para me exercitar... quando não estou escrevendo um novo livro. Às terças, quintas e sextas, reservo um tempo para telefonemas. Repasso esse programa a cada seis meses e faço os ajustes necessários de acordo com a situação.

- *Eu me atenho a trabalhar de 20 a 30 horas por semana, mantendo a flexibilidade.* Se eu tiver três dias na semana, trabalho entre quatro e cinco horas por dia e, se tiver dois dias na semana, trabalho entre seis e oito horas. Em algumas semanas eu trabalho muito mais, se estiver viajando a negócios ou tiver um prazo apertado. Por exemplo, quando estava escrevendo este livro com Jason, passei muitas semanas trabalhando mais do que 30 horas por semana. Em outras semanas trabalho menos, se estiver vivendo alguma situação intensa em casa, como a adoção de um filho (toda a papelada e compromissos tendem a tomar um tempo absurdo).
- *Meu outro emprego (e uma semana de trabalho de 168 horas)*: Quando não estou "no trabalho", sou um pai em tempo integral. Tenho uma vaga lembrança de como é poder "relaxar"!
- *Eu confio em minha mulher.* Ela é superorganizada na administração da agenda da família, de nosso staff, das refeições e das atividades. E consegue fazer tudo isso enquanto escreve os próprios livros e cuida do site SpyGirlHigh.com. Ela não nasceu assim, mas foi forçada a aprender a gerenciar o tempo quando se tornou mãe solteira. Ela administra a família e cuida de quase toda nossa papelada. Eu sou o provedor (por enquanto). Ela planeja ganhar dinheiro com o próprio negócio um dia.
- *Eu parei de fazer ginástica.* Nos últimos quatro anos, tenho me exercitado exclusivamente na "academia funcional em casa". A minha rotina de exercícios inclui Salto em Trampolim, Levantamento de Bebês, Guerra de Travesseiros e Mudar os Móveis de Lugar. E ainda me exercito todos os dias!
- *Nossos filhos têm entre zero e duas atividades por semana.* E a maioria das atividades não requer muito transporte, como uma aula de música em casa ou uma aula de dança no bairro.
- *Faço questão de me manter sempre presente.* Quando eu trabalho, eu trabalho. Quando estou em casa, estou em casa. Quando eu como, eu como. Eu raramente pego no celular quando estou comendo (se estiver acompanhado). Quando estou com a família, faço de tudo para estar com eles, olhando meus filhos nos olhos, seja quando estamos brincando ou quando os estou disciplinando. Deixo para ver e-mails ou mensagens de texto à noite e rapidamente, quando faço um intervalo. Eu raramente trabalho à noite. Se conseguir ficar acordado, até posso escrever à noite, mas isso raramente acontece.

- *Eu costumo ter várias funções de força importantes no trabalho.* Eu me comprometo a fazer as coisas antes de saber como fazê-las: escrever um novo livro, fazer a fusão da empresa com outra, dar uma palestra ou vender um novo tipo de produto ou workshop, como o mais recente, um programa de Certificação da Receita Previsível (PredictableUniversity.com). Impor prazos claros me livra de toda desordem e ruído no trabalho.

### Dinheiro

- A *motivação* (e às vezes o desespero) de ganhar mais dinheiro rapidamente e ganhar muito mais dinheiro do que jamais consegui antes resulta de ter uma família que não para de crescer. Essa tem sido a minha maior função de força. Nunca me permito estacionar em minha zona de conforto e mesmo assim me sinto sempre realizado.
- *Nos primeiros anos, apliquei os mesmo métodos* que expliquei nas sessões "Garanta seu nicho", "Crie um pipeline previsível", "Dobre o tamanho de suas transações" e "Percorra o caminho das pedras". Em 2015, depois de cofundar a Carb.io, e agora que nossa empresa de software está crescendo, também foquei as sessões "Faça com que suas vendas sejam escaláveis" e "Reforce o senso de propriedade dos colaboradores".
- *Sempre tenho um projeto dez vezes em andamento,* seja um livro, uma fusão ou um produto. As iniciativas costumam levar entre 6 e 18 meses para deslanchar. Estou sempre investindo em meu futuro, mesmo se for algo para anos à frente.
- *Eu me empenho para encontrar parceiros de confiança* para os projetos, e assim não precisar fazer tudo sozinho.

### Filhos

- *Eu não faço distinção entre os filhos biológicos de minha mulher, nossos filhos biológicos e os adotados.* Todos são "meu filho" ou "minha filha". Jamais uso as palavras "padrasto" ou "pai adotivo".
- *Eu brinco muito com meus filhos.* Eu brinco com eles, em vez de me limitar a assisti-los brincando. Eu os levo para andar de moto ou de bicicleta – os maiores vão na própria moto, os menores vão de bicicleta e eu vou atrás. Brinco no trampolim com todos eles. Jogamos baralho e jogos de tabuleiro. Construímos fortes e castelos. Legos. Cozinhamos juntos. Fazemos guerra de travesseiros. Brincamos de esconde-esconde. Jogamos Minecraft. Crio vídeos engraçados com eles.

- *A maioria de nossos filhos frequenta escolas diferentes.* Pode parecer uma loucura, mas poucos de nossos filhos vão à mesma escola. Eles estudam em escolas espalhadas por Los Angeles. Mas, mesmo tendo de cuidar de toda a logística do transporte que essa decisão envolve, acaba sendo *muito* mais fácil do que o trabalho que dá quando um deles não se encaixa em uma escola.
- *Usamos computadores, tablets e celulares com cautela.* Hoje em dia, a tecnologia facilita criar coisas incríveis... ou ficar sozinho assistindo a vídeos ou monitorando os feeds nas redes sociais enquanto o tempo passa e você perde experiências reais. Nós restringimos o uso de computadores, tablets e celulares para os filhos menores. Incentivamos os mais velhos a usar a tecnologia para criar, não só consumir. Sou muito mais liberal quando eles usam a tecnologia para brincar uns com os outros (tem sido excelente para eles formarem laços, quando não exageram) ou para ver filmes clássicos ou musicais. É um desafio em constante evolução.
- *Meus filhos brincam muito uns com os outros.* E também brigam. De um jeito ou de outro, eles interagem entre si em vez de precisar dos pais o tempo todo.
- *Viagens.* Sempre é divertido levar um de filhos maiores comigo em minhas viagens para dar palestras. Quando tinha dez anos, minha filha Aurora me ajudou no palco quando dei uma palestra de abertura na primeira Sales Hacker Conference. Quaisquer eventos relacionados a meus livros, este ou o *Predictable Revenue*, são abertos a crianças.

**Desafios**
- *Menos culpa.* Por mais que eu passe um bom tempo com a família, não raro me sinto culpado por não poder estar ainda mais presente. Especialmente quando viajo. Quando me bate a culpa, tento pensar da seguinte maneira: se eu precisar trabalhar para pagar as contas ou garantir a estabilidade financeira para minha família, o trabalho pode ser considerado um tempo dedicado à família. Não dá para deixar de pagar as contas.
- *Eu tenho tantos desafios e frustrações quanto você ou qualquer outra pessoa.* Mas são desafios melhores do que quando eu era mais novo.
- *Estou muito longe de ser perfeito.* Minha mulher diz que sou a pessoa mais tranquila que ela já conheceu. É muito difícil me tirar do sério. Mas eu posso ficar furioso. Como na vez em que meu filho de dez anos

chegou sorrateiramente por trás de mim quando eu trabalhava em algo importante em casa e bateu com um travesseiro na minha cabeça, com tanta força que chegou a machucar meu pescoço. Dei uma bronca épica que depois achei que foi injusta.

- *Passar anos sem guardar nenhum tostão.* Violei todos os conselhos financeiros sensatos dos especialistas e de minha família (eles ficam muito nervosos com isso, mas o que posso fazer?). Tudo que ganhamos (e até mais), eu invisto na família ou nos negócios. Anos atrás, eu ficava supernervoso quando gastava tudo que recebíamos, ou até mais, usando todas as minhas economias e até contraindo dívidas no cartão de crédito. Hoje em dia, já me acostumei a ficar com a conta quase zerada praticamente todo mês. E valeu muito a pena gastar todas as nossas economias ou contrair dívidas para fazer investimentos que considero importantíssimos nos negócios e na família, como adoções, novos programas de negócios, escolas particulares para alguns dos filhos, férias (sim, acho que férias também são investimentos), babás e empregados domésticos.
- *Faço questão de passar um tempo sozinho com cada filho.* Sei que dá para melhorar nesse quesito, mas sempre que posso saio pelo menos para fazer uma caminhada, andar de bicicleta ou tomar o café da manhã sozinho em algum lugar com cada filho. Cada filho passa um tempo sozinho comigo, com a minha esposa ou com os dois.
- *Manter o romance.* Até no caos divertido que temos em casa, eu e minha mulher corremos o risco de cair na rotina, de ficar mergulhados demais na correria do dia a dia e nos esquecermos de dar uma parada e reforçar nossos laços. Quando começamos a sentir que o romance está enfraquecendo, fazemos questão de passar um tempo só nós dois ou fazer pequenos gestos, como deixar bilhetes um para outro, fazer carinho, conversar e namorar. Passamos a semana inteira esperando a segunda-feira à noite, nossas "segundas-feiras mágicas", que reservamos para namorar.
- *Cansaço.* Estou sempre cansado. Fisicamente. Emocionalmente. Mentalmente. Mas quando tenho de escolher entre descansar e fazer alguma coisa importante, sempre escolho a coisa importante ou divertida.
- Gostaria de escrever mais no meu blog pessoal PebbleStorm.com, mas isso não é uma prioridade para mim... ainda.

## No frigir dos ovos

Em 2007, passei um bom tempo tentando descobrir o que queria fazer da vida. Eu ainda era solteiro. Nem me passava pela cabeça ter filhos. Nunca me ocorreu que um dia eu iria querer ter uma grande família.

Achei que tudo que eu queria era um trabalho gratificante. E ganhar muito dinheiro fazendo o que eu adorava fazer.

Quase dez anos depois, vi o impossível se tornar inevitável. Nunca pensei que a família pudesse ser meu maior incentivo para ganhar dinheiro e minha maior fonte de satisfação e divertimento.

No entanto, mesmo com todo o crescimento, não consigo me imaginar desacelerando no trabalho ou na vida familiar... pelo menos não por enquanto. Ainda não consigo me vislumbrar na zona de conforto! Entre outros objetivos, minha mulher e eu queremos inspirar mais famílias a adotar e ajudar crianças que estão sozinhas no mundo. Já perdi as contas de quantas pessoas dizem "Eu sempre quis adotar, mas... [*escreva a razão aqui*]".

*É muito simples: é só fazer.* Se seu objetivo é de importância vital para você, você dará um jeito. Isso se você persistir, especialmente diante do que pode considerar fracassos. Mesmo se você levar mais anos do que gostaria para chegar lá e avançar de maneiras absolutamente inesperadas.

> **Se seu objetivo é de importância vital para você, você dará um jeito quando aceitar, em vez de evitar, o desafio e o crescimento.**

# SOBRE OS AUTORES

**AARON ROSS** é casado, tem 12 filhos (na maioria adotados), é fanático por motos e trabalha 25 horas por semana. Palestrante requisitado, é autor do best-seller *Predictable Revenue* (editora Lightining Source), considerado por muitos a bíblia de vendas do Vale do Silício. O livro se baseia em um sistema de prospecção outbound que gerou mais de US$ 1 bilhão na Salesforce e em outras empresas. Ele é sócio e diretor de receita da Carb.io, empresa de software de automação de pipelines, e cofundador da PredictableUniversity.com.

Para saber mais e fazer o download de vídeos, conteúdos adicionais e atualizações, visite o site: <fromimpossible.com>.

**JASON LEMKIN** é investidor e empreendedor do setor da tecnologia. Fundou a maior comunidade de empreendedores de SaaS do planeta, a SaaStr.com, e investe em empresas de SaaS que, juntas, valem mais de US$ 1,5 bilhão. Jason foi o presidente-executivo da EchoSign e a liderou do zero, até atingir mais de US$ 100 milhões em receitas, quando então a empresa foi adquirida pela Adobe. Ele é casado, tem dois filhos, corre todo santo dia e adora tudo o que tem a ver com o Havaí.

# ÍNDICE REMISSIVO

Os números de páginas em *itálico* indicam as figuras.

Acquia, XII, 110-3, 147
"Algo bom de ter", necessidades dos clientes *versus*, 21-3, *24*, 28-9
Allen, Robby, 107-10
Alloy Ventures, *26*
Amazon, 343
American Data Company, 53
Ano do inferno, 246, *247*, 248
Apoio (*backfilling*) do VP/diretor de vendas, 150
Aprendizagem: aprender agora para crescer depois, 42, 44; com os erros, 129-5; ganhar dinheiro *versus*, 257, 259-61; loops de aprendizagem, 290
Arco de atenção: definição, 15, *16*, 17, 19-20; regra do 15/85 de early adopters e compradores convencionais, 119-20, 122-3
Argumento de vendas: argumento-minuto de vendas (*elevator pitch*) *versus*, 53-4; estreitando o foco, 51-3; incluindo uma pausa no, 55; três perguntas para os clientes, 56; *Veja também* Vendas
"Arrastar-se na lama", sinais de, 21-33; admitindo os pontos fracos potenciais, 31, 33; conhecendo as necessidades dos clientes, 21-3, *24*; estudos de caso, 25, *26*, *27*-30; grandes empresas, 24-5
Autenticidade, 91-3
Avanoo, XII, 44-5, 47-8, 207, 262-3

Batedor de ponto (tipo de colaborador), 308
Bertrand, Tim, 111-3
BlackBox Revenues, *27*
Blogging, 89
Blond, Sam, 171-2
Boca a boca *Veja* Sementes (sucesso do cliente)
Box, 206
Buscar um mercado mais abastado (*upmarket*), 221-35; camadas no esquema de preços, 224-5, *226*, *227*; "diretores de satisfação do cliente" para, 221-2, 224; mudança da estratégia e, 222, 224; questões de fixação de preços, 228-9; "Voltan-

do-se às empresas da *Fortune 1000"* (Cranney), 230, 232-3, 235

Campanhas "muitos para muitos" *Veja* Sementes (sucesso do cliente)
Campanhas de marketing *Veja* Redes (inbound marketing)
Carreirista (tipo de colaborador), 279, 306-8
Cassidy, Brendon, 133, 168
*CEOFlow* (Ross), 28
Cérebro de dinossauro, 19
*Churn* (rotatividade) de clientes, 66, 68
*Churn* (rotatividade) de equipes de vendas, 167-70
"Cinco indicadores-chave de vendas (com uma surpresinha)" (Shilmover), 187-8, 190
Ciniglia, Lou, 295-6
Clientes: argumento de vendas, 51-5, 57; conhecer as necessidades dos, 21-3, *24*, 28-9; de tamanhos diferentes, 215, *216*, 218-9; decisão de compra, 88, 90-1; estágios de compra, 88; inbound marketing *Veja* Redes (inbound marketing); indicadores de "garanta o seu nicho", 12-3 (*Veja também* Crescimento dos negócios); outbound marketing *Veja* Lanças (prospecção outbound); Perfil ideal do consumidor para a prospecção outbound, 103; relacionamento com os clientes e prospecção, 145; Sucesso do cliente *Veja* Geração de leads; Sementes (sucesso do cliente); visita a, 70; *Veja também* Early adopters; Compradores tradicionais

Clio, 140-3
Coaching, 162
Cobertura de mercado, lanças (prospecção outbound) e, 101
Colaboradores, rotação na empresa, 302, 304
Compradores convencionais: arco de atenção e, 15, *16*, 17, 19-20; regra do 15/85, 119-20, 122-3
Concorrência, lanças (prospecção outbound) e, 101
Confiança: desenvolvimento da, com redes (inbound marketing), 92-3; lacuna de confiança, 15-20
Conrad, Parker, 83
"Construtores", "cultivadores" versus, 158
Conteúdo, decisão de compra e, 89, 91
Contratação: efetivo de pessoal para startups de SaaS, 197-200; ganho de escala das vendas e, 134, 173; melhores práticas, 157-66; para o sucesso do cliente, 70; plano de carreira para os colaboradores, 77; recrutamento, 150, 157; VP/diretor de vendas, 149-56, *152*
Cota de leads, 81
Cranney, Mark f, 230-5
Crescimento das transações, 203-35; buscar um mercado mais abastado (*upmarket*), 221-35, *226*; cálculo do tamanho da transação, 205-8, 210-1; dobrar o tamanho das transações, *203*, 208-9; transações de bom tamanho, 213-5, *216*, 217, 219
Crescimento dos negócios, 9-20; aprender com os erros para, 129-35; arco de atenção e lacuna de confiança, 15, *16*,

17, 19-20; "arrastar-se na lama" *versus*, 21-33, *24, 26*; campanhas de desenvolvimento dos negócios *Veja* Lanças (prospecção outbound); de "nicho" *versus* "pequenos", 14-5; geração previsível de leads para, 60 (*Veja também* Pipeline previsível); grandes transações para impulsionar o crescimento, 207 (*Veja também* Crescimento das transações); indicadores de "garanta o seu nicho", 12-3; principal impulsionador, 68; prontidão para, 9-11; *Veja também* Pipeline previsível; Tempo; Vendas, ganho de escala
"Cruzar o abismo", 16
Culpar os outros, evitar, 133
Cultura organizacional, mudanças na, 283-6, 296-8

Decida seu destino, 313-52; *311*; aplique as vendas na vida, 328-30, 332; aproveite as oportunidades, 313-4, 316; encontre um senso de propósito, 318-21; equilíbrio entre a vida profissional e pessoal, 343-52; expanda as oportunidades no trabalho, 316-7; felicidade dos colaboradores, 322-3; motivação, 323-5, 327-8; priorize o senso de propósito e o dinheiro, 337-9; talento especial, 340-1, *342*, 343; vendas como um processo de várias etapas, 332-3, 335
"Dependência dos inbound leads", evitar a, 101
Depressão, empreendedorismo e, 253-5, 257

"Diretor de satisfação do cliente", 221-2, 224
DropBox, 206

Early adopters: arco de atenção e, 15, *16*, 17-20; definição, 26; regra do 15/85, 119-20
EchoSign: aprendizagem, 129, 131, 133; crescimento das transações e, 218; fase de startup, 12-3; ganho de escala nas vendas, 130, 132, 160, 168; modelo freemium, 205-6
Economia da ansiedade, 253-6
Empowerment, 270-80
"Empreendedores capazes de vender", *versus* "vendedores", 158
Empreendedorismo: cultura, 244-5; economia da ansiedade e depressão do empreendedor, 253-5, 257
Engagio, 88
Epstein, Matt, 83, 85-7, 107
Equilíbrio entre a vida profissional e pessoal, 343, 345-51
Equipes de vendas, 167-90; *churn* (rotatividade), 167-70; "Cinco indicadores-chave de vendas (com uma surpresinha)" (Shilmover), 187-8, 190; coesão, 135, 142-3; doze maiores erros ao criar equipes de vendas, 131-2; estudo de caso, 171-2, 174-5; líderes de áreas fora das vendas e plano de remuneração variável, 175-6, 178; projeções de, 181-3; prospecção realizada por, 137-9, *140*; transações empresariais, 184-6; verdade nas vendas e, 178-80; VP/diretor de vendas, 149-51, *152*, 153-6

Erros, aprendendo com, 129-35
Especialização, 137-47; estudo de caso, 140-1, 143; estudo de caso da Zenefits, 174; exemplo da Acquia, 147; objeções, 145-6; perda de pessoas da equipe de vendas e, 169; porte da empresa e, 143, 145; vendedores e prospecção, 137-8, *139*, *140*
Esquilos, analogia, 90, 91
"Evangelista" (VP/diretor de vendas), 151, *152*
Eventos ao vivo, 86, 95-6
Everywun, 262-3
Executivos: aspectos da ownership, 289-91; compatibilidade entre o presidente-executivo e, 134; lanças (prospecção outbound) e, 102, 105; ownership funcional e, 281-99; *Veja também* Ownership funcional
Expectativas realistas, 103


Feedback, dos colaboradores, 281-5
Felicidade, dos colaboradores, 322-3
Fifield, Paul, 162-5
Foco: estreitar o, 51-3; ganho de escala das vendas e, 145; nas redes (inbound marketing), 94-5, 97; necessidade de, 14-5
Franqueza/honestidade, 135, 178-80, 182
Freeman, Michael, 256
Freemium (modelo), 205, 207


Garanta o seu nicho: argumento de vendas para, 51-5, 57; cinco aspectos do melhor nicho, 35-7; de "nicho" *versus* "pequena", 14-5; estudo de caso, 44, 46-8; foco no mercado, 35; indicadores, 12-3 (*Veja também* Crescimento dos negócios); matriz de nichos, 37-8, 40-2, 44; porte da empresa e, 25 (*Veja também* "Arrastar-se na lama", sinais de); regra das vinte entrevistas, 48-9
Geração de demanda, marketing corporativo *versus*, 82-3
Geração de leads: ganho de escala das vendas e, 170; lanças (prospecção outbound) e, 62, 96-7; mensuração de leads qualificados, 118; para o pipeline previsível, *59*, 60-2; redes (inbound marketing) e, 62, 86-7; sementes (sucesso do cliente) e, 62; *Veja também* Pipeline previsível
Gestão: empowerment dos colaboradores e, 271-3, 275-6, 278; ganho de escala das vendas e, 170; lanças (prospecção outbound) e, 102
Gild, 72-4
Girolami, Monica, 92
Grandes transações: transações de bom tamanho *versus*, 214-7, 219; vantagens, 210-1; *Veja também* Crescimento das transações
GuideSpark, 113-5

Heill, Paul, 346
Histórias pessoais, contar, 92-3
HubSpot, 160, 284

IBM, 143-4
Inbound marketing *Veja* Redes (inbound marketing)
Inspiração, encontrar a, 90
Investimento, para startups, 194-6

Jacobs, Daniel, 262-3
Jargões, evitar, 54

Kaiser Permanente, 45
Kitani, Keith, 113-5

Lanças (prospecção outbound), 99-116; definição, 62; estudos de caso, 107-12, 114-5; ganho de escala das vendas e, 135; melhores condições, 102, 105; novas informações (desde a publicação de *Predictable Revenue*), 99, *104*, 105-6, *107*; visão geral, 99, *100*, 102
Líderes de equipe, promoção de, 298
Ligações "Somos Compatíveis" (SC), 106, 286
Ligações não solicitadas, alternativa a *Veja* Lanças (prospecção outbound)
LinkedIn, 133
*Logo churn*, 68

*também* Senso de propósito); do sucesso do cliente, 70-1; instruindo os colaboradores sobre as finanças, 286; ownership financeira, 301-9
Métrica-chave, 117-8
Métricas: "Cinco indicadores-chave de vendas (com uma surpresinha)" (Shilmover), 187-8, 190; métrica-chave, 117-8; pipeline previsível e, 117-8; sucesso do cliente, 70-2
Mídias sociais, 79, 86
Miller, Jon, 88
Miniempreendedor (tipo de colaborador), 278, 306, 308
Moore, Geoff, 16
Motivação: decida seu destino e, 323-5, 327-8; dos colaboradores, 271-3, 275-6, 308 (*Veja também* Ownership dos colaboradores); proveniente de um trabalho com senso de propósito, 265; tempo e, 250-1
Multitarefas, problema das, 137, 138, *139, 140*

Maher, Shep, 113-5
Marketing de conteúdo *Veja* Redes (inbound marketing)
Martin, Erythean, 27
Matriz de nichos, 37, 39-42, 44, 185; aprender agora para crescer depois, 42-3; escolha de uma excelente oportunidade para ir atrás, 42; fazer uma lista (passo 1), 38-9; matriz (passo 2), 39-41; validação, 42
Mercado, tamanho do, 35
Metas financeiras: dinheiro e senso de propósito no trabalho, 337-52 (*Veja*

*New York Times*, 343
Newton, Jack, 141, 143
Nicho, garantir o seu *Veja* Garanta o seu nicho
"Nicho", "pequeno" *versus*, 14-5

OpenDNS, 247-8

Patel, Neil, 89
Pequenas transações: problemas transformando pequenas transações em grandes transações, 214;

vantagens, 209, 211; *Veja também* Crescimento das transações
Perguntas em entrevistas: estudo de caso das melhores práticas de contratação, 162-5; para a contratação do VP/diretor de vendas, 154-6
Pipeline previsível, 117-25, ganho de escala das vendas e projeções, 181; geração de leads e, 59-61, 63; regra do 15/85 de early adopters e compradores convencionais, 119-20, 122-3; taxa de criação de pipelines (PCR), 117-8; valor do tempo de vida do cliente (LTV), 123-4; *Veja também* Redes (inbound marketing); Sementes (sucesso do cliente); Lanças (prospecção outbound)
Pontos fracos, admitindo os, 31-2; *Veja também* "Arrastar-se na lama", sinais de
Porte da empresa: especialização e, 143, 145; sinais de "arrastar-se na lama" e, 24-5
*Predictable Revenue* (Ross), 29, 99, 105-7, 264
PredictableRevenue.com: guia de contratação, 163; software de automação de pipelines, 106; subfunções, 288
Privacidade, 345
Problema comum, identificação para o nicho, 35-6
Problemas, resolvendo, 35-6
Projeções, 181-3
Promoção, de líderes de equipe, 297
Prontidão, para o crescimento dos negócios, 9-11
Proposição de valor, lanças (prospecção outbound) e, 103

Propriedade funcional: comprometimento dos colaboradores e, 278-9; estudo de caso, 295-6; exemplo, 290-1; feedback dos colaboradores e, 281-5; funções de força, 289-90; individual e em público, 289; lançar a, 292, *293*, 294-5; loops de aprendizagem, 290; mudança da cultura da empresa para incluir a, 283-6, 296-8; resultados tangíveis, 290; tomada de decisão, 289-90; visão geral, 287, 289
Prospecção outbound *Veja* Lanças (prospecção outbound)
Prospecção, vendas e, 137-8, *139*, *140*
Público-alvo: identificável, 37; matriz de nichos, 37-8, 40-2, 44

"Qual é o melhor: aprender ou lucrar?" (Suster), 257, 259-61

Reclamão (tipo de colaborador), 307
Recrutamento: melhores práticas de contratação para as vendas, 157; pelo VP/diretor de vendas, 149; *Veja também* Contratação
Redes (inbound marketing), 79-97, cota de leads para, 81; definição, 62; desenvolver a confiança e a conexão com, 92-3; estudo de caso, 83-7; ganho de escala das vendas e, 135; manual de quatro lições para, 87, 89, 91; marketing com um orçamento apertado, 94-7; marketing corporativo *versus* geração de demanda, 82-3; visão geral, 79, *80*, 81
Regra das vinte entrevistas, 48, 50

regra do 15/85 dos early adopters e compradores convencionais, 119-20, 122-3

Remuneração: líderes de áreas fora das vendas e plano de remuneração variável, 175-6, 178; melhores práticas de contratação e, 164; para equipes de vendas, 134, 142

Responsys, 27, 99

Resultados: matriz de nichos, 37-8, 40-3; ownership funcional e resultados tangíveis, 290; resultados tangíveis, 36, 39

Reuniões, 297, 304

Roberge, Mark, 160

Ross, Aaron: *CEOFlow*, 28; *Predictable Revenue*, 29, 99, 105-7, 264

SaaS: *churn* (rotatividade) e, 68; comparação de exemplos de startups, 49; contratação e, 69; efetivo de pessoal para startups de SaaS, 197-200; serviços prestados por empresas de tecnologia, 191-3; tempo necessário para criar empresas de SaaS, 239-41, 243 (*Veja também* Tempo)

SaaStr.com, 196

Salesforce.com: "arrastar-se na lama", estudo de caso, 25, 27-30; American Data Company e, 53; ganho de escala das vendas e, 169-70; lanças usadas pela, 99; recrutamento, 72; Topcon e, 77

Sementes (sucesso do cliente), 65-77; crescimento previsível, 66, *67*, 68; definição, 62, 65; estudos de caso, 72-3, 75-7; gestão do sucesso do cliente, 67; segredos do sucesso do cliente, *67*, 68, 69, 71-2

Senso de propósito, 337-52; equilíbrio entre a vida profissional e pessoal e, 343-52; no trabalho, 265, 318-21; priorizar o dinheiro e o, 337-9, 349-52; talento especial para, 340-1, *342*, 343

Senso de propriedade dos colaboradores, 271-309; *269*; comprometimento dos colaboradores, 276-80; feedback dos colaboradores, 281-5 (*Veja também* Propriedade funcional); motivação dos colaboradores, 271-3, 275-6; *Veja também* Decida seu destino

Serviços, prestados por empresas de tecnologia, 191-4

Shilmover, Fred, 187-8, 190

SigFig, 83

Simplicidade, da mensagem, 54

Solução: matriz de nichos, 37-8, 40-3; solução verossímil, 36

"Sr. Painel de Controle" (VP/diretor de vendas), *152*, 154

"Sr. Pense Grande" (VP/diretor de vendas), *152*, 153-4

"Sr. Torne Possível Repetir" (VP/diretor de vendas), 151, *152*

Startups: angariação de fundos para, 194-6, 258-61; efetivo de pessoal para empresas de SaaS, 197-200; serviços, prestados por empresas de tecnologia, 191-3; tempo necessário *Veja* Tempo

Sucesso, trajetória de, 262-5

Suster, Mark, 213, 257, 259-61

Talento especial: de decidir o seu destino, 340-1, *342*, 343; identifica-

ção, para o nicho, 37; ownership do colaborador e, 280
Tamanho da equipe, lanças (prospecção outbound) e, 101
Tapstream, 115-6
Taxa de criação de pipelines (PCR), 118
Tempo, 237-66; ano do inferno, 246, *247*, 248; aprender *versus* ganhar dinheiro, 257, 259-61; economia da ansiedade e, 253-6; expectativas, 239-46; *237*; motivação e, 250-1; motivação proveniente de um trabalho com senso de propósito, 265; perigo de ficar na zona de conforto, 251; trajetória de sucesso, 262-5
TheLadders.com, 295-6
Tipos de colaborador: batedor de ponto, 307; carreirista, 306-8; miniempreendedor, 306, 308; motivação, 308; reclamão, 307; tóxico, 307-8; visão geral, 304, *306*
Tomada de decisão, 290
Topcon Corp., 75-7
Tóxico, tipo de colaborador, 307-8
Transações empresariais: crescimento das transações e, 233, 235; vendas e, 184-6
Transparência, 283, 285-6, 296
Treinamento: ganho de escala das vendas e, 173-4; programas, 162

Ulevitch, David, 240, 247
Uma única coisa, escolher, 31
UNiDAYS, 162
UniqueGenius.com, 28
Valor do tempo de vida do cliente, mensuração, 123-4

Vendas, 127-200; aplicação na vida, 328-30, 332; ciclos de vendas para grandes empresas, 185-6; como um processo de várias etapas, 332-3, 335; importância do sucesso do cliente e, 69 (*Veja também* Sementes (sucesso do cliente))
Vendas escaláveis *Veja* Vendas, ganho de escala
Vendas, ganho de escala: aprender com os erros, 129-35; especialização e, 137-47, *139*, *140*; líderes de vendas, 134, 149-51, *152*, 154-6; melhores práticas de contratação, 157-66; para startups, 191-200; *Veja também* Equipes de vendas
Verdade, 135, 178-80
"Voltando-se às empresas da *Fortune 1000*" (Cranney), 230, 232-3, 235
VP/diretor de vendas: contratação, 149, 150, *152*; responsabilidade pelo sucesso sustentável das vendas, 169

Warga, Brad, 72-4

Zappos, 37
Zenefits: estudo de caso de pipeline previsível, 83-7; ganho de escala das vendas, 171-5; lanças usadas pela, 99, 107-10

# CONHEÇA OUTROS LIVROS DA ALTA BOOKS!

Negócios - Nacionais - Comunicação - Guias de Viagem - Interesse Geral - Informática - Idiomas

  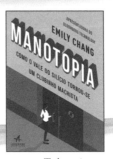 

Todas as imagens são meramente ilustrativas.

**SEJA AUTOR DA ALTA BOOKS!**

Envie a sua proposta para: autoria@altabooks.com.br

Visite também nosso site e nossas redes sociais para conhecer lançamentos e futuras publicações!
www.altabooks.com.br

/altabooks ▪ /altabooks ▪ /alta_books

ALTA BOOKS
E D I T O R A

# CONHEÇA OUTROS LIVROS DA ALTA BOOKS!

Negócios - Nacionais - Comunicação - Guias de Viagem - Interesse Geral - Informática - Idiomas

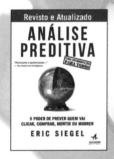

Todas as imagens são meramente ilustrativas.

**SEJA AUTOR DA ALTA BOOKS!**

Envie a sua proposta para: autoria@altabooks.com.br

Visite também nosso site e nossas redes sociais para conhecer lançamentos e futuras publicações!

www.altabooks.com.br

/altabooks ▪ /altabooks ▪ /alta_books

ALTA BOOKS
EDITORA

**ROTAPLAN**
GRÁFICA E EDITORA LTDA

Rua Álvaro Seixas, 165
Engenho Novo - Rio de Janeiro
Tels.: (21) 2201-2089 / 8898
E-mail: rotaplanrio@gmail.com